名师是这样炼成的

—— 一个语文教师的专业成长记

郗晓波 著

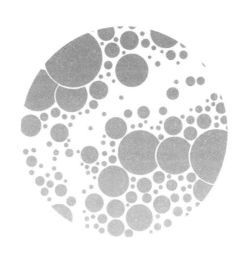

山西出版传媒集团　山西教育出版社

图书在版编目（ＣＩＰ）数据

名师是这样炼成的：一个语文教师的专业成长记 /
郗晓波著 . — 太原 ：山西教育出版社，2020.10
ISBN 978 - 7 - 5703 - 0828 - 6

Ⅰ . ①名… Ⅱ . ①郗… Ⅲ . ①中学语文课—教学研究
—文集 Ⅳ . ①G633.302 - 53

中国版本图书馆 CIP 数据核字（2019）第 277457 号

名师是这样炼成的：一个语文教师的专业成长记

MINGSHI SHI ZHEYANG LIAN CHENG DE：YIGE YUWEN JIAOSHI DE ZHUANYE CHENGCHANG JI

出 版 人　李　飞
责任编辑　李梦燕
复　　审　海晓丽
终　　审　彭琼梅
装帧设计　王耀斌
印装监制　蔡　洁

出版发行　山西出版传媒集团·山西教育出版社
　　　　　（太原市水西门街馒头巷7号　电话：0351 - 4729801　邮编：030002）
印　　装　山西三联印刷厂
开　　本　720×1020　1/16
印　　张　22
字　　数　327 千字
版　　次　2020 年 10 月第 1 版　2020 年 10 月山西第 1 次印刷
书　　号　ISBN 978 - 7 - 5703 - 0828 - 6
定　　价　66.00 元

如发现印装质量问题，影响阅读，请与出版社联系调换。电话：0351 - 4729718。

转道语文路，且行且成熟（自序）

在电脑上打"自序"两字时，我头脑中突然蹦出"自诩"两个字来，蓦然，就觉得自己化身猢狲，在三星洞被菩提祖师用戒尺朝脑袋上敲了三下，当下顿悟："自序"者，"自诩"也。

其实，无论谁著书立说，自己写在前面的话，差不多都是自诩！现实往往是，不够优秀的人喜欢自诩"名师"，而足够优秀的人则不喜欢自诩"名师"了，他们喜欢自诩"普通人"，让普通人点赞他们平易近人，没一点儿"名师"的架子。

曾几何时，山西教育出版社出版了我的一本书，原书名曰《书海咏魂》，编辑认为这名太沉重，改为《咏人物——语文有情怀》，与《加点料——语文有故事》《巧解读——语文有意思》编成一个系列。编辑告知要一序言，我说，我已有一"自序"了。编辑说，另两位作者都请人作序了，为使三本书整齐划一，你也要来个"他序"。"他序"者，"他诩"也，无非是自个儿假装谦虚，不好意思直接"诩"自己，另请名人用点劲儿来"诩"自己罢了。无奈之下请了山西省实验中学的高云老师，果然"诩"出一篇《只有一个都晓波》。实际上，我这本书原名是《转道语文路，且行且成熟》，估摸编辑老师觉得这个书名不够响亮，几次与我商量，故而改为《名师是这样炼成的》。

其实，所谓"名师"者，本来就不是一个严格的说法，就像我们穿的鞋，鞋码可大可小。像魏书生、钱梦龙一类闻名全国的老师，是大码的；在一省范围内名头响亮的老师，是中码的；至于地区的、县市的出名的老师……各位看官依此类推吧。哪怕一所小小的学校，也有学校的名师。"名师"与各级单位里评出来的教学能手、首席教师、教育功臣、特级教师、教授级特级教师、市级领导联系的专家等都不是一回事。各级单位评出来的各种头衔，都是政府给的荣誉；而

"名师"头上没有政府给的炫目光环，是民间的、草根的，是百姓口碑里的。名师也与学历没多少关系，如今不断有硕士甚至博士充实进学校，但能称为读书人的恐怕也不会有多少了。硕士、博士的学历只能说明他们在校学习的时间更长，并不是教学能力更强的代名词。

我经常被老师们称为"名师"，这是同仁们对我教学努力的一种肯定。我的理解，所谓名师，实际上就是艰苦工作了一辈子而成为的大多数人都知道他名字的老师。名师是没办法培养的，名师也不是靠谁提拔的，拔苗不能助长。名师主要成就于自己读书的兴趣，语文教得出了名的老师都是读书读得多的老师。没读过几本书的老师，有时课堂教学中也可能花枝招展满脸通红，但阳光明媚不一定意味着春天，也有被紫外线晒伤的可能。当然，文无第一，武无第二。究竟谁是最好的语文老师，永无定论；自然，谁的课烂出了底线，也同样难做判断。

那么，名师究竟有没有标准呢？窃以为：低一点的标准就是，一提你的课，学生都反映很好，并且每届学生都说你讲得好，你就是有名的老师！高一点的标准是，一提到某某学科，就让同行马上想起你。所有的同行都说你好，那是真好！因为学生是外行，老师是内行。所以，一个老师要常问问自己：我能教好书吗？我的名字在多大范围内人们知道？

自然，不论哪一个学科，能成为名师都很难，但能成为语文学科里的名师，尤其难乎其难。当老师的都知道，语文最难教。为什么呢？语文教材信息广泛，几乎每一个句子、每一个词语，甚至每一个字，都有可能成为教学目标、教学内容。一篇文章，教学内容有极大的自由度，没人告诉你应该教什么或不应该教什么，故而，给教师留下了极大的处理空间；教语文的能真正弄清楚"语文应该教什么"真不易。这让学富五车且经验丰富的教师有了充分的发挥空间，往往容易出类拔萃而成为名师。当然，也不要迷信名师，名师教书并无秘籍，不要过于在乎这样的教法那样的模式。语文教师最根本的是要喜欢读书，各种有价值、有思想的经典书读得多了，就渐渐具备了独立思考的能力，就不会鹦鹉学舌，人云亦云，被貌似真理的谬论洗脑了。

其实，说穿了，名师，无非多读了几百本书而已。江苏名师王栋生一语中的："语文教师走进课堂是带着自己全部的阅读史的。"蒲松龄说："书痴者文必工，艺痴者技必良。"痴迷读书就是成为名师的最好的"修行"方式。

我没计算过自己在过往的日子里究竟读过多少本书，事实上也永远算不清楚。但许多书至今仍记忆清晰，甚至购买此书时的情景，都历历在目。能记住的都是自己感兴趣的，自己不感兴趣的书，就是摆在眼前也会视而不见的。不过有一点可以肯定，即我从识字开始，至今没有间断过读书；从上初中开始，至今没间断过买书。我买书时总有一种囤积的热情，看着满架的书就有种幸福感，再看看拥挤的房间又有一种无奈感。书积攒多了，一不留神，于2001年我被评为"阳泉市十大藏书家"之首。

这本书不是自传。我感觉写自传应当是一件比较困难的事：第一，要使自己做的事值得写；第二，要使自己写的书值得读。我的人生波澜不惊，没做过任何惊天地泣鬼神的大事儿，没一点儿传奇色彩，不值得浪费纸张自述生平；当然，书中也牵涉一点儿个人的经历、学历等，但那主要是作为时间线索串联整部书的。

形象地说，这本书就像我的一个步行记录器，记录下我在教学道路上走过的步数。准确地说，这本书是我的专业成长史，或曰个人阅读史，说得再"高大上"一点儿，即精神发育史。

生命是一次机会，教书也是一次机会，是一次精神生命成长的机会。朱永新教授说："一个人的精神是怎么发育起来的？当然是靠书。"躯体的成长更多的是受遗传和基因的影响，个体的精神成长却与后天的阅读息息相关，因为人类最伟大的思想都在书里，没有阅读就不可能有个体心灵的成长，不可能有个体精神的完整发育。当然，一个语文教师的精神成长，还伴随着许多酸甜苦辣，承载着许多喜怒哀乐。

实际上，我们一辈子就做着一件事，即"认识自己"。虽然在几十年的阅读中，我们不断地认识自己，并渐渐根据自己的性情选择要阅读的书籍，让那些书中的故事不再仅仅是他人的故事，而能窥见自己的影子，但人总是很难真正有意识地反省自己曾经走过的路，因为观察任何一个事物的发展过程，都需要时间和空间的距离。人总要走过一段路，甚至走过一些弯曲的路，才能看清自己曾经走的路。

如今，距我初当教师已经四十余年了，我也彻底告别讲台了。再回首，过去困扰的一些问题和想法，也变得比较清晰了，故而尝试着写出来。在这本书里，

3

我写自己的教学经历，读书感受，写作领悟……窃以为，这些东西值得花费点儿笔墨写写。所以，我写这部书，便是写一部自己的专业成长史，便是重新好好地认识了一次自己。但我还要再啰唆一句：人，即便一辈子努力对自己进行探索，也只能逐步接近那个真我，永远不能最终完全把握。

至于这本书是不是值得一读，我不敢拍着胸脯保证，但我一贯坚持的观点是：歌就要好听，戏就要好看，书不但要写得有意义，也要写得有意思。书中所写，是我曾经须臾不可分离的教学生活，当然会注入自己鲜活的思想。但写这些东西毕竟不是写小说，不能虚造时空，恣意想象，因此，一定要脚踏实地，有一说一。不过，我还是尽可能将这些内容写得有故事，有细节，希望使人捧读有趣，掩卷回味。书中穿插了我的一些论文、散文、教案、报告、讲稿等，这些文字绝大部分是我彼时彼刻对语文教学认识的结晶，或许认识肤浅，或许表述浅陋，或许观点偏颇，或许偶有些闪光之处……但都显示着我成长的轨迹。将这些东西穿插在书里，有点像东北的大烩菜，窃以为，无论谁品尝，起码不会倒胃口吧。这本书也可作为语文教师的一本有意义的参考书，有理论，有方法，读之明理，用之有效。

我曾经购买过冯唐一本书，叫《活着活着就老了》。"老"是个让人有点沮丧但又不可避免的事儿。曾几何时，盂县有个老师听过我的专题报告之后，形容我是"玉树临风"。如今，风依然骀荡，树已然枝残。不知不觉，我从懵懂的年轻教师真真实实变成鬓发苍苍的老教师了。任何一件东西，只要足够老，都有故事在，人老了也如此。这本书也像我在絮絮叨叨地讲故事。我喜欢王朔的一句名言："青春的岁月像条河，流着流着就成了浑汤了。"但愿在我的思维之流还保持清澈的时候，没把这个故事讲成浑汤。其实，没有哪一位教师的专业成长历史值得绝对地去羡慕，罗素说过，人生的参差百态乃幸福来源。每个教师都有值得分享的成长历史，老教师们或许会拥有得更多些，故而，我就将自己的经历讲出来与年轻教师们分享了吧！

这篇序言虽然是放在这本书的最前面，实际它是最后完成的。天是慢慢变黑的，树叶是渐渐变黄的，故事是缓缓讲到结局的。这篇序言，是我为这个故事画上的最后一个句号。

目　录

三、著书惯用幽默语，析文长使细读法

四、精神到处文章老，功夫深时教学高

一、苦研语文悟奥秘，勤读奇书开眼界

1. 你的语文是体育老师教的吗？

◎ 人的一生中，很多重要的选择其实都是被动的。我改行去教语文，并非我的决定，事实上我也"决定"不了。这个"决定"无论是否正确，无论结果好坏，我都得接受它。但接下来，最重要的，还是被"决定"之后的行动力。

熟悉我的人都知道，我教语文属于鲁提辖当和尚——半路出家。有时候觉得，生命就是一场歪打正着的大戏，我自己也不清楚怎么就歪到这儿了，或许这就是命运的支配吧。

其实，我们之所以受命运支配，是因为我们并不知道我们的命运如何，并不清楚我们的性格如何。我们就这样似乎按照一个既定的轨迹浑浑噩噩地成长着，譬如，我们不了解自己的性格，但我们的性格却是决定着我们未来的一种重要因素；我们不知道自己的命运，但冥冥之中命运很可能一直牵着我们的鼻子走。

当年读师范院校，就奠定了我教书匠的基础；而且当时读的是体育专业，被归于"头脑简单，四肢发达"的"物种"。毕业教了三年体育课后，冷不丁地被校长路聚胜拎去教了高中语文，故而，经常有喜欢猎奇的同志说，一定是校长发现你有文学方面的才华，比如演讲啦，写文章啦，办黑板报啦……才让你去当语文老师的！按理说应该是这样的，路校长"蹑足行伍之间，而倔起阡陌之中"，是一名退伍军人，1958年到荫营镇创办了荫营中学，为首任校长。路校长当时五十出头，头脑清晰，思维敏捷，精神矍铄，既没有任何先天性精神疾病，更没有任何老年痴呆症的兆头，不可能无缘无故把我弄去教语文。但学校还真没有为我搭建过上面说的这些平台。为此，我也经常琢磨，但估摸世上很多事儿永远不可能琢磨透吧。

"你的语文是体育老师教的吗？"这句貌似调侃的话后来成了一句流行语，隐喻教体育的老师"没文化"，这令教体育的老师们有点无奈。我于1977年山西师范学院体育系毕业，甫一分配至郊区教育局，即被告知带上行李先去燕龛农大劳动十天，之后才分配，不去者不给具体分配。有一根"分配"的大棒悬在头顶，谁敢不去？我与师院生化系同学兼老乡刘建平一起去燕龛农大报到，那会儿感觉分配到郊区就像被发配至沧州牢营一般，去燕龛农大劳动十天简直就是新入牢营的配军须吃一百杀威棒。配军干活儿当然不会有一毛钱的报酬，在燕龛农大干了十天修窑洞的活儿后，即8月30日，宣布分配，我被告知：明天去荫营中学报到。

从燕龛回家的第二天上午，我骑着自行车去了荫营中学报到。第一次见路校长，他给我的印象是个子颇高，瘦骨嶙峋，肤色黄黑，两腮凹着，眼睛大大的，但总带着笑意，身上穿着一件灰扑扑的中山装。路校长挺关切地问：刚来啊？带来行李了没有？我说没有。校长说，要不你回去拿吧。我又骑自行车返了十几里地回家，下午带着行李去了学校。校长让后勤的郑子文老师领我去学校大门旁侧的体育组办公室，告知我就住在这儿了。两条凳子上架着五块不够齐整的长木板，就算是床了。结果这五块木板一晚上晃晃悠悠弄得我没法入睡，第二天有木匠把五块木板中间钉了四根横木，我才算是有了正儿八经的床。

我不知道路校长对我的第一印象如何。

哈佛商学院的心理学家艾米·卡蒂长期研究第一印象，根据他的研究，第一印象的80%至90%是基于两个特点："我能相信这个人吗？""这个人有能力吗？"如果没有信任，人们实际上会将能力视为负数。正如卡蒂说："一个温暖的值得信赖的人，也能强烈引起他人的欣赏，但只有当你取得信任以后，你的能力才会成为一个礼物，而不是一种威胁。"

我估摸路校长对我第一次上课间操的印象比较深刻。

报到后的第二天是 9 月 1 号，学校的两个体育教师张春元、梁爱民都到市体委开会去了。快上课间操的时候，路校长告诉我一会儿去安排上课间操。我顿时头大了起来，我可从来没上过课间操，也从来没见过荫营中学的课间操是如何上的。路校长说："上课间操很简单，你到领操台上整好队伍，然后冲着广播室一吹哨子，就有人放音乐了，你就在台上领着学生做操就行了。"我只好硬着头皮提着哨子站上领操台，按照校长所说如法炮制。

结果做最后一节跳跃运动时，有高二某班的几个学生欺我新嫩，站在队伍前面居然立得直挺挺的没跳。我可不是杜甫，只能无奈地呼叫"南村群童欺我老无力，忍能对面为盗贼"。我脸一沉，严厉地要求这个班重跳一次，那摆出来的杀气凝重的架势，让他们知道，如果不重跳，后果会很严重的。整个操场黑压压的，学生都没一点儿声音，全围过来观看这一幕。空气像绷紧的弦。结果那个班的学生都被我"镇"住了，乖乖地重做了一次跳跃运动。从此，我"厉害"的名声就出去了。估摸这一幕给路校长留下了一个好印象，觉得我值得信赖，有能力。

1980 年 8 月 29 号，星期五，上午 8 点 30 分，学校召开新学期工作安排大会，我突然被路校长宣布去做"语文教师"。这令我颇为诧异，甚至有点儿蒙沉沉晕乎乎的感觉。因为路校长事先并未征求过我的意见，我亦被蒙在鼓里，直到大会宣布时方才知道：我是语文教师了。若干年后，脑子方有些清醒了，很想当面问问路校长为何会让我去教语文。但不幸的是路校长已经患癌症去世了。现在回头看看，就会发现，如今我回头再想，还挺庆幸活在那个教师们普遍学历不高，社会也不太重视学历的时代，如果赶在如今这个"学历查三代"的环境中，估摸没有改行的可能。

人年轻时有一特点，即无所畏惧、不计后果，也不说自己有没有金刚钻，能不能教了高中语文，连诸葛亮那样有能耐的人物，刘皇叔亲自登门请出山还再二推辞呢，我居然想都没想就承揽了这个瓷器活儿。

那会儿学校的班级刚有重点班与普通班之分，但那个重点班 40 班是全区招生的，其余普通班都是荫营镇的学生。我被安排教 43、44 两个普通班的语文课，兼 44 班的班主任。

第一次教语文并兼班主任，开学前一天上午，就有学校的一位资深语文老师找我，委婉地表示他妻子初中教过的一个女学生，分在我这个班，想调到41班，看我行不行。41班的班主任是物理教师任儒智。这个女生是班里第一名。我立刻爽快地答应了。这不单单是因为资深老师的面子，我自己也这样想，昨天我还是一个"头脑简单、四肢发达"的体育教师，今天就改行教语文，哪个家长也不会放心。故而，我憋了一股劲要把班带好。

1980年正是"文化大革命"刚刚过去的几年，学生中不爱学习调皮捣蛋者成群结队。荫营中学是阳泉市一所传统的体育名校，"文化大革命"以来就特别重视体育，调皮捣蛋的学生往往运动能力颇为出色。学校为了体育成绩，总是对体育尖子在课堂的恶意捣乱行为睁一眼闭一眼。我刚从体育教师岗位转过来，对学生的状况最清楚，于是在班里立了两条标准："什么样的学生也能容纳，就是不能容纳不学习的学生。""什么样的第一也不争，只争学习第一。"此时的我，挟体育教师"厉害"之积威，动口的同时也经常动手，故而，班级纪律严明，学风很好。

那时的荫营中学，不但环境闭塞、信息不畅，而且周边连一个可供咨询的权威人物也没有。所以，没有人告我语文是一门什么样的课，更没人告我应当怎样教语文。学校就给了一张课程表、一本教材、一个教案本。我仿佛在暗夜里摸索着去找语文的大门，按照自己读书的体会，迈开了语文教学的第一步。

教了一段时间后我发现：任何学科的老师，开学都是从第一课讲起，唯有语文老师总是不从第一课开讲。开学后我讲的是第一课《遵义会议的光芒》、第二课《包身工》……讲完第一单元后才知道，别的老师讲的是第二十一课《诗经二首》、第二十二课《国殇》……这令我有点纳闷。因为语文课本的编排都是把现代文的几个单元放在前面，文言文的几个单元放在后面。我们可以理解为这是一种由易到难的顺序。文言是古人只见于文而不口说的语言，与现代汉语虽然有承接关系，但随着时代推移，很多词句如今已变得艰涩难懂了，不能按照字面意思去理解，故而学生们觉得很难懂。我揣摩，开学伊始，先从文言单元讲起，大约是语文老师喜欢迎难而上。到后来的教学中我才发现，最难讲的恰是现代文，难就难在都是一看即明白的大白话，搜肠刮肚也没什么可讲的内容，但还必须得讲点什么。而讲文言文则可以字字落实、句句翻译，似乎还有点讲的东西。实际上，语文课本中的文言文，注释特别详尽，用45分钟串讲文言文的字面意思，备课时反而更加轻松。

刚当语文教师时，对教材不熟悉，教法一抹黑，我讲课就是唱独角戏。讲现代文的程序即：范读课文、抄写生词、介绍作者、讲述背景、划分层次、概括段意、归纳主题以及写作特色。薄薄的教学参考书都是这么编写的，大伙儿也都一板一眼地按照这样的"八字步"蹒跚前行。但我觉得既然是老师，总是要教学生一些知识才行，我就总是根据课文内容尽量补充一些语法、修辞、体裁、成语典故等知识。按理说，老师课堂讲出来的东西就像商场展示出来的样品一样，更多的货物应该堆积在库房里，人走在这样的商场里是轻松的、从容的。然而，作为新教师的我，讲课前准备得十分充足，上课特点就一个"满"字，感觉像是把库房里积压已久的货物统统堆到学生眼前，仿佛不如此就显示不出自己知识的丰富。这巨大的数量压迫着学生的视觉和听觉。尤其是下课铃响过之后，我仍然"顽强不屈"地将自己准备的各种知识讲完，这才放心。

我上学期间没有学习过文言文，文言文启蒙读物就是蒲松龄的小说《聊斋志异》。为了弥补这方面的欠缺，我购买了王力的《古代汉语》，郭锡良的《古代汉语》，郭锡良、何九盈的《古代汉语讲授纲要》，周秉钧的《古汉语纲要》，朱振家的《简明古代汉语学习纲要》，杨春霖的《古代汉语》，杨金鼎主编的《古文观止全译》以及一些文言文选读的书籍，恶补文言知识。讲文言文别无妙招，就是串讲，教学参考书上有文言译文，有老师将译文用蝇头小字密密麻麻抄写于课文相对应的文句之下，读一句文言，说一句译文。我年轻，记忆力强，备课时常常就把课文背熟了。

当然，"串讲"也可以很精彩。著名语言文字学家黄侃在课堂上对学生说："我能把《说文解字》上九千多字根据讲说的需要任意组合，像串糖葫芦一样，一串一串地穿起来。"黄侃被称为"传统语言文字学的承前启后人"。要把看似枯燥的内容讲得有滋有味，必须像黄侃那样对课文内容相当娴熟，最好能背讲。除了满堂灌之外，我的教法就是逼着学生背课文，只要是文言文，不要管教材是否要求背诵，必须背会，背不会者严惩不贷。而且我带头与学生一起背诵，语文课的课堂总是书声琅琅，背诵之风蔚然。我还拟写了一句学生们都很熟悉的格言："没有记忆力就没有学习，没有联想力就没有语文。"将其写成条幅贴于教室墙壁，作为座右铭激励学生背诵。

1984年，学校组织老师们去太原参加高考研讨会，听北京四中的语文教研组长廖锡瑞老师做报告。

廖老师讲的关于语文复习的问题，如今已经被时间的流水从我头脑中冲刷得干干净净，但他讲的两个故事至今我记忆犹新。

一个是数学家陈景润当教师的一些趣事。陈景润和廖老师同为1953年被分配至北京四中的青年教师，陈景润是厦门大学高才生，后来因为痴迷数论，口讷内向，教学效果不佳，又被厦门大学的校长王亚南先生举荐，回母校厦门大学数学系任助教，再后来攻克了世界著名数学难题"哥德巴赫猜想"中的(1+2)。作家徐迟的一篇《哥德巴赫猜想》，使得陈景润名声大噪，家喻户晓。

另一个故事说的是北京某郊县有一所初中学校，师资短缺，便招聘了一位初中生来教语文。这年轻人刚放下锄头就拿起粉笔，不懂教学，但他准备了一个掉光毛的旧鞋刷做手板，上语文课就是要求学生背诵课文，从第一篇课文背诵到最后一篇课文，背不会则打手板。结果，一年之后，县里统考，该老师所带班级的成绩跃居全县第一。接着，荣誉有了，奖励有了，教育部门也赠予他一些教学参考书。该老师按照参考书所言鹦鹉学舌地也学会讲课了。一年之后再次统考，他所教班级的成绩从九天之上稀里哗啦就落在平地上了，奇迹再也没有出现。

实际上，要学好语文，必须记忆积累大量的基础知识，而背诵是解决这个问题的必要条件和必然途径。尤其在以知识考查为主的20世纪80年代，大量背诵就是最管用的教学方法，也是最有效的学习方法。我教了一年普通班，期末考时班里成绩远好过几个平行班，年级排名从第一名到第七名都是我班的学生。这并不是因为我教得多么好，而是因为我对班级管理得严格，学生都下了背诵的功夫，应了那句老话"严师出高徒"。那时候学生记忆最深刻的体罚恐怕就是"背诵全文"了。

2. 下水作文就是最有效的作文教学法

◎ 学生写作文一定要找好的范文模仿。谁的范文最易模仿？肯定是老师的。写作范文的目的很明确，就是给学生示范好文章应当这样去写或写成这样。

荫营中学在1980年后，办成了郊区的重点中学，当时是阳泉市一所比较好的学校。其实，所谓好学校，无非是有一批好教师的学校；所谓好学科，无非是有一两个好教师的学科。故而，学校教育的核心问题就是要有一批心灵高尚、头脑活跃的优秀教师。

荫营中学当时囊括了郊区全部的优秀教师，语文教师有中佐中学调来的文兴元，杨家庄中学调来的陈怀存、张元辅，还有荫营中学的史文华、史通九。那时候年轻的语文教师主要是我与张公才、朱建明、杨卯金（后调至政府机关）；后来又分配来王银宗、马汝清，其间还有两三个语文老师停留了一学年就又被调走了。

我们年轻教师与老教师们在业务上并没有什么往来，教学上基本是各自为战，极少协同。好处是人和人之间空出了安全距离，这是一种孤独，却也是一种自由。他们那批"40后"的教师，虽然已经站了十年左右的讲台，但恰逢"文化大革命"，学校天天都是学工、学农、学军，也并无多少实际的教学经验。但这些老教师们最大的特点是敬业，争着上课，争着上早晚自习，并且没有一分钱的补课费。这样的敬业精神潜移默化地感染着我们。

20世纪80年代初，办公条件很艰苦，但最艰难的是没有任何辅助教学的资料，没有任何练习册，更没有任何可以学习借鉴的教学模式，一切都是白手起家、自力更生。我花费大量的课外时间，把自己喜欢的散文、小说做成阅读材料或练习题，自己刻蜡版，并用油印机打印，和学生们在课堂上赏析、练习。这样做，教学之余兼着大量印刷工人的活儿，特别辛苦。

当时语文教学的中心是阅读。一般是两星期一节作文课，其他课都在讲中心思想、段落大意。我则认为，写作要比阅读更重要，读就是为了写；而写，也是最好的读书方法。通过读书，体会别人的写法；再通过反复写作，达到熟练掌握的目的。我的作文教学起步就是写"下水作文"。教师写"下水作文"，就像一条大鱼带领着一群小鱼在学海里畅游，我喜欢这种领游的感觉。每次作文课我自己都要写一篇范文，来给学生示范文章怎么就写好了；并把同学中的优秀作文刻印出来与我写的进行优劣对比。我为什么愿意写呢？不过是有强烈的表达愿望。但能用笔来形象自如地表达愿望是一件有技术含量的活儿，不是能说会道就能写出漂亮文章的。很多语文老师也想用笔随心所欲地表达内心的愿望，惜乎笔力不逮。因为读书多、练笔多，我为学生写篇千字范文笔到文来，游刃有余。这正应了那句挺有正能量的句子："你必须非常非常努力，才能看起来毫不费力。"

因为有学体育的经历，我更容易体会到语文教学实践性的一面。教写作就像我教体育一样，给学生讲45分钟单杠"曲体翻身上杠"的要领，学生常常似懂非懂，不如老师做一个示范动作，学生一看就明白了。语文老师自己不会做"示范动作"，就找不到感觉，也不容易讲清楚。很无奈的是语文教材提供的写作内容很笼统，不好用，基本上是静态的记叙文、议论文、说明文这些文体的章法讲解，而且都是笼而统之的几句概念性很强的话，没办法照葫芦画瓢，具体操作。学生的写作水平不是老师"讲"出来的，而是老师动手写"带"出来的。语文老师写范文是一种很自由的语言表达，而这种自由是以相互交流为基础的。范文本身就有炫技的一面，我的一些新鲜想法、新鲜语言、新鲜写法……非常渴望写出来与学生分享。师生同题作文，学生惊艳老师的文章远高于自己，则会爱屋及乌，喜欢写作。写范文首先要有一种热情，得自己觉得是一种乐趣，其次才是写作的方式方法。我从教四十年，雷打不动两周一次作文，而且一直坚持写"下水作文"。

我经常给学生讲，写作需要方方面面的知识，而最不需要的就是一种叫作"写作"的知识。学生作文写不好，常常是因为缺少丰富的知识，而不是缺少写作知识。读书和写作，从根子上讲是一码事。只有阅读了足够数量的文化精品后，才能不断模仿、不断领悟，慢慢有了自己的特色。肚子里什么学问也没有，任你读多少写作捷径的书，都写不出好文章。我的经验是：下水作文就是最有效的作文教学法。孟子说："人之大患在好为人师。"而我觉得当教师就应当也必须"好为人师"。

就像田径是一切运动的基础一样，一个国家体育运动水平的高低，仅从这个国家的田径运动水平就可以看出来，田径水平高，这个国家的整体运动水平就高。我读体育系时，老师经常告诫我们两句话："田径是基础，篮球是门面。"而散文是一切文学样式的基础，散文写作是衡量语文教师语言水平、思想水平的基本标准。一个地市的语文老师散文写作水平高，这个地市的语文教学整体水平就高。一篇文章见素质，一个不喜欢阅读的语文教师，写作能力必然受困；而一个不善于写作的语文老师，阅读能力也必然有限。没有所谓的标准答案，则不敢讲析试题；不看钦定的参考书，则不敢解读文本。这样的教师，不当也罢。

3. 艺术地设计板书体现着语文教师的教学艺术

◎ 板书结构就是作者思路的归宿，体现着作者谋篇布局的思想轨迹。我理解，板书就是对课文内容或语言做精选、浓缩、提炼，使之成为具有逻辑性的微型教案，能达到学生好懂、易记的教学效果。如果要求更高一点，板书还要能设计出漂亮的图形，给人以视觉美感。成功的教学是高度的科学性和精湛的艺术性有机结合的结果。

教了一年高一，第二年我被路校长安排退回高一教重点班，即47班。

尝到第一年吃螃蟹的美味，虽然教了重点班，但教学方法依然是满堂灌、强背诵，只是"灌"的时候注意到了要"灌"得生动点儿。背诵课文的要求依然苛刻，寸步不让。我把背诵的方法名之为"萝卜学习法"，即一篇文章就是一个萝卜，各种考试题无非是把这个萝卜切成萝卜块、萝卜条、萝卜片、萝卜丝……只要你对这个萝卜很熟悉，切成什么形状你也认识这就是那个萝卜。我崇尚的方法是：反复背诵，熟悉萝卜。

印象深刻的一件事是我第一次用普通话讲课。

那时所有的老师都是用家乡方言讲课，语文老师讲课最为怪异，读课文时用普通话，讲课文时用方言，尤其讲文言文时，用普通话读一句，再用方言翻译一句，有点说双簧的滑稽味道，十分别扭。后来教育局要求用普通话讲课，尤其语

11

文老师，要做推广普通话的典范。私下以为确实应该如此，但自己当时又有点儿不好意思说普通话，思虑再三，下定决心，排除万难，不怕出丑，去说普通话。

第一次上讲台说普通话，我操着阳泉味儿的普通话说：同学们好！从今天开始，老师讲课要用普通话了。同学们一阵哄笑。我硬着头皮拿腔捏调地讲着别扭的普通话，有些方言还得在脑子里想一下才能转过弯来普通话是什么词、什么音，同学们笑笑之后也就恢复平常了。

在教47班时，我分析课文特别重视板书设计。20世纪80年代初，语文教学普遍重视设计板书，那时候可能觉得阅读文章就是寻找文章作者要表达的原意，还原作者的意图，而那时候的我认为，艺术地设计板书就体现着语文教师的教学艺术。故而，我常为设计一个板书结构而废寝忘食，也设计出一些自以为不错的板书结构。

《内蒙访古》板书设计：

《风景谈》板书设计：

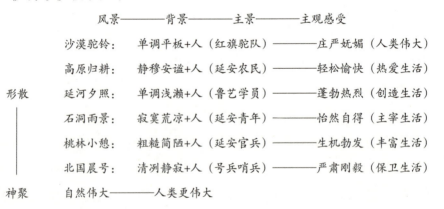

　　在此后的语文教学中，我一直比较注重板书设计，甚至在有了多媒体的时代，我在讲课中也从来没有使用过多媒体课件，而是一直使用粉笔书写板书。窃以为，使用多媒体课件比较麻烦，设计一个板书结构很不自由，譬如，我讲解苏轼的《石钟山记》，设计的板书就是一座钟形，以及产生的钟声，很直观，很形象，学生会有一种惊喜感。但我用计算机操作不了，请人设计又太费时间。而且多媒体都是预先设计好的教学流程、教学板书，需要亦步亦趋地按照预先设计的环节进行，无法根据学生的特点灵活处理教材，即便是自己制作的教学课件，也有很多的不便。特别是教学过程中会有教师预想不到的问题出现，譬如，对《风景谈》每部分内容的概括，课堂上学生的概括就可能比教师的概括更准确、更恰当，如果是粉笔板书，顺手就改了，但多媒体软件就不方便了。20世纪90年代，我整理自己曾经比较得意的板书设计，在《教材教法研究》杂志上发表了一篇论文《板书要体现出一点儿哲理来》，因为以前板书设计很注重形式即所谓的"图案美"，后来则更注重内容的深刻性和思路的清晰性。论文结尾写道："一部真正的文学作品，其思想是深邃的，人们对其主题思想的认识也是一个永无穷尽的过程。所以，教师在分析文章时，要引导学生体悟并挖掘艺术形象中蕴含的哲理，教学生深刻地思考社会人生，以开启他们的心智。"

　　举一个例子。1984年荫营中学进行改扩建，原先的几个资深语文教师都有了新的安排，史文华老师调到郊区政府办公室当副主任，文兴元老师调到河底中学担任校长，张元辅老师提升为荫营中学副校长，陈怀存老师提升为荫营中学教务主任，我也填补了语文教研组副组长的空缺。1985年，郊区的两所高中学校合二为一，李家庄中学高中部合并到荫营中学。从李家庄中学调来的语文老师有岳丽、庞清瑞、王景升、朱耀红，都是四十多岁年富力强的骨干老师，而荫营中学的语文老师都是三十岁以下的年轻人。学校安排王景升老师担任语文教研组组长。王景升老师个子不高，精明强干，是个很好学也很有激情的老师。印象中，王老师来后不久，组织过一次教研活动，主要是分析《游褒禅山记》一文，王老师分析完之后，让我讲讲。我在语文组办公室的黑板上边讲边板书，简要地分析了一下我的教学过程。

《游褒禅山记》板书：

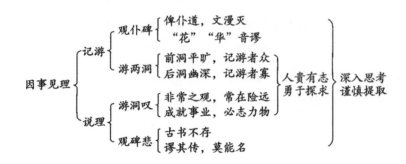

我认为，这篇文章最核心的句子是："古人之观于天地、山川、草木、虫鱼、鸟兽，往往有得，以其求思之深而无不在也。"而这个句子最核心的词语是"求思"，"求"是"探求"，"思"是"思考"。文章主要部分有四段，前两段是"记游"，后两段是"说理"，二者正好呼应着。"观仆碑"呼应着"思考"，"游两洞"呼应着"探求"。我的分析很受王老师、庞老师等几位老教师的赞同。但对于有些比较复杂的缺少纲领性句子或词语的文章，我始终找不到很好的分析角度，譬如一直选作教材的《记念刘和珍君》《包身工》等，总是采用分章节概括具体内容、合并同类项归纳的方法，深入不到文本的内部。一直到教了将近二十年后，我才对解读这些文本有了新的认识和解读方法。

做了体育教师，业余时间很喜欢文学；当了语文教师，业余时间反而喜欢体育。后来慢慢体会到，任何个人感兴趣的事儿，一旦变成职业，就没那么有意思了。大约因为作为业余爱好，只要付出30%的努力做到60%就已经觉得很好了；而作为职业，则必须付出150%的努力才可能达到100%。

教书没有投机取巧的路，脚印多深，只有自己最清楚。所以，做了语文教师，又当了班主任，我每天忙得焦头烂额，累得精疲力竭，绝没有"偷得浮生半日闲"的逍遥，但我还是发自内心地喜欢教语文的感觉，当然，喜欢也就不觉得辛苦啦！既然路校长交给我一把好牌，我绝不能把这把牌打臭，更不能打烂。

其实，拼命努力都是不甘平庸。因为自己是体育教师出身，起点低，所以就比科班出身的语文老师更加努力，更加不惜力气。

4. 连教三年高一，一年上一台阶

◎ 对于一个年轻教师而言，成长比成功更重要。专注于专业素质提升和成长的过程，不要斤斤计较眼前的一些结果，等这些过程全部经历过了之后，素质必然能提升，心态一定会改变。这大约就是成长。

我从小就对书抱有无限爱意。对书的盲目热爱引导着我在禁书的时代疯狂阅读。李苦禅说过："鸟欲高飞先振翅，人求上进先读书。"当了语文老师后，我更加理直气壮地成了书迷，没事儿就总想去新华书店转转，经常给自己找点理由买几本书。有时觉得自己患有一种买书迷恋症，像李世民"使天下英雄尽入我彀中"一样，欲使天下好书尽入我书架。旧书未读完，新书又接踵而至。但那时候的买书读书，并没有明确的目的，我就像在一个无人关注的角落里结网的小蜘蛛，撞上什么书就读什么书，至于什么书会落到我的"网"上，完全是偶然的，任由命运安排。乱七八糟的书也买了不少，譬如唐人所著的章回小说《金陵春梦》，共有八本；譬如蔡东藩"历朝通俗演义"，从《前汉演义》一直到《民国演义》，大约四十余本。李敬泽说过，所有的人，其实年轻的时候都是要读很多垃圾的，即使是受过最好教育的人，大概也没有人敢说我从三岁开始，从识字开始，读的全是圣贤之书、经典之作，那简直不可想象。

当了语文老师，我目标很明确，想阅读的书是语文教学方面的理论书籍、参考书籍，可惜当时没有多少这类书。民国时期的一些语文大家，诸如陈望道、黎锦熙、吕叔湘、叶圣陶、夏丏尊、周振甫、朱自清、张志公等的著作也都没有再版。当时荫营中学教务处保存着一套人民教育出版社请华东师大瞿葆奎老先生主持编撰的《优秀语文教师上课实录》（上、下册），1980年版。我如获至宝，借来认真阅读，仔细揣摩，拿来为我所用。

譬如于漪老师讲朱自清的散文《春》，先是用富有诗情的语言激发学生对春天的憧憬，然后以杜甫的《绝句》（两个黄鹂鸣翠柳）与王安石的《泊船瓜洲》（京口瓜洲一水间）引入，启发学生思考，杜甫与王安石的绝句是如何描写春天的？绝句只有四句，往往只从一个角度，或两个角度来写，也就是选取了春天的一两个景来写春……请同学们考虑：这篇文章是怎么写春的？然后，于漪老师边分析边板书：迎春、绘春、颂春。从这三个角度去阅读分析课文。这些教学实录在语文课的导入、讲析、板书设计等方面，都给了我很多有益的启示。我渐渐明白了语文课应当如何上。

这期间有本小说对我影响颇深，就是钱锺书的长篇小说《围城》。

荫营镇距离阳泉市区十几里地，坐公交车去市新华书店还是比较方便的。1980年的某个周日，我去市新华书店转悠，见书架上摆着一本《围城》，但"钱锺书"这三个字吸引了我。为什么呢？因为当时我订阅着一份《文学报》，其中有篇文章写道：鲁迅用《阿Q正传》证明中国农民不能领导中国革命，茅盾用《子夜》证明中国民族资本家不能领导中国革命，钱锺书用《围城》证明中国小资产阶级知识分子不能领导中国革命。《阿Q正传》和《子夜》我自己有，也读过数遍，但从未拜读过《围城》，故而，马上毫不犹豫地买下这本书。

我一读之下，便爱不释手，但当时对《围城》讲的"城外的人想进来，城里的人想出去"这种人类永恒的困惑，没有多少真切的感受。

这部小说最让我兴奋不已的是，作者以惊人的想象力，写出了许多匪夷所思甚至离经叛道的比喻，让这部小说几乎可以成为研究比喻最好的教学参考书，也为我的阅读带来无尽的愉悦。譬如，描写穿衣比较露的鲍小姐，作者除了把她比喻成"熟食铺子"外，还把她比喻成"真理"，"因为据说'真理'是赤裸裸的，但鲍小姐并未一丝不挂，所以他们修正为'局部的真理'"。鲍小姐是个实实在在的人，而真理却是虚的，二者几乎没有什么相似点，甚至可说几乎没有什么联系，但作者却从"赤裸裸"这一概念出发，将二者巧妙地、有机地联系起来，逼真地烘托出鲍小姐放浪的形象。后来，我到处给老师们推荐这本小说，结果我买的这本《围城》被人借来借去，是"黄鹤一去不复返"。

这部小说也直接影响着我的作文教学，它使我明白，写文章也许可以不懂语法，但绝对不能不懂修辞。修辞中最重要的就是比喻，比喻是一种最古老、最常用、也最容易出新的修辞手法。比喻注重的是新颖性和奇巧性，忌讳的是雷同与大众化，跟在别人后面抄袭或摆脱不了大众化的思维模式，都不能创造出精彩的比喻。其实，讲语文和搞文学创作似乎有点像，都是一不留神就容易落入俗套。使用比喻和一个人的想象力和熟练使用语言的表达能力密切相关。故而，比喻也是检验一个人语言功力的标尺。若要文章写得新鲜生动，就要多用比喻。中学生作文靠的是奇思妙想，是语言新奇，而非思想深刻。比喻要想新颖，要素有二：一是虚实之间联想巧妙，二是选择贴切的喻体。朱自清的文章受人诟病的一条就是喻体比较陈旧。余光中说他"譬喻过分明显，形象的取材过分狭隘，至于感性，则仍停留在农业时代，太软太旧"。如《春》中形容桃树、杏树、梨树都繁花满枝热闹异常，"红的像火，粉的像霞，白的像雪。"

《围城》也潜移默化地影响着我日后讲课的风格：幽默。如今，现代语言学也开始越来越重视语言的修辞本质。什么是语言的本质？有一种倾向认为就是修辞，也就是语言的隐喻性。因为现代语言学倾向于认为，语言是从隐喻发展出来的，离开隐喻就没有语言。现代语言学和西方诗学的一大贡献，就是发现了"隐喻"的厉害。布鲁克斯说："我们可以用这样一句话来总结现代诗歌的技巧：重新发现隐喻并且充分运用隐喻。""任何抽象的东西具体的时候都是异常强大的。"比喻就是用具体的事物来隐喻抽象的情感。

改革开放初期，高中的学制是两年。阳泉市的高中从1982年起改学制为三年。我1981年所教的47班，校长最初是应允我教至高二毕业，但在那届学生将升高二之前，校长找我谈话，意思是学校今年高考成绩不佳，几个老师希望在改制之前教最后一届高二毕业班，创造高考佳绩。作为新人的我，当然只能服从组织安排了。其实，我心里很不痛快。那时候挺时髦一种叫"把关"的老师，说白了就是一些资深教师"把持"毕业班的教学，而别的教师则年年默默无闻地为他们的成功打基础。有人的地方就有江湖，有江湖的地方就有明争暗斗。语文江湖也不例外。年轻教师辛苦一年，拼搏一年，在即将见到硕果的时刻，却被通知自己辛苦教出来的班将由"把关教师"接管，这种摘桃子的做法不但扼杀着年轻老师的上进心，也非常不利于体现教育公平，不利于教师专业的成长发展。然而当时，年轻教师尽管不服气但也没办法。

1982年秋季开学，我当了53班的班主任，又开始教高一年级的语文。后来我的专业成长经历证明，连续三年都教高一年级语文，让我对教材熟悉得几乎篇篇文章皆倒背如流，对语文教学的研究更加深透了。韦伯斯特词典的发明人丹尼尔曾经说过，他宁愿彻底读透几本好书，也不愿进行大量泛泛的阅读。一个人一辈子如果能对几本书熟读能诵，他大概就会被称为这方面的专家。我每一轮的教学，都会认真思考，仔细揣摩，将前面的教学设计推倒重来，重新设计板书结构……我从来不使用旧教案，最厌恶炒冷饭。这习惯一直保持到彻底告别讲台。

譬如《荷塘月色》一文，从我1980年教语文始，就选在语文教材中。在连续三年的分析、研究、讲授过程中，我对文章的理解也越来越深入，进而在不经意之间对语文教学的认识也越来越深刻。

第一次讲授《荷塘月色》的板书：

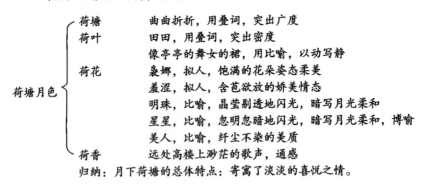

第一次讲授《荷塘月色》，我单纯地认为教语文就是要教给学生一些语文知识，而《荷塘月色》的学习重点就是一些静态的修辞知识，譬如什么是比喻，什么是博喻，什么是通感，什么是拟人……于是大讲明喻、暗喻、借喻之间的区别，为了显摆自己的知识，还牵扯到比喻的各种形式，譬如倒喻、反喻、缩喻、扩喻、较喻、回喻、互喻、曲喻……就像孔乙己给孩子们讲"回"字的四种写法一样。

其实，到了20世纪末的时候，《荷塘月色》受到许多读书人的批评，批评多集中在比喻陈旧，喜欢用花来形容女人等。

英国作家王尔德有段名言："第一个把女人比作花的人是天才，第二个把女人比作花的人是庸才，第三个把女人比作花的人是蠢材。"张远山在《齐人物论》认为，《荷塘月色》"结构呆板，情感暧昧，比喻庸常"。台湾诗人余光中也说："朱自清文章风格温厚、诚恳、沉静，观察颇为仔细，长于静态描写。但是想象不够丰富，文章缺少开阖吞吐的气势。节奏慢，调门平，情绪稳，境界是和风细雨，不是韩潮苏海。比喻明显，取材范围狭窄、陈旧。"

第二次讲授《荷塘月色》的板书：

荷塘月色 { 作者游踪：步出家门——踱步小路——观赏荷塘——回到家中
情绪变化：颇不宁静——淡淡喜悦——暂时超脱——又不宁静
总体情感：淡淡的喜悦与淡淡的哀愁互相交织。

第二次讲授《荷塘月色》，我已经感觉到上次的板书内容过于繁多，写得麻烦，认为板书应简明一些。明确了这是一篇写景游记，教学目标则是要把握作者的行文线索，理解情景交融的手法。实质还是要教给学生一些语文知识，譬如什么是草蛇灰线，什么是文章线索，什么是移步换景，什么是情景交融……当然，在备课时我也是下了十足的研究功夫，弄清了这些概念的内涵，这对我以后的语文教学是很有益处的，而且也在写作上得到不少有益的启发。因为散文写的事儿比较琐碎，故而线索很重要，而文章的线索最需要注意的就是巧妙布置，既要让线索蕴含于文章内容之中，又要考虑到借助一些文字在适当的时候显露出来。如果线索一直浮于文章内容表面，就显得太直、太露，文章势必一览无余；如果线索一直隐藏于材料之中，不露踪迹，让人看都看不出，就会找不到头绪，不得要领。要让线索或隐或显，若断若续，写作时应把握好线索的藏与露、明与灭的适度，做到既不藏得太深，又不露得太明。

第三次讲授《荷塘月色》的板书：

荷塘月色 {
披衣悄悄出门，心情颇不宁静。（抑）
欣赏荷塘美景，求得暂时宁静。（扬）
兀听蝉鸣蛙叫，心情又不宁静。（抑）
联想旧俗诗赋，复得暂时宁静。（扬）
回到自家住所，心情仍不宁静。（抑）
}

第三次讲授《荷塘月色》，我觉得最大的进步就是找到了分析文章的切入点，也就是文章第一句话"这几天心里颇不宁静"中的"颇不宁静"。我那时称之为"课眼"。我朦朦胧胧感觉到，分析文章应当像嗑瓜子一样，要找到一个容易嗑的地方，才方便嗑出瓜子里面的仁来，否则就会很费力却磕不出瓜子仁。第一年讲课就像把瓜子囫囵放进嘴里咀嚼，连皮带仁都嚼烂吐了；第二年讲课就像小孩嗑瓜子，用手努力剥开瓜子皮，常常剥破皮也嗑不出瓜子仁。而讲授课文一旦抓住"课眼"分析文章，就会纲举目张，条理清晰。第三次讲《荷塘月色》，在板书设计上突出了"颇不宁静"，而在内容分析上还是教学参考书的调子，认为"颇不宁静"不是环境上的不宁静，而是心理上的不宁静。是什么促使作者心里不宁静呢？是黑暗的现实、腐败的社会。作者是一个正直的爱国的知识分子，找不到出路而苦闷云云。

我尝试着将自己的体会写成一篇教学论文《投石冲开水底天——浅论"课眼"及设置》，后来刊登于阳泉市委党校一个内部刊物《理论与实践》上。这是我写的第一篇关于语文教学的论文。自己感觉论文写得还是挺有质量的。当时我购买过一套《高中语文教案》（1~4册），但书中的教学设计套路老旧，没有新意，只是比教学参考书编写得更详细一些罢，多数教学设计我觉得还远不如我设计的精彩、有效。后来感悟到：这类教案书籍上看到的设计都是大众化的设计，甚至是僵化了的设计。从古至今真正有价值的东西，一般是不会随意拿出来共享的，譬如，比尔·盖茨可以给社会捐钱，甚至大把大把地捐钱，但绝不会公开微软计算机的核心秘方。精彩的教学设计一定是自己亲手设计的，靠人吃饭只有喝汤的份儿！

【我的论文】

投石冲开水底天
——浅论"课眼"及设置

画有"画眼"，戏有"戏眼"，诗有"诗眼"，小说散文有"文眼"。"眼"是作者的神来之笔，是作品内容的精粹所在。缺少"眼"的作品恰如没有眼睛的人一样，呆板而无灵气。所以，一般作者在写作过程中都注重"设眼"，"立片言以居要"，统摄全文内容。

既然一般文章都有"眼"，教师在讲课时，就要巧妙地设立一课之"课眼"，以一斑而窥全豹，牵一发而动全身。这是分析教学中的关键。

一般的语文教学，教师分析文章总是分层次、划段落、概括大意、归纳中心，既强调凤头豹尾，又重视点睛剥笋。大量的备课时间用于此，大量的讲课时间亦用于此。而学生从小学到高中都是如此学，到头来是学会了这篇不会那篇。原因也许很多，但教师在分析中未抓住关键之处，导致胡子眉毛一把抓，可以说是直接原因。

什么是"课眼"呢？清人刘熙载曾对"眼"做了这样的阐述："余谓眼乃神光所聚，故有通体之眼，有数句之眼，前前后后无不待眼光照映。若舍章法而专求字句，纵争奇竞巧，岂能开合变化，一动万随耶？"可见，刘熙载所说的"眼"，不是指文章的某些警句，而是指光照全篇章法的聚点，也正是我们所说的"课眼"。它是最能帮助学生理解文章主旨或结构的关键性的一句话，或一个词，甚至一个字。文章环之而开合变化，因之而一动万随。抓住它，则可在分析文章中纲举而目张，以简而治繁。

怎样设置"课眼"呢？虽无一定之规，但也有规律可循。清人林纾曾言："善于文者，一题到手，须将全篇谋过，必先要安顿埋伏，在要处下一个关键，到发明时便可收为根据。"要设立"课眼"，老师就要先引导学生从研究文章的结构入手。结构是文章的组织形式，安排一篇文章的结构，不单纯是一个谋篇布局的技巧，更是作者的思想认识在写作中的反映。结构杂乱是表现不出条理清晰的内容的。优秀文章，无论形式如何千变万化，在其纵横交织的结构中，必然有各种力量交叉的中心环节，这就是力点，也是"课眼"的设立之处。

有的"课眼"可以是"文眼"，也有的"课眼"不一定是"文眼"，但也须"在要处下一个关键"。这就需要教师独具慧眼，识破"埋伏"。如《师说》一文，不少教师都以开篇首句"古之学者必有师"为全文关键之处，实是惑于假象。对议论性文章而言，点睛是为了提纲挈领地提出问题、分析问题、解决问题。《师说》篇首两句点出"师"的作用，是为下文阐述"师道"张本，其既不是"文眼"，也不是"课眼"。而系结全文结构的力点恰是下一句："人非生而知之，孰能无惑？惑而不从师，其为惑也，终不解矣。"为何设这一句为一课之"眼"呢？因为韩愈将师之作用概括为"传道、授业、解惑"六个字，其实，意在"传道"，重在"解惑"，"解惑"就是解"道"与"业"之惑。这是学"业"致"道"的主要手段。

若要"弟子不必不如师"，必须充分利用这一手段，使之由"解惑"入门而登"悟道"之堂。既然人人有惑，当然"师道"可兴不可废。而时人或以自己为"贤人"，或以自己为"长辈"，或以自己为"士大夫"，虽有"惑"亦"耻学于师"，自然是"其为惑也终不解矣"，结果必然是"愚为愚"，故而作者不得不发"师道之不传也久矣，欲人之无惑也难矣"的感叹，并顺势引出圣人亦惑而从师，可见，"贤"不可恃；童子之师亦惑而从师，可见"长"不可恃；"士大夫之族"亦惑而从师，可见"贵"不可恃。由此观之，韩愈拈"解惑"一端甲乙申述，针砭时弊；转换开合不离之，旁征博引紧扣之。所以，"课眼"设在此咽喉要处，扼住它，则分析时就可前通而后达。

有的"课眼"则设在文章忽隐忽现的脉络上。前人曾作如是说："盖一脉阴引而下，不必在在求显，东云出鳞，西云露爪，使人们捉，亦足见文心之幻。"这是就叙事性作品而言，叙事性作品的"设眼"要害是在较长的情节链中寻找并确定一些关节之处，使"眼"明而"脉"通。如《庖丁解牛》一文，作者既点出了庖丁"奏刀""释刀""动刀""提刀"的反复实践，又注意"善刀""藏刀"，使庖丁从原来的"目有全牛"到"目无全牛"，进而至解牛时"以神遇而不以目视"的境界，突出说明了他掌握了"进乎技"的"道"，并以"更刀"之对比，突出了"刀"的形象。可见，"刀"如全文有节律地跳动的脉搏，捉住它，则捉住了作者的思路和文章独特的格局。

有的文章"课眼"就设置在"文眼"或"诗眼"之处。如陶渊明的《饮酒》（结庐在人境）一诗，诗眼即"心远"二字。作者精神超脱了现实的纷扰，故而本有车马喧闹，也不觉其喧闹，在尘嚣中找到了闲静。正是因为"心远"，陶渊明方才能在自然生活中处处发现乐趣。采菊，看山，夕阳，归鸟……物与我融为一体，悠然自得，意趣无限。诗歌语言特别讲究凝练、含蓄，尤其讲究意境。从一首诗的立意布局来看，诗眼就是意境的内核。"心远"既是全诗之精粹，意境之浓缩；又是全诗结构的聚点，瞻前而顾后。所以，"心远"二字，既是"诗眼"，又可设置为"课眼"。

有的文章设其"课眼"之处，既不是文章的主旨，也不是重点难点，常是不显山不露水的一句话，却可为纲而举之目张。如《狂人日记》一文，十三则日记"语颇错杂无伦次"，那么，要理清文章的头绪，先给学生一个完整的印象是很重要的。在文中的第三则日记中有一句狂人反复强调的话："凡事须待研究，才会明白。"这句话在文章中虽处在不显眼之处，却正是文章的要处。由此可引出下列问题：狂人"研究"什么呢？第一是研究谁要吃他，为什么吃他；第二是要研究他们怎样吃他；第三是研究"我"要如何对付他们的吃。由此，狂人才明白了几千年的封建历史就是吃人的历史，要"救救孩子"就要掀翻那吃人的宴席。十三则日记就是围绕"吃人"而回答了一系列问题。所以，设"研究"为"课眼"，则牵一发而动全身，全文结构豁然而解。

有些长篇叙事作品不仅有"通体之眼"，其局部亦有相对独立的"数句之眼"，是局部情节网络上的小聚点。仍以《狂人日记》为例。如第三则末一句"我也是人，他们想要吃我了"即为聚点。由这一点而生发：他们是谁？为何吃"我"？狂人根据什么判断"他们想要吃我了"？如第四则中"我也不动，研究他们如何摆布我"也是总揽全则的聚点。

"课眼"的设置有时并不是文中的某句话或某个词，有时作品丰富的内蕴并没有凝结成一句关键的话埋伏在要处，而是渗透于全文之中，并未特别言明。这就需要教师另设"课眼"，借他山之石而攻玉。如《皇帝的新装》一文，看起来是写了一个皇帝受骗出丑的故事，但细究之，故事中的两个骗子织布缝衣只是一个引子，一个情节构架，皇帝和他的臣子们才是真正的骗子，个个戴着假面具，自欺欺人；人人都在欺上瞒下，尔虞我诈，可见其昏庸、虚伪的本质。故而，设"骗子"为"课眼"，足令学生悟其真谛。

总而言之，设一课之"眼"在分析教学中的作用，绝不可等闲视之。一节课的时间十分有限，分析讲解应力求简洁明了，切中要害，避免冗长支离，不知所云。当然，独设"慧眼"来自教师对文章内容的了如指掌，对文字章法的烂熟于心，唯此，才能够删繁就简，拨云见日，一下子就抓到一个能够统摄全课脉络结构的枢纽，一动而万随，必能"投石冲开水底天"。

5. 关于新时期小说的困惑与思考

◎ 小说观念变化的大趋势是无法拒绝的，当然，对新的小说样式，首要的态度应该是理解，是认识，而不是匆匆忙忙先用一个新的定义把它套起来。

教53班时，我虽然已经对阅读与写作有了一些粗浅的认识，但有一种方法我始终没有放弃，那就是背诵。

当时从杂志上读到一篇介绍德国心理学家艾宾浩斯的遗忘曲线的文章，很合我意。艾宾浩斯根据人们记忆的特点描绘出了一条揭示遗忘规律的曲线，告诉人们在学习过程中的遗忘是有规律的，信息输入大脑后，遗忘也就随之开始了。遗忘的速度随时间的流逝而先快后慢，特别是在刚刚识记的短时间里，遗忘最快，学得的知识在一天后，如不抓紧复习，就只剩下原来的25%。随着时间的推移，遗忘的速度减慢，遗忘的数量也就会减少。

我给学生介绍遗忘规律曲线，努力帮助学生掌握遗忘规律并加以利用，从而提升自我记忆能力。我最朴素的想法即：考试最大的特点是闭卷，不能带任何教材及参考资料，所以，一定要把书上的东西储存进脑子里。储存越多，对考试越有利。因有了前两轮的经验，此时的我对过往的背诵法有了修正之意。背诵能够带来很多好处，但这并不意味着任何课文都值得背诵，也未必要背整篇课文，但要求每篇课文都要熟读，背会一段。尤其书写不佳的同学，同时还需抄写。我特意从辽宁某培训记忆力机构邮购了几本《快速记忆法》，实际操练的结果，发现除了将复杂内容编成顺口溜，或改编为歌词按照曲谱学唱的方法外，其余方法皆为花架子；背诵的唯一出路就是不断地重复、重复、再重复。

从1980年当语文教师开始，我就有写教学札记的习惯。我觉得，随着时间的流逝，每一节课、每一个文本都不留痕迹地消逝掉，有点太可惜，便随时记录下自己读书的体会、教学的心得、引发的联想、产生的感慨、获得的启示、领悟的道理等。写札记就是要把这些最容易随时间流逝的思绪碎片变成长存的文字，然后以另一种方式继续拥有它们。美国学者莫提默·J.艾德勒和查尔斯·范多伦在《如何阅读一本书》中讲过："一个人如果说知道自己在想些什么却说不出来，通常是他其实并不知道自己在想些什么。做笔记能帮助你记住作者的思想，还可以把你和作者的对话记下来。"在我看来，语文老师写札记，就像理科老师做实验一样，理科不做实验是空的，语文不写札记也会是空的。写札记是成为优秀语文教师必需的另一门功课。后来我阅读北大教授陈平原的《学者之文》，陈教授在书中也讲：当好教师要有功底，功底靠读书。"而读书要从做札记学起。为什么？读书做札记，只要有所得，一点也行，两点也行，日积月累，大小总有所成……札记多了，可以写成论文；论文多了，可以做成专著。"

我写的札记也可以说是思想笔记，记想法多，叙事情少。大脑是供思维用的，思维是看不见摸不着的，要想使思维持续不断地进行下去，尤其是沿着一个方向进行下去，就必须把思维成形化，即随时记下来加以斟酌，看看还有无不清晰之处。这个过程，一刻也离不开思想笔记。当人的大脑处于高度活跃状态，"为伊消得人憔悴"时，尤其如此。很多思想是在即兴的讲课过程中像火星一般迸发出来的，而这些思想碎片，远比备课时绞尽脑汁写出来的东西更为新鲜和生动。有时候脑子里同时装有好几个问题，好长时间百思不得其解，折腾得大半夜都睡不着觉。睡不着的时候脑子好像反而特别好使，有时确实是浮想联翩。所以，我经常半夜趴在被窝里记笔记，记那些白天想不通、现在突发灵感袭来的东西，既储存记忆，又训练行文能力。

我差不多一年写一本札记，至今积累有三十余本。第一本札记是一个64开小笔记本，共写了四百五十九则。最初的札记和如今时髦的微博十分相似，短则三言两语，长也不过一二百字。后来笔记本越换越大、越换越厚，札记也相应地越写越长，有时候汇聚两三篇同类资料，建立一个小假设，就足以写一篇微型论文。

好记性不如勤笔头。我教53班，也为学生做了几百张读书卡片，大凡在我阅读过的书报刊物上发现有意思、有意义的知识、警句、论述等，我都一字一句抄写在卡片上，每天一张，全班同学轮流传抄，希望用这种方式，不仅使学生有效地积累一些作文素材，也能渐渐培养学生拥有主动积累的"勤笔头"。这种工作特别琐碎且非常辛苦。其实，勤奋是天赋中最核心的组成部分之一，没有勤奋就没有天赋！现在偷的懒，都是给将来挖的坑。优秀的教师就是自己的思想和感受的辛勤搜集者，教学水平提高的过程就是和自己的惰性抗争的过程。教师如果不再习惯于写教学札记，就是教学水平滑坡的开始；教师如果从来没有写教学札记的习惯，那其实是从起跑时就注定会落后。

我的教学札记一直写到2012年，后来开始在博客写文章，才不再往笔记本上写了。也有老师问我，你能坚持写笔记，真有意志力啊！我觉得人生大致如此：喜欢的事自然而然地就会一直做下去，不喜欢的事怎么也长久不了。

我从1982年带上53班，一直带至1985年毕业。那是荫营中学条件最艰苦的三年，学校改扩建新教学楼，学生宿舍皆为临时搭建的简易板房，冬天冷死，夏天热死。老鼠仗着鼠多势众，公然在宿舍上蹿下跳，睥睨人类。我几乎日日与学生在一起，清晨在操场跑步，晚上在教室自习。学生读学生的书，我读自己的书，彼此之间都是个制约。此时我的读书没什么明确目标，是出于热爱读书而读书，似乎一日不读书就觉得此日虚度了一般。

20世纪80年代是期刊占主导的时代，《十月》《钟山》《收获》《当代》《花城》等十几种大型文学刊物纷纷问世，一介教师自然没有那么多钱订阅更多的杂志。1981年恰有《中篇小说选刊》凭借"精选全国优秀中篇，荟萃文苑中篇精华"在热浪中异军突起，我便订阅了《中篇小说选刊》《小说月报》《作品争鸣》。

《中篇小说选刊》刊登当时最优秀的中篇小说，如从维熙的《大墙下的红玉兰》、谌容的《人到中年》、鲁彦周的《天云山传奇》、张一弓的《犯人李铜钟的故事》、王蒙的《蝴蝶》、铁凝的《没有纽扣的红衬衫》、莫言的《透明的红萝卜》、蒋子龙的《乔厂长上任记》、张贤亮的《男人的一半是女人》、陆文夫的《美食家》……《中篇小说选刊》是双月刊，每期大约选载10篇左右小说。我一年阅读的中短篇小说大约200余篇。《中篇小说选刊》《小说月报》这两份杂志从1981年订阅，一直到1986年我去省教育学院上学为止。

阅读了千余篇中短篇小说，最喜欢的是礼平的《晚霞消失的时候》。我已经记不清小说的故事情节了，但其中大段的关于科学、艺术、文明等的讨论，写得特别精彩，特别具有思辨色彩，对当时的我有振聋发聩的作用。之后还特意买过一本《晚霞消失的时候》单行本，只是后来被别人看丢了。

《小说月报》最喜欢池莉的《烦恼人生》，"早晨是从半夜开始的。"这个开头句子，单独成行，令我记忆深刻。故事述说了一个叫印家厚的男人从清晨到深夜一天的故事，那么琐碎的繁杂的枯燥的单调的柴米油盐生活，却叙说得那么井井有条、生动鲜活，让我感到"这个女人不寻常"。

《中篇小说选刊》里有一个我颇感兴趣的栏目："作家创作谈"。作家讲他们在创作中的探索，讲自己的小说特色、技巧，讲写作的甘苦等，对我的作文教学都有直接的指导作用。譬如，邓友梅说，"把小说当小说写，不当'政府报告'和'学习文件'写。当小说写，就要注重它的审美作用，注意它的可读性，注意娱乐性、趣味性。"是啊，讲课也应当注意可听、有趣，于是我始终将"有意思"放在写作与讲课的第一位。

那时候长篇小说也比较流行，读过张扬的《第二次握手》、莫应丰的《将军吟》、古华的《芙蓉镇》、张洁的《沉重的翅膀》、刘心武的《钟鼓楼》、柯云路的《新星》等。但后来流行的金庸、琼瑶和三毛的作品，我不太喜欢，读得很少。

【我的论文】

五花八门的小说

——关于新时期小说的困惑与思考

小说是什么？

大凡论述小说的文章，第一句话总是这样说的。然而，他们又常常并不喜欢提问而是喜欢答问，大约他们都把握住了小说是什么的真谛要义，所以自信得很。我也作如是问，是由于近年来我阅读了大量的中短篇小说，读多了反而感觉我头脑中曾坚信的小说观念被摧垮了，对小说的终极根据方面几乎失去了把握，与其说是提问，不如说是表明我心无所依的困惑与疑虑。

我以前挺赞成这样的结论："小说是一个编造的故事。"况且，《小说面面观》的作者爱摩福斯特也曾用"严肃"的口气回答这个问题："是的——唔，没错——小说就是讲故事。"而且，大多数教科书也都是这样回答的。

中学语文教科书上有一篇介绍小说的文章，叫《谈谈小说》。这篇短文劈头就回答了小说是什么的问题："小说这种文学体裁，以刻画人物形象为中心，通过完整的故事情节和具体的环境描写来反映生活。"并进一步阐述说，"人物、故事情节和环境是小说的要素，很多文学作品，或者可以没有人物，或者可以没有故事情节，或者可以没有环境，小说却三者缺一不可。"故而，小说三要素都深深烙在每个学生的头脑中，是考试中最不会出现失误的题目。

但是，在今天五花八门的新时期小说面前，传统小说的观念从原来神圣的位置上直接跌落了下来，与其他外来的、新生的，或者是杂交的，甚至原先被认为旁门左道的形形色色的小说观念都平起平坐了，似乎只有分工不同，没有高低贵贱之分了。

你说小说是"塑造人物形象的"，偏偏那边有纯氛围的、纯心理的，甚至哲理（寄寓性）的小说，像王蒙、汪曾祺的一些小说，几乎压根连一个人物也没有，小说有的只是一点感情、一点情绪、一瞬间的印象。问题在于，就是这样，也丝毫不妨碍它们成为出色的小说。

你说小说要"强调情节"，要有"开端、发展、高潮、结局"，甚至前面还得有"序幕"，最后来点"尾声"。可那边偏偏有情节淡化的、诗化的、散文化的小说，甚至还有无情节的、象征化的，或意识流的小说。铁凝的《哦，香雪》就是一个颇好的注解，明明显显地散文化了，孙犁却赞之为"从头到尾都是诗"。以至于汪曾祺、林斤澜等人的一部分小说，读完之后总给人留下"好像没有读完"的感觉。

你说小说要有"具体的环境描写"，要强调"时代精神"与"时代感"，可文坛上偏偏有这样一批作品，不注明故事发生的年代，也不具有什么"时代感"，社会的大环境淡化到若有若无的地步，纯属无背景小说。何立伟的《白色鸟》中，人们看到了两个透明的稚童的心灵世界，但小说却一直不肯注明他们处在一个什么样的时代里，我们也不能从环境氛围和人物精神风貌中感觉到他们所处的时代是什么时代，一直到小说快要结尾时，才留给读者一点点猜测和意会。

自从刘心武、张辛欣、郑义等作家推出纪实小说、实录小说、报告小说什么的之后，连"小说是一个编造的故事"也立不住脚了。谁要再煞有介事地编个什么故事，那就有点费力不讨好了，所以，以讲故事见长的"山药蛋派"后继乏人了。

甚至出现了祖慰的"驴和马杂交"的"骡子小说"。

甚至出现了谌容、宗璞的《减去十岁》《我是谁》这样的荒诞小说。

更甚而至于张洁的《他有什么病》，简直让人觉得离小说越来越远了。

我都怀疑这些小说家都生了什么病。

就连神圣的小说是"反映社会生活"的"真理"，也被一些大逆不道者弃之不顾，扬言要表达自己的"主观情绪""独特感受"。

就连"再现典型环境中的典型人物"的经典之论，也被人认为是"将人物置于一个条件狭隘的特殊环境里，逼使表现出其与众不同的个别的行为，以一点而来看全部。这是一种以假设为前提的推理过程，可使人回避直面地表达，走的是方便取巧的捷径，而非大道"。（王安忆《故事与讲故事》）

真是五花八门，八门五花。

究竟小说是什么？什么是小说？

似乎越来越明白，似乎又越来越糊涂。

似乎很简单很简单，又似乎很深奥很深奥。

我困惑了；小说自己也不再像以往那么自信了。

小说是什么？似乎永远无法彻底解答这个问题，但是又不能不去解答这个问题，至少不能回避这个问题。韩少功的《爸爸爸》，王安忆的《小鲍庄》，贾平凹的《商州初录》，阿城的《遍地风流》，残雪的《公牛》……这些用文字堆码起来的玩意儿都是不是小说？如果是的话，那么，原有的关于小说的定义是否还有规范的效能？如果失去了规范的效能，那么，新的小说又如何定义呢？规范一旦失去了常态，一切都变得严峻起来。

我困惑着，甚至觉得无论你怎么写，无论你写什么，你只要说它是小说，它就是小说。世上的事常常是这样的，你愈要寻个根底，它就愈没根底。

当然，难以说明更说明了说明的必要。对小说自身的反省是因为小说的新探索给旧有的小说观念带来了困惑与不安。

我们的小说曾经是新闻，是报告，是政策，是政治，是刀枪，结果小说失去了小说本身。令人困惑的是小说失去了小说本身时，人们反而认为其是小说，没人"杞人忧天"式地询问"小说是什么"。

试想想新时期的小说，从最初的"伤痕文学"代表作《班主任》《伤痕》……到"反思文学"最早问世的《剪辑错了的故事》，到高晓声的《李顺大造屋》《"漏斗户"主》，以及张一弓的《犯人李铜钟的故事》……是否有人怀疑过小说自身的模样呢？没有。人们都还认为文学是刀枪，作家也大都确信自身的文学使命就是自己的政治责任。所以，"伤痕文学"当初之所以能轰动社会、激荡民心，相当程度上就是因为小说中有比政治更尖锐的批判，如郑义的《枫》；有比教材更为有效的教育，如刘心武的《班主任》；有对法院无法受理案件的道德难题的解答，如《杜鹃啼归》；有对"文化大革命"罪恶的强烈控诉，如从维熙的《大墙下的红玉兰》……小说既自愿又被迫地侵入了政治、法律、道德、经济、教育等领地后，显得声势大振；但谁也没有思考小说本身。

小说是什么？我有时作如是想：小说就是小说，就像苹果就是苹果一样，但显然这种循环定义是不能成立的。

当小说失去了轰动性的社会效应，回归到小说本身时，小说便能有时间、有兴趣照照镜子，留意自身以往的模样，也开始流露出一种不满的神情，小说也要"寻找自我"了，所以，它有理由询问：小说是什么？就像康德提出"人是什么"的问题一样，在科学本体意义上提出问题比解决问题更为艰难。尤其是我们这个产生了《红楼梦》等伟大小说的国家，似乎直至20世纪三四十年代，还没有自己的小说理论建设。所以，作家阿城在1985年提出"小说是什么"这一古老而不会衰老的问题。而提出这一问题的意义正表现了创作实践希望理论进行再思考的愿望。

小说三要素的模式是人们认识的结晶。这个模式曾经发挥过重大作用，现在也依然产生着巨大的热量。武侠小说在跌宕起伏的情节框架中越来越讲究拳脚的细节；《渴望》不也重新掀起一阵"轰动效应"吗？《新星》《西部大移民》等政治问题的小说和报告文学的批判锋芒更尖锐也更富有挑战性，似乎仍然不能忘却对社会的"干预"。

应当直面的是，有一部分小说已经超越了这个模式，尽管这种困惑与不安还没有达到小说理论的自我反省，譬如最近出版的由童庆炳主编的"全国高等教育自学考试教材"的《文学概论》，仍如是说："小说是一种以人物形象的创造为中心的散文体的叙事文学样式。它要求有人物、人物的行为（情节）和人物活动的环境，即所谓人物、情节、环境三要素。"

王蒙1986年在《文学理论》上曾撰文《小说家言》："在多种多样的文学现象面前，几乎每一种概括都是以牺牲其他角度、其他侧面的观察，或是牺牲其他事实为代价的……所以，从小说家看来，理论家未免带几分呆气。"

看来我更带有几分呆气了。人本身就是五花八门的，生活本身就是五花八门的，小说，难道不应该是五花八门的吗?!

6. 我当语文教师的第一堂公开课

◎ 我一个新教师，又是第一次讲公开课，功力不厚，经验不足，故而在教学设计上弄点奇招，会给人意外之惊喜，容易遮掩自己解读文本的浅薄。这是我后来教学中的感悟与总结。当然，过于强调奇招很容易走火入魔，变成怪招，那就是自我作怪了。

自当语文教师起，我购买并阅读了不少关于汉语语法理论的书籍。

20世纪80年代的高考，基本是"知识立意"的命题方式，重点考查课内知识点，试题基本都是汉语拼音、汉字填空、调整句序、简要概括、词语解释、划分句子结构、修改病句、文言词语解释与翻译、文言断句、文学常识等。这种命题方式主观随意性强、题量少，很容易造成猜题押题的现象。所以，当时的语文教学普遍重识记、重积累、重语法分析。我虽然读书不算少，范文也写得有模有样，但很少阅读汉语语法方面的书籍，而考题中必有词法、语法方面的内容，学生也经常拿这方面的问题问老师。

53班有一名叫郑长生的学生，特别钟情语法，有三四十本这方面的专著，经常给我提一些语法问题。我俩经常为某一语法问题大战八十回合，甚至从黄昏战至凌晨，互不服输。为了学习语法，我购买了张志公的《现代汉语》，黄伯荣、廖序东的《现代汉语》，林祥媚的《现代汉语》，吕叔湘的《汉语语法分析问题》《语法修辞讲话》（与朱德熙合著），朱德熙的《现代汉语语法研究》《语法讲义》等专家的十几本语法著作，就为了"对付"郑长生。我甚至购买了一套"汉语语法小丛书"，有《名词》《动词》……《主语》《谓语》《兼语》，大约二十几本，大钻这方面的牛角尖。那时的高考复习不是题海战术，因为专门制贩试题卷的书商还没有横空出世，市教研室偶尔得到一份外地的模拟试卷分给学校，那都像捡了金元宝似的。复习的方法就是一遍又一遍地过教材，至少要过三遍教材。有些学生都能做到老师说某个词，即能准确说出这个词在哪册课本的哪页的第几个注释。那段时间也经常出现各科老师在高考前一天神秘兮兮地为学生猜题的场景，一不留神在高考试题中还真能碰到一两道题，老师顿时容光焕发，成为万众瞩目的赌神了。

初出江湖的我，也特希望能有名师带路，高人指点，让自己刹那觉悟，顿时成佛，不用天天诵念"阿弥陀佛"啦！当时的荫营中学，语文学科集中了郊区语文界的"四大天王"：文兴元、史文华、陈怀存、张元辅。但这些名师都闭门不收弟子，要求听他们一堂课总是遭遇"闭门推出窗前月"的尴尬。那时候也听闻一些阳泉的语文名师，有市区的关鸿昌、汤维僖、郑秉信、郭庆平、赵文华、童文会、董怀庆等；郊区的赵斐、岳丽、庞庆瑞等；矿区的孙建荣……但都没有机会接近这些名师，所以，只能四处搜集他们教学方面的信息。

我们村年年总有几个考上市一中的学生，曾受教于汤维僖、郭宗科等老师；包括我的两个侄儿，一个是郑秉信的学生，一个是赵斐的学生。从1980年教语文一直到1986年我去省教育学院上学，这五六年之间，我每星期六晚上回家后，星期天上午大多到村里一些高中学生家去做访谈，了解近段时间他们老师讲什么、怎么讲的，看看他们的课本、作文和练习等，自己再比较揣摩。但学生们也常弄不清老师讲了些什么，故而，效果很有限。我这样说不是否定这些老教师的教学，他们是那个时代的佼佼者，也是那个时代造就的名师，但无论谁都摆脱不了时代。过去是一把镢头打天下的小农经济时代，信息资源特别匮乏；而如今是以信息技术为核心的网络经济时代，信息多得让人目眩心迷，两个时代不可同日而语。

而且，那时候学校好像也没有多少教研活动，名师与不名的老师都是八仙过海，各显神通。荫营中学几乎没有什么公开教学、观摩课之类，仅有市教研室偶尔搞一两次公开教学。记得在市二中大饭厅听过关鸿昌老师一堂公开课，讲的是秦牧的《土地》，听课的老师黑压压地挤满了大饭厅。关老师一堂课讲得比秦牧的散文还要散，他情绪一上来，讲课中间还即兴唱了几句《游击队员之歌》。

平定有所学校的老师们要到荫营中学取经，资深教师都找出种种理由拒绝传经授宝，资历最浅的我就被推到了前面。听课的除了有本校的老师之外，还有八九个外校的老师。

我讲的也是《土地》。因为第一次讲公开课，也是第一次有这么多老师来听课，尤其还有外校的老师来听课，我颇感压力，但更多的是兴奋。初生牛犊不怕虎，我也希望能有这样的机会展示自己，用老百姓的话说，是骡子是马，拉出来遛遛。当然，在当时，我对语文教学还没有什么深刻的认识能力，在"讲什么"上也是人云亦云，真诚地表达着一种虚伪的情感，更多地琢磨"怎么讲"的方式方法。这个时候是我教语文的第四个年头，对语文教学有了一些相对清楚的意识，总觉得语文教学就像我们吃饭一样，哪怕天天吃玉茭面，也得换个花样，今天抿圪斗，明天压饸饹，后天切疙瘩……玉茭面的内容变不了，起码形式上有所变化；也即语文教师要变着花样讲课，要努力争取讲得和别人不一样，学生听起来才会有意思。本着这种简单的想法，联想到叙事文中倒叙的手法，就精心设计了一个"倒踢紫金冠"的讲法。

《土地》一文比较长，段落零碎，我估摸一般老师都会从头讲起，激情澎湃地诵读："我们生活在一个开辟人类新历史的光辉时代。在这样的时代，人们对许许多多的自然景物也都产生了新的联想、新的感情。不是有无数人在讴歌那光芒四射的朝阳、四季常青的松柏、庄严屹立的山峰、澎湃翻腾的海洋吗？……"开篇虽然写了一大段抒情的句子，读来音韵铿锵，但我总觉得这些句子有些矫情，很难让人真正动情。故而，我从结尾的一个词语切入。

尾段百字左右，第一句为"让我们捧起一把泥土来仔细端详吧！"我设计的问题是："这句话有一个词最能体现作者对土地的情感，是哪一个词呢？"然后引君入瓮到"捧"字上。追问："为什么'捧'最能体现作者对土地的情感?"班里有一位同学名叫郑捧住,我借题发挥说,名字是将父母满腔的情爱与无尽的期待,压缩到短短一两个字中。双手"捧"着,正说明非常珍惜。这样的开场属于就地取材,容易共鸣,故引发了同学们一片笑声,课堂气氛顿时轻松活跃起来。

其实,这都是备课时设计好的,但讲课时装得像是信手拈来似的,端的是假作真时真亦假,公开课总归是有点表演性质的。

老师们对这堂课评价很好。

我很赞成法布尔的一句名言:"学习这件事不在乎有没有人教你,最重要的是你自己有没有悟性。"教书亦然。

7. 第一次感悟：语文教学难的奥秘

◎ 语文教学的重点在"形式"而不在"内容"。这是语文学科在性质上与其他学科都不同的地方。其他学科都是借形式而追求内容；语文学科则是借内容而追求形式，对追求形式所凭借的内容的理解又须从形式入手。

从1982年到1985年，我第一次完完整整地教了一届高中班。每一堂课都像研究什么深奥学问似的努力钻研、备课，每一堂课都像上战场似的真枪实弹地战斗。此时，我真正明白了"教学"二字的含义，即教学就是从"教"的第一天才开始真正地"学"的。

学习是一种能力，一种思想，一种思维方式，一种分析问题的过程，而这些都是有灵魂的。一个教师的教学能力就如同肌肉一样，只有不断地练，才能不断地增长。再牛的专家理论，再多的案头研究，都代替不了真枪实弹的经历。

当时郊区两所高中——荫营中学与李家庄中学，相互竞争比拼，互不认输。李家庄中学紧邻市区，而且老教师颇多，很有点瞧不上荫中的年轻教师，总觉得在教学上会完爆荫营中学。

1985年春，郊区教育局组织了一次高三模拟考试。为真实摸底，两所学校高三相同学科的老师互换监考，互换阅卷。我和李家庄中学的庞清瑞老师就是如此。庞老师是"文化大革命"前毕业的山西大学中文系毕业生，中等身材，体型微胖，慈眉善目。在这次互换监考阅卷之前，我与庞老师并没有交往，仅知道其人而已。

模拟考试的成绩出来之后，我教的53班语文均分远远高于庞老师所教的班级。我们班的语文卷是庞老师批阅的，有七八个同学的作文几乎都给了满分。庞老师一见我，高兴地说：郗老师，你真了不得啊！你那班学生不但语文卷答得好，而且作文写得真漂亮，学生的字也写得很漂亮啊！可见，谁也不是轻松地对待自己的工作就能获得认可的，没有一个人不用付出努力就能得到他人的青睐。通过学生的成绩可以看出我作为一名教师花在教学研究上的时间是很多的。事实上这一届学生的高考成绩也是荫营中学1977年以来最好的成绩。

自此以后，庞老师与我成了忘年交，关系一直很铁。他是"平生不解藏人善，到处逢人说项斯"。庞老师后来调到市教研室做语文教研员，仍然不遗余力推荐我。我有时去市里办事，也常去他那儿坐一坐、聊一聊。

教学成绩得到别人首肯，我似乎觉得教语文也不是一件神秘的事了。最根本的还是喜欢读书，因为喜欢本身就是一种动力。每天读几页书，每周写点教学札记，教师的素质自然就会提高。

这段时间，我也经常思考"语文究竟是一门什么样的课""语文课究竟应当怎么教"之类的问题，想从根源上彻底弄明白语文。整个教学过程都像是在河里努力地摸石头，却经常摸了两手淤泥。我买过一本《中学语文教学法》，读后感觉基本是空洞的条条框框。1984年我邮购了教育家朱德熙先生的《中学语文教育概说》，这是我读到的第一本关于语文的理论专著，也是很好的一本教育理论书籍，很受启发。这本书第一章的"语文科的基本性质"中有段话如是说："语文科是工具学科。它不仅从思想方面发挥作用，而且从表达方面发挥作用；不仅要学生学习课本的内容，而且要学习它的形式。不单要学习语文知识，还要学习语文工具。政史数理等课本也有内容和形式，但教学生理解和运用其内容是唯一的目的，而在语文科，着眼点却不在内容而在形式，即其工具的一面。"读到这段话时我有拨云见日豁然开朗的感觉。是啊，我们教学《景泰蓝的制作》不是教学生学习如何制作景泰蓝；教学《改造我们的学习》也不是教学生理解延安整风运动……"教它们的目的，在于学习它们的表达形式。"我明白了任何教学理论都是对教学的一种反思和诠释，阅读这些教学理论书籍，也是对自己教学的一种反思和诠释。

虽然我以往没读过多少语文教学理论方面的书籍，但随着年龄增长，我的阅读越发偏爱文学理论、哲学等书籍。读书的妙处，在于它不仅是求知的过程，还会改变我们对世界的刻板印象，让我们原来那些坚信不疑的看法，变得犹豫起来。我购买过以群主编的《文学基本原理》、蔡仪主编的《文学概论》，钱中文主编的《文学原理发展论》、童庆炳的《文学理论教程》、高校文科教材《文学理论基础》等。这些书的内容大同小异，都是讲文学本质论、文学发生发展论、文学创作论、文学作品构成论、文学欣赏和批评……讲阶级性、人民性、典型、风格、流派……大多内容过于政治化，特别强调文学的阶级性。当然，也有将文学理论讲得十分精彩的，譬如1985年购得中央民族大学中文系教授裴斐的《文学原理》，对我很有影响。序言是吴组缃给作者的一封信，其中写道："昨日又接到您寄我的《文学原理》讲稿，这种内容的稿子，我看得腻了。但细读一过，令我拍案惊叫。我觉得满纸都是有您的血肉的真知灼见，所持论点往往入木三分，一语破的；说得那么斩截、明确、稳靠而又有分寸。而且针对性很强，与一般的高头讲章形成鲜明对照。"我通读全书，深感吴组缃先生所言实实在在，没有半句虚夸。

裴斐的《文学原理》我读过好几遍，其中有三章内容讲有关文学作品主题的问题：第十三章"主题思想之难于表达"，第十四章与十五章都是"论永恒的主题"。"主题思想之难于表达"一章中讲："真正的文学作品，其主题绝不是那样容易讲清楚的。这是因为：一、它主要不是通过说理，而是通过严羽所谓'意兴'即艺术形象呈现的；二、它永远是特殊的，独一无二的。""因为作家创作并非从抽象观念出发，而是从具体生动的感受和印象出发，他所想表达的思想是从感受和印象中生发出来的，往往是连自己也说不清楚的。""所谓作品的客观思想，实际上是根本不存在的……对同一作品，每个时代、每个人都有权做出自己的判断，但谁也无权将自己的判断视为最后的标准。人们对优秀作品的认识乃是一个永无穷尽的过程。"

读文学理论著作多了，也渐渐明白：不管什么样的小说，总要表达作者的一种倾向，这种倾向，用比较通俗的话来说，就叫小说的主题。所谓主题，粗浅地说，是作者体验到的一种特殊的观念。这样说太抽象，具体一点说，是作者独到的人生体验。

文学理论书籍是对文学本身的认识的一门学问。它融汇了专家学者们的睿智与经验，是他们对于学科认知和文学感悟的概括，在这些概括里，他们用深刻的思想，不断试图打开我们的思维，让我们"脑洞大开"。理解了整个大海之后，就更容易理解一个岛。

1985年高考结束，53班学生毕业后，某日我不知在哪本书中读到歌德的一句话："内容人人看得见，涵义只有有心人得之，形式对于大多数人是一秘密。"大脑中就仿佛"欻"地闪过一道亮光，把原先读过的一些东西突然接通串联起来了，原先雾里看花的状态突然像一串灯似的都点亮了，顿时明白了语文这门课的特点，明白了语文应当教什么、怎么教。这或许就是所谓的量变产生质变吧！

所谓主题无非是作者独到的人生体验，它就像被多重瓣膜包裹着的葱头一样，只要你去剥，它就不断显露新的意义，似乎怎么剥也不能穷尽。而语文的"形式"与"主题"都寄身于"内容"之中，没有离开内容的形式与主题，理解形式与主题的前提是理解内容，有些内容看似浅显实则蕴含着作者的人生经验，没有相应的生活阅历就不容易读懂读透。所以，学语文不是一个单纯地理解语言内容的过程。而作为语文老师，课堂上也无法教会学生人生经验。

这年暑假，我写了一篇论文《语文教学难的奥秘》，归纳总结了我对语文教学的认识。

【我的论文】

语文教学难的奥秘

语文课是中学最难教的一门课，虽然其占课时最多，但教学效果却最不明显。所以，语文教师也常被学生宣布为"不受欢迎的人"。那么，语文教学难的奥秘何在呢？笔者困惑多年至今也只能提出点问题，虽然也很想放弃这种怀疑的纠缠，但最终也无法找到出路。本文只是站在偏狭的角落对于这个十分复杂的问题的匆忙一瞥，自然是漏洞百出，但旨在引出智者的高论。

一、无法在课堂上获得的社会知识

根据知识的不同类型划分，知识可简单划分为两类：一是基础文化知识，即数理化政史地等一般知识；二是社会知识。到目前为止，这类社会知识仍然无法在课堂上获得，而这部分知识的获得，恰恰是取决于学校以外的世界的。所以，一个建筑专业毕业的学生，可以立即设计好一座大楼，而一个中文系毕业的优秀学生，不到社会上沉浮一番，是写不出什么作品来的，即使写篇短文也难免被人讥为"学生腔"。

有学者曾撰文论述，人们知识的获得只能通过三个途径：学历、经历、阅历。学历的长短能够决定一个人的基础文化和专业知识的深度和广度，表现在一个人走上社会后对外部世界的感受能力和理解能力的强弱方面。而个人的经历则关系到一个人对他所处社会的纵向、横向等几个方面的实际感受和理解深度。阅历，既包括学习书籍，汲取他人的经验，又包括自己亲身体验，更包括研究周围人的得失，考察社会各种人物。为此，有的人学历不长，经历不曲折，但仍能老于世故，就在于他能"阅遍人生"。

对一个语文教师而言，受过高等教育固然重要，因为比起其他人来讲，他在对各种事物的感受、概括和表达等方面要更强。但学历只能说明你所接受教育的层次，并不能证明你已具备这个层次相应的能力，尤其教学这种工作，不仅仅是"教书"，而是教人"读书"，教人"用书"。"书并不以其用处告人，用书之妙全在于人。"可见，书仅仅是用来教人的一个媒介，所以，阅历要更为重要一些。尤其面对"阅遍人生"的文学大师们的名篇佳作，缺乏一定阅历的教师，就难以体味、理解作品中所表现出的纷繁复杂的社会人生，必导致其对文章认识的肤浅。可见，对语文教师而言，"八股通世故不通"是不行的。《红楼梦》有联说："世事洞明皆学问，人情练达即文章。"我认为这不仅是小说写作，也是语文教学的经验谈。

所以，语文教学难的奥秘之一不仅在于课堂上无法获得社会知识，还在于没有"阅遍人生"、谙于世故的阅历，就难以胜任这门学科的教学工作。丰富广博的社会知识就是语文教师的智力背景，这个背景越丰富，教起书来就越游刃有余。因为在教师所掌握的社会知识里，有千千万万个接触点，是与课堂上所学的教材相通的，语文教学不只是告诉学生书本上的东西，它要求教师在教材的模式下发挥创造性，用学生周围以及社会上各种具体的事例来充实教材内容。如果一个语文教师缺少社会知识，教学就会失去时代感，拘泥于教材的照本宣科，必然在学生面前显露自己的浅薄和无知。

对于学生而言，单靠教师有目的的分析，学生学习语文亦只是略知其梗概而难以体味。根本原因则在于没有实际生活经验帮助他们细品文章之三昧，进入欣赏的过程。文章是一种个性化的创造，学生只有了一定的阅历和感受，才能茅塞顿开，更好地理解。故而学习语文单靠知识和智力是不能很好地完成的，就是因为这门学科渗透着丰富的个人经验。而数理化政史地等课的内容是一种认知性的、真理性的，单凭知识和智力即可完成。这也是中国科大少年班为什么没有文学班的缘故。

由于阅历的深浅不同，所以教学一篇文章，常会仁者见仁，智者见智，这是教师的个性差异造成的。但明显的问题是：视角的优劣有别，认识的深浅不一，教学效果也自然两样。譬如《威尼斯商人》一文中的夏洛克，一般的看法，这是一个嗜财如命、心狠手毒的典型，在全剧中是一个被人嘲弄的喜剧人物。如换个角度看，我们则会发现他的复仇性胜于嗜财性。作为犹太人，夏洛克实际是一个不幸的受害者，虽然其对安东尼奥的报复阴险毒辣，但分析其平时所受到的侮辱与歧视，这样做无疑又有合理的成分。无怪乎犹太人出身的大诗人海涅在读了这个剧本后，为夏洛克的遭遇潸然泪下，就是因为这个人物身上不仅具有喜剧性格，更具有浓厚的悲剧色彩。

这些洞察细微的分析和认识，必须要有较为丰富的社会知识才能升华。这正是最不易教会学生而学生又最缺乏的东西。学生一般对艺术精品是只知其义不觉其妙，因为他们没有什么阅历，缺少生活体验，内心情感还不够丰富。教师要时时注意从这方面引导他们，培养并丰富他们的内心体验，否则，他们即使到耄耋之年，也难以入语文的门径。教师若不丰富并灵活运用自己的社会知识，只会从一个角度、一个层次看问题，怕是越教越不会教了。任何最新出版的教材，也是落后于时代的，把学生活泼的思维束缚到那些早已确立的旧的认知模式中，而这种模式又总是和教育的"三个面向"原则相摩擦的。故而，一个语文教师什么时候感悟到对文章可以'随心所欲'（当然是"不逾矩"）地换一种看法、换一种讲法，而不是依赖一本绝密文件式的《教学参考书》时，那么，他的教学视野和能量就会获得某种程度的解放。

二、难以把握的神秘的形式

数理化政史地这些课，教学生理解和运用其内容是主要目的，而语文课的着眼点却不在内容而在于形式，即对形式的理解和借鉴，亦即其工具性的一面。教小说，侧重点并不在其情节的发生、发展和结局的具体内容；教议论文，侧重点也不在它提出的问题和解决问题的具体办法，而在于表达内容的形式方面的运用和借鉴。无怪乎学生反映某教师教一百篇文章等于教一篇文章，譬如讲授小说，篇篇小说都要求学生按因果逻辑来分段，概括段意，归纳主题。企图用几句话总括文章的习惯性思维对语文学习造成了一种障碍。教师将个性各异、风格迥然的小说，经过自己眼光的复制，成了仅仅有"情节"的相同模式，从"开端"一直说到"结局"以至"尾声"，这种"说书式"的教学模式曲解了语文教学的目的，从而使学生仅扮演着一个极为被动的角色：一个听故事者，那么语文教学效果不显著就是意料之中的事。这种语文课，学生的乐趣都在教师"说"的过程中，等一放下书本走出教室，就会发现自己并未得到什么深刻的思想启迪和艺术感悟，也没有强化语文的基础知识和基本技能。

故而，在语文课中，《人民解放军百万大军横渡长江》不是政治教材，《扁鹊见蔡桓公》不是历史教材，《看云识天气》不是自然科学的教材。教它们的目的，就在于学习它们的表达形式。其他学科虽然也离不开表达形式，但那不是它们追求的目标，而是一种手段；语文课的表达形式则既是它追求的目标，又是它的手段。二者的区别在于其他学科是借形式而追求内容，语文课是借内容而追求形式，对追求形式所凭借的内容的理解又须从形式入手。这正是语文课的又一难点。

语文课带有明显的工具性，是中学基础课中的基础，故而它培养和提高学生正确理解和熟练运用语言文学的能力和特殊功能，是其他任何学科都无法替代的。但问题恰在于语文这种工具与一般意义上的工具不同。一般工具都不是产品的组成部分。譬如，木匠使用的斧、刨、锯等工具，与其产品是分离的，柜子做好了，工具就与柜子毫无关系了。而用一定的语言文字表现出来的形式是凝结在其产品(内容)之中的，文章写好了，形式与内容则融为一体不可分离。世界上不存在某种可以摆脱形式而独立生成的内容，所以，语文不是简单的工具。

学生在学习语文的过程中，偏向于作品所表现的内容，对"形式"方面则不感兴趣。这就是说他们在读一篇文学作品时不了解、不注意一篇作品之所以成为艺术杰作的特殊性，尤其是入选中学课本中的文学作品，多半是"雅俗共赏"的精品，无论是李白、杜甫的诗歌，或是施耐庵、曹雪芹的小说，还是鲁迅的杂文，都是艺术表现形式的顶峰，但其也有相当的"通俗性"，也适合一般人消遣式地读读。歌德说过："内容人人看得见，涵义只有有心人得之，形式对于大多数人是一秘密。"对于中学生，"形式"则更是微妙的难以把握的神秘，至多也只能心领神会而难以言传。他们所能把握的、所能感受和基本理解的，是作品的丰富活泼的内容，至于这内容的表现是如何经过艺术家的匠心而完成的，借着如何微妙的形式而表现出来的，则不是他们所能注意、所能理解的。而这，正是一个语文教师所要注意、理解、把握的。

我们常见这样的情况：有些教师，尽管可以对课本中的小说、戏剧、散文、诗歌品头论足，但若请他们谈谈作品形式构成，便瞠目结舌了。因为他们并没有把作品真正看作一件艺术品，而只是热衷于把作品破译成他们所熟悉的日常理念和情感，把握住的也仅仅是作品的基本内容（即教参所提示的"课文说明"）。这样，与学生所基本感受和理解的东西大致是半斤八两，久而久之，这造成了中学教师中学化，学生不欢迎其讲课是理所当然的了。

譬如《祝福》这篇小说，不管教师如何分析它的主题思想和情节结构，这篇小说最强的艺术亮点还是在"祝福"这个场景的描写上。小说起于"祝福"，终于"祝福"，主要情节内容详写了三次"祝福"。在鲁镇，"祝福"这种迷信的习俗"家家如此，年年如此"。这个场景不单单是人物活动的背景，更是这篇小说的形式构件。颇像苏珊·朗格说的"有意味的形式"。

鲁迅的深刻之处就在于他认识到悲剧并不是由某几个人生性暴戾或贪婪造成的，不是个人品质恶劣的产物。我们看看鲁迅是怎样写祥林嫂的悲剧的：他没有写祥林嫂被鲁四老爷扣除工钱，没有写祥林嫂被骂甚至不给饭吃，通过他的笔我们看到，正是鲁四并包括祥林嫂的亲属、邻居以及和她一起做佣人的善女人，甚至整个鲁镇上的人们，正是他们，自然而然地结成一气，通过三次"祝福"活动，不动声色地把祥林嫂一步步逼上了绝路，从舆论上扼死了祥林嫂。封建礼教的威力正在于这样无形地扭曲人的灵魂。而小说以"祝福"为题，正是点睛之笔，尤其对祥林嫂死时的一次"祝福"活动，小说做了具体生动的描写：天空中时时发出爆竹燃放的闪光，耳边不断传来爆竹的钝响和震耳的大音，空气里散满了幽微的火药味……通过人们的视觉、听觉、嗅觉，描绘出祝福热烈的气氛。这种氛围不只烘托了一个情节，更诠释了悲剧；小说的主题并不在"情节高潮"中出现，而是体现在这种令人窒息的氛围中，这种"有意味的形式"凭借故事内容以存身，又大大超乎了作品中的故事和人物，给人们以哲理性的思索。只有这种形式才能更深刻地体现出意义本身的构成力量。

故而，对形式的理解，学生常常是直觉的，教师则应当是逻辑的；学生依照自己的兴趣来读，而教师则非将它提高到理论高度来论证不可。就像学生品出食盐是咸的，教师则要写出氯化钠分子式。这就需要教师的智力参与，要动脑筋。优秀的文章是茶叶而不是现成的茶水，想喝就得自个儿去泡。假如教师不带自己的思想、自己的情感、自己的感受地站在讲台上，那就只会复述《教学参考书》中的"课文说明"之类的内容，也必然会在教材的奴役下使教学越来越僵化，自己也会感觉到越来越难教了。

三、不易言传的深层意蕴

长期以来，人们对语言的认识总是被局限于"语言是人类思想的交流工具和人类活动的交际工具"这样一种错觉之下，至少对语文教学来讲，置身于其中的环境乃是一个被语言所描述并且被语言所规范了的环境。语言不仅是教学内容的载体、师生思想交流的工具，而且它就是教学内容本身。语文课这种有别于其他课的特殊性就意味着，当教师开始教语文课时，就不得不把人类社会中的一个成员所需要的最基本的语言能力作为教学最基本的任务来落实，要使学生了解并且掌握如何使用语言去表情达意、表现客观，除此之外，别无选择。

既然如此，语文教师就要首先认识语言的特性。语言据其功能可有科学语言和文学语言之分。科学语言是用于指物，传达客观，如说明文一类文章即是。这种科学的表达过滤了观察过程中主体的情感，丢掉了个人经验中最具有个性特点的体验，语言力求准确、简明、周密，赢得了所谓客观价值。当然，有些科普性的说明文也带有一些情感性的文学语言的萌芽，但发育得不充分。如《看云识天气》，作者运用了好多比喻的方法，生动活泼，但仍然处处注意说明事物的准确性。这种科学语言只有一种显性的意义，语言本身没有独立性，比较容易理解和学习。

科学语言是语文教学内容的一个方面，因为语文知识并不单单在文学作品之中，语言的功能也不仅仅是为了表达复杂细腻的感情。教学的难点在于文学作品中所运用的文学语言。这种语言由于追求多层次的表现力，使师生对文学语言的阅读不止于识字即可，还得借助于五官的感受力和想象力。语言本身是不自足的，文学语言的特点又是从自身主观的立场上来表达对世界的看法，它所载负的是情感信息，意在唤醒读者的审美联想和升华。这种文学语言不但本身的音韵、节奏、组合方式都具有独立的意义，而且还是立体的、多层面的，不但有用语言文学表现出来的显性意义，意蕴又常常包含在言不尽意的表达之中，是隐性的，这种显性的文章之语言构成和隐性所指涉的意义是二分地存在于文章中的。人对世界的审美感知有许多无法用语言做出直接的明确的表达，所以，它常常在言语之外表现出无限性，并常以审美的空白形式留存于读者的沉思里，常要考虑到语言的环境以及说话人等问题。故而，对这种精妙深微的自我意识之中的隐性的文学语言，我们不是只进行一种强制性的领会，也不是进行读哲学论文式的思考，而是要进行一种启发式的品味，其结果是意会，是妙悟。所以文学家被称为是思想家而不是理论家，就是因为他的作品中所蕴含的思想不宜用条理化的科学语言来表达，常是心有所悟而难以述之于言。

而矛盾恰恰在于：语文教学是理性的和显性的，类似导演对演员"说戏"，要动用大量的理性分析方法，但这种方法并不能保证演员能够准确把握角色，把握戏剧情景。你说寿镜吾老先生（《从百草园到三味书屋》）的性格严厉而又开明，好学却又迂腐，学生领受的只是两个性格概念而不是这个人物。你远引近譬，说《春》之"雨"的描写，颇似"随风潜入夜，润物细无声""沾衣欲湿杏花雨"等诗句，学生茫然点头似有所悟又似有所惑。这种方法最大的弊端就是把能启发学生悟性的表现深层意蕴的语言弃置净尽。即使是语文教师本人，对一篇文学作品丰富的深层意蕴的理性说明，也总是与自己阅读实际作品时的感受有一定的距离。

对语文课这种文学语言教学的尴尬之处，我们既要教学生用脑去思考分析，又要引导其用心去体验领悟。也就是说，既要扣住文学语言表层显性的意义，又要让学生感悟到隐性的、语言不能到达的深层意蕴。因为一旦脱离语言，就根本无法证明非语言经验的存在。譬如《分马》中要找到准确理解老孙头在换马时所说的话语中包含的弦外之音，就不能将语言以外的一切东西都抛弃，而要把语言和运用语言的人、语言和交往环境的相互关系等联系起来进行动态研究，考察它的运动过程。也就是说，老孙头所说的每一句话都不是孤立的。"看上了我这破马？我这真是个破马，性子又烈。"根据上下文的前言后语、根据一定的背景知识可知，老孙头此时的心情十分复杂，他赶过29年大车，对马自然有一种别人难以体验的特殊感情，何况这本与自己相濡以沫的"屯子里的头号货色"又分给了自己，难以割爱自是情理皆顺。此时此地，他更担忧的是再"割"掉这块心头肉。所以，他是自然而然说这样的话的，并没考虑要选什么词语、用什么句式，更没有设想到要表现什么性格。有了这个语境，人们对老孙头这句话就会有更深刻的理解。作者通过人物的对话，既交代了人物谈话的内容，又展现了老孙头的内心活动与性格特点，使我们感受到的是一个虽有点小心眼，但不忘大义的人物形象，感受到社会之温暖、人心之有情，也感受到"落后"等非文学的分析方法。这虽对社会意义的认识有所帮助，却荡尽了人物深层的文化心理意蕴。更有一些意韵幽深、意境高妙的诗文，都是意在言外，要单靠理性去静态地离析诗句的表层语言构成，显然是劳而无功的。

所以，文学作品是作者把理性的东西通过感觉体现出来，教师则须把感性的东西变为理性的，扣住文学语言所包含的丰富复杂的深层内涵，最终引导学生完成从理性向悟性、从显性向隐性的转化，这才能避免在理性的学习中审美能力增长的负价值。

总之，列举以上种种，并不能说已经揭开了语文教学难的奥秘，因为这是一个十分微妙而复杂的问题。自有语文教学以来，这些问题也就存在了。关键在于这些问题应当被语文教师注意并加以研究。倘若在教学中这些重要的东西被忽略了，那么，次要的东西就会因此而变得举足轻重了。从这个意义上讲，对这些问题的重视，并不仅仅是为了语文教学取得明显的效果，也许，它还蕴含着许多更为深刻的意义。

这是我的第二篇论文，从题目可以看出，当时的我认为自己已找到语文教学难的奥秘了。全文从生活阅历、语言形式、文章意蕴三方面阐述语文教学之难点，即使今天读来也大致符合新课改的步调。事实上，我远没能从理论上真正弄清楚语文教学难的奥秘。但我实实在在摸到了语文的大门，也很快走进了这扇大门。

这篇文章一直被冷藏在抽屉里，直至1988年底阳泉市教研室组织教学论文竞赛，我才将这篇文章重新整理了一下，做了适当补充，通过学校递交到市教研室。后来听我的大学同学、市教研室生物教研员石中华说，邀请的评委都是当时阳泉市的资深教师，不过，语文评委我只知道庞清瑞老师、茅达孝老师，他俩都是市语文教研员，其他评委的大名一概没听过。论文评审很严格，所有的论文都被去掉写有作者名字的封面，重新统一加封面并编号，兵不识将，将不识兵，公正而严格。据石中华说，读到我这篇论文时，评委们很震动，互相传看，称赞不已，且又都怀着巨大的好奇，极欲知道论文的作者乃何许人也。谜底揭晓，评委一看是我写的，都释然了，觉得我写出这样的论文实至名归。这篇论文获得了本次论文竞赛的一等奖。1985年的高考使我小有名气，至少我的语文教学能力得到了领导及同行们的首肯。

8. 教育学院的疯狂阅读

◎ 我和那个时代大多数中国青年一样，脑子里空空荡荡，精神上一贫如洗，故而，患上了严重的阅读饥渴症，逮着什么读什么，看到新书就像饥饿很久的人猛地看到大碗拉面一样，狼吞虎咽，大开吃戒。

53班毕业后，恰好张公才老师考取了省教育学院中文系本科班，脱产学习两年。我接手了他所教的57班。又是一个高三毕业班，我一如既往地努力教学。

转眼冬去春来，杨柳迎风，省教育学院中文系本科班又要招生了。20世纪80年代初，是中小学师资质量较低的时期，教师的文化程度大都没有达标。邓小平在教育工作座谈会上指出，"要加强师资培训工作"，尽快提高中小学教师队伍质量。所以，学历没有达标的教师都孜孜不倦地追求学历文凭。

当时荫营中学的校长是1984年从郊区教育局副局长位置上调来的赵连仲。某日，赵校长给我一张报名表，要我去报名参加考试，拿一张中文本科文凭。我是体育系毕业的，教语文，名不正言不顺，故而，从1980年起，我就参加了省教育学院的函授专科学习，当时刚拿到手一张中文专科的毕业证书，觉得能正名了，而且当时家里也有点困难，就有些犹豫。但最终我还是决定去参加考试。

考语文的除我之外，有矿区的白明珠，平定的刘有孩、王贵平，盂县的张润年。考的科目是文学理论、古代文学、现代汉语、教育学。四门课考完，除了教育学考得不算理想外，其余三门我都挺有自信的。

将放暑假时，据说分数下来了。我乘车赶到城区教育局看成绩。不看不知道，一看虚汗冒：四个人中白明珠第一，刘有孩第二，我排名居然只是第三，张润年第四，王贵平落榜。最终我考取了省教育学院的中文本科班。我们班里的入学考试成绩排名顺序是：白明珠、李彦、刘有孩、王筱筠、郜晓波……我排在第五名。

1986年8月30日，我在做了九年教师后，又重新坐到教室里做了学生，感觉真好，有了一个可以敞开来读书的时间。我与太原的胡成林、临汾的侯春平、忻州的李治平分配在一个宿舍。

前几年，因为发生复旦大学研究生毒死室友黄洋事件，网络上许多当年的同学纷纷发帖，"感谢室友不杀之恩"。看来不但教书要"遇人"，读书也要"遇人"。别的宿舍也时有室友不和、冷战争吵甚至动手的事情发生，但我们四个室友一直和谐相处，其乐融融。

美国加州大学以及耶鲁大学共同研究发现，一般来说我们与自己的朋友在基因上都具有相似之处，我们在同一个群体中选择的朋友，其DNA与我们自身的共同之处要比陌生人来得多。结论就是：没有血缘关系的朋友都是与你基因相似的人。

我们四个人基本都属于性格比较内向的人，不喜张扬。一般来说，大多数外向的人热衷于一群人闲谈，而内向的人会觉得这很无聊，所以，在群聊中，内向的人经常扮演倾听者的角色，但这不等于内向的人不善于讲话，他们只是不喜欢闲聊。内向的人更喜欢深层次的谈话，深层次的谈话中他们会非常健谈。我们四个室友晚上在宿舍，也有闲聊的时候，但更多时间是各自安静地读书，一般不去别的宿舍闲聊。说句正能量的话，看起来我们在熬夜，其实我们是在珍惜时间。

从读书人的角度来看，20世纪80年代是阅读的狂欢时代。此时正是外来文化以及国内新思潮对读书界掀起几次较大冲击之时，从萨特的"存在主义"到弗洛伊德的"力比多"学说，从叔本华、尼采的悲剧哲学到阿得勒、弗洛姆的新精神分析学派，以至后来的福柯、德里克、伽达默尔等。国内也有"走向未来丛书""文艺探索书系""新知文库""21世纪人丛书""五角丛书"等引领新潮的出版物。我就像刘姥姥第一次进了大观园，看得眼花缭乱，兴奋不已。读书的快乐是"独乐乐，不能与人乐乐"，我不断被书中提供的新信息激动着，不断有新发现、新感悟，有些书我甚至会整本整本抄下来，如朱光潜的《诗论》等；而且当时身在大学，地处省府，信息灵通，书店众多，购书十分便利，只恨囊中羞涩。我每周日如独行侠一样在太原逛书店，从解放路的新华书店、古籍书店、外文书店、北岳书屋一直到府东街新开张的尔雅书店，再转到五一路新华书店，再转到并州路口的几个小书店，最后从太榆路三晋书店转完回到学校，由此，我对太原市的大小书店非常熟悉，常常是中午吃两个馒头充饥，方便面都舍不得买一包（那时候方便面还是非常珍贵的食物），每周总要买六七本书回来。我终于有了不受任何干扰的完完整整的读书时间，可以读完完整整的书了。

20世纪80年代的出版界热潮阵阵，主流是理论热：弗洛伊德热、萨特热、尼采热、叔本华热等。国门关闭已久，骤然开启，大家面对一个新奇的世界，真要"把损失的时间夺回来"，都要对这个貌似熟识的世界寻根究底一番。长久浸泡在提纯净化式的教育里，肤浅差不多是我们这代人的总体特征。去教育学院之前，我读过的哲学著作，只有艾思奇的《大众哲学》，1949年前的版本，我父亲买的。那时知道的西方哲学家仅有黑格尔与尼采，还有萨特。知道黑格尔是因为学习政治经常讲到马克思主义的来源之一，即黑格尔辩证法的合理思想和费尔巴哈唯物主义的基本思想；知道尼采是因为鲁迅先生在《拿来主义》批评过他"发了疯"，是个神经病患者；至于海德格尔、叔本华、萨特、加缪等唯心主义哲学家，根本就没听说过。所以，当他们被介绍到中国时，和我一样的追逐者甚众，堪比今日各种追星族。"力比多""存在先于本质""世界是我的表象"之类的术语满天飞。

我在那个时期购买并阅读的哲学类书籍包括：弗洛伊德的《梦的解析》《精神分析引论》等，尼采的《悲剧的诞生》《快乐的科学》《查拉图斯特拉如是说》《疯狂的意义》等，萨特的《存在与虚无》《存在主义是一种人道主义》等，叔本华的《作为意志和表象的世界》《生存空虚说》等，海德格尔的《存在与时间》，加缪的《西西弗斯神话》，卡西尔的《人论》，瓦西列夫的《爱情论》，弗洛姆的《逃避自由》《爱之艺术》，苏珊·朗格的《美的形式》，丹纳的《艺术哲学》，罗素的《西方哲学史》，帕斯卡尔的《思想录》，马尔库斯的《爱欲与文明》，房龙的《宽容》，培根的《培根论说文集》，美国作家格雷克的《混沌——开创新科学》，美国作家梅拉妮·米歇尔的《复杂》，波普尔的《科学知识进化论》，蒋广学、赵宪章主编的《二十世纪文史哲名著精义》（上·下）等。虽然是囫囵吞枣、不求甚解地阅读完了这些深奥的理论书籍，但对我确实是一次精神的洗礼。这些书籍已足以启迪我去正视自己的生存环境，思考自身的存在价值。有奇书读无他好，与哲人游何所期。

弗洛伊德提出"本我、自我、超我——人格自我分析系统"。弗洛伊德断言：人类根本没有什么普遍的、永恒的理性意识，它们即使存在也不过是人们潜意识的伪装、美化。决定人们行为的绝对是人类潜意识的动物本能。当时有人归纳"震惊人类的三次发现"：哥白尼发现地球原来不是宇宙的中心；达尔文发现人原来是猴子变的；弗洛伊德发现人们嘴上说的和心里想的从来就不是一回事。弗洛伊德认为，理性存在的目的，就在于遮掩人们真实的、潜意识本能的欲望和需求。

这样的观点对我后来解读文本有很大启发。譬如一部小说从语言的角度划分，可分为叙述语言与人物语言两部分，而阅读小说必然要分析其中许多人物的对话，通常人们以为人物对话的功能就是把人物心里想的都说出来，这是一种误解。根据弗洛伊德的理论，人的语言也像人的意识和人的感知一样，有表层和深层的不同。在对话中，人物很少直截了当地讲真话，他们说的话，并不是心里所想的，他们说话时常常转弯抹角加以暗示，用语言掩饰心里的真实目的。譬如《烛之武退秦师》中郑伯请烛之武出使，但烛之武并没有立刻答应，而是说："臣之壮也，犹不如人；今老矣，无能为也已。"这句话中显然有情绪作梗，潜台词是，老子年轻力壮时你不用，现在你快完蛋了就想起让老子给你卖命了？没门！《左传》是把人作为活生生的人来写，只要是活人就不可能完美，不可能高、大、全，有情绪才是人之常情。郑伯立刻做了自我批评："吾不能早用子，今急而求子，是寡人吾之过也。然郑亡，子亦有不利焉！"潜台词是，老子现在有了难你就这样作难，等以后有机会看老子怎样收拾你这个死老头。这段对话很精彩。

事实上，对话的最佳艺术效果是由对话和潜对话的错位结构造成的。等到若干年后阅读一些语言学著作，会更明白话语含义是一种包含了言语意图在内的言语义。言语意图具有隐蔽性的特点，或出于策略，或碍于面子，或慑于压力，往往把言语意图掩盖起来。所以，话语理解不单纯是一个言语解码过程，还是一个进一步联系语境来推导言语意图的过程。

阅读尼采的书是经周国平的《尼采——在世纪的转折点上》而开始的，一读，即扭转了对这个"疯子"的印象。尼采的哲学，是诗人的哲学，有许多火花式的哲学，他的《查拉图斯特拉如是说》，是一本写给所有人却又不为任何人而写的书，许多精彩的诗句给人以深刻启迪。譬如："千万不要忘记——我们飞翔得越高，我们在那些不能飞翔的人眼中的形象就越渺小。""如果一条蛇不再能蜕皮，它就会死亡；同样，如果一颗心灵不再能改变它自己的观念，它也就不再成其为心灵。""别爬上山顶去，也别站在山脚，打从半高处看，这世界最美好。""当你远远凝视深渊时，深渊也在凝视你。""人是一根绳索，连接在动物与超人之间，而绳索悬于深渊上方。""想要学习飞翔，必须先学习站立、奔跑、跳跃和舞蹈：人无法从飞翔中学会飞翔！""其实人跟树是一样的，越是向往高处的阳光，它的根就越要伸向黑暗的地底。"等等。很多精彩的文字让我眼前一亮。

阅读的刺激，也更容易直接启开灵感之门。今日很多所谓"暗黑""负能量"的句子，我读之就特别容易联想到尼采的精彩句子，譬如："你只有努力过了才知道，智商上的差距是不可逾越的。""哪有什么丑小鸭变天鹅，别忘了丑小鸭本来就是天鹅，落在鸭群里也改变不了它的物种。""上帝为你关上了一扇门，然后就去睡觉了。"等等。从世俗的眼光看尼采，他是典型的失败者，一生不幸，结局悲惨。当我们放下偏见，不认为他是疯子，而去细细品味他的诗句时，便会发现其中的才华与豪气。所以，他在《瞧，这个人：尼采自传》一书中，劈头就大气磅礴地说：我何以如此明智，我何以如此聪慧！

知道萨特是个哲学家，而且是个唯心主义哲学家，是通过《参考消息》。《参考消息》是20世纪70年代所谓"内部发行"的一份报纸，据说是16级以上的领导干部才可订阅。我父亲那时是县团级干部，故而，家里一直订阅着一份《参考消息》。这是我很喜欢读的一份报纸。在当时所有的报纸里，唯独《参考消息》

的内容是转载境外舆论，按当时的说法，这是"共产党替帝国主义出版的报纸"。1980年，我在报纸上看到一则消息，法国哲学家萨特于4月15日病逝于巴黎，数万群众冒雨自发地为他送葬，表达悼念之情。我就纳闷，一个唯心主义的哲学家，在我们心中，那就是站在革命群众对立面的坏人啊！为什么这个"坏人"这么受革命群众欢迎呢？心头由此留下一个悬念，故而，萨特的著作一入国门，就夺取了我的眼球，我不但购买了《存在与虚无》这种大部头作品，也买了一些介绍萨特作品、介绍存在主义的书籍。譬如，我曾经借阅同学的一本《萨特研究》，很感兴趣。

似懂非懂地阅读哲学家们抽象的哲学书籍，我也渐渐知道了一点有关哲学的皮毛。因为我们这一代从小就被教育：唯物主义认识论是从物质到意识。这个世界是先有物质，后有意识。这很符合我们的日常经验。而唯心主义认识论则是从意识到物质，他们认为这个世界先有意识，后有物质。这和我们的日常经验大大相悖，我们认为唯心主义太荒谬了。

第一次接触到唯心主义学说，为我蒙昧的思想打开了一扇窗户。

提到唯心主义，不能不提到存在主义；提到存在主义，没人不知道"存在先于本质"这句名言。对自然的无知世界而言，"存在先于本质"是说，物质世界早就存在着，但它们都是杂乱无章的，没有意识的，它任何时候都不知道它是什么，它也不能意识到自己的存在。外界自然物不可能造就自己的本质，只有当人的意识指向它们时，它们之间才会产生繁复的关系，才可能具有本质和意义，外界事物的本质和意义是人赋予它们的。换句话说，它是通过人的意识获取意义的，从这个意义上讲，一切存在于意识之中，一切都因意识而产生。这也是我们习惯概括唯心主义"先有意识，后有物质"的原因。但"存在先于本质"的"存在"并不是物质的存在，乃是人的存在，是具有意识的人的存在。萨特说"存在先于本质"，"存在"是"选择成为自己的可能性"。也就是在运作"存在"这个动作时，我们还没有成为"自己"。我们必须先选择自己要成为什么样的人，最后才会变成这样的人。譬如，一个人想成为教师，那首先就要报考师范院校，接下来必须经过长期努力，最后才会成为真正的教师。教师就是这个人的本质，而这个本质是由他过去的选择造成的结果。所以，所谓"存在先于本质"，就是说一个人先有选择自己的可能性，最后才能使自己得到所选择的内容。每个人都得在生命过程中不断选择，选择之后才会得到结果。你一定要先拿出优秀作品来，才可能成为作协会员，就像阳泉作家刘慈欣，先写出了《三体》，而后才担任了阳泉市文联副主席，进而担任了山西省文联副主席。同理，一介教师也必须先做出优异成绩来，才能成为优秀教师，而不是相反。萨特还有一句话形象地解释他的观点："英雄使自己成为英雄，狗熊使自己成为狗熊。"

文学理论著作是我特别喜欢阅读的书籍之一，而20世纪80年代的文艺理论也像流行书一样很受追捧。那两年的时间里，出版了几套特别热门的书系，我最喜欢的是上海文艺出版社出版的"文艺探索书系"，购买有刘再复的《性格组合论》、曹文轩的《思维论》、余秋雨的《艺术创造工程》、夏中义的《艺术链》、劳承万的《审美中介论》、宋耀良的《十年文学主潮》、钱理群的《心灵的探询》、鲁枢元的《文艺心理阐释》、王文英的《真的感悟》等。还有"开放文丛"，清一色银灰封面，杨匡汉主编，撰稿人都是我国文学界知名学者，内容主要是文艺理论方面的"新情况、新问题、新思潮"。我购买了其中的《审美意识系统》《现代艺术的探险者》《论变异》《魔幻现实主义》《缪斯的空间》《符号心理文学》《文学是人学新论》《美的认识活动》《舞台的倾斜》。那时候特别喜欢阅读这类通俗、易懂、好看的文学理论。

另一喜欢的书系即"走向未来丛书"，购买有金观涛的《在历史的表象背后》、萧功秦的《儒家文化的困境》、林兴宅的《艺术魅力的探询》、陈越光等的《摇篮与墓地》、马克斯·韦伯的《新教伦理与资本主义精神》、王小强等的《富饶的贫困》、刘东的《西方的丑学》等。

再有对"21世纪人丛书"也比较钟情，读过其中的陈思和主编的《夏天的审美触角——当代大学生的文学意识》，曹明华的《一个女大学生的手记》，多人著、顾潜编的《青春的抗争——当代中国大陆学院探索散文选》，雪迪的《颤栗》，老愚编的《上升——当代中国大陆新生代小说选》，崔文华著的《权力的祭坛》，高晓岩、张力奋著的《世纪末的流浪——中国大学生独白》等。

20世纪80年代，各种"丛书"纷至沓来，也令人眼花缭乱。譬如"开放丛书""八方丛书""兔子译丛""狮子文丛""猫头鹰文库"等。

"西方学术译丛"我购买过《开放的自我》，"思想者文丛"购买过朱维铮的《走出中世纪》，"当代学术思潮译丛"购买过《熵：一种新的世界观》《第三思潮：马斯洛心理学》《混沌：开创新科学》等。"作家参考丛书"出版的书籍购买有荣格的《寻求灵魂的现代人》，阿德勒的《自卑与超越》，后来还购买过米兰·昆德拉的《生命中不能承受之轻》《生活在别处》《玩笑》《不朽》《为了告别的聚会》等作品。

有几套小开本的丛书很受读者欢迎，譬如"新知文库"，书的篇幅都不长，内容却很丰富，评介西方的人物、思想、制度，娓娓道来，通俗易懂，我购买过其中的《关于爱》《西西弗的神话》《劳伦斯》《乔伊斯》《我与你》等。"学术小品丛书"是有学理意味的文化随笔，注重学术性和趣味性的结合，每辑10本，我购买了第一、二两辑共20本，印象深刻的有金克木的《燕口拾泥》、黄子平的《文学的"意思"》、冯亦代的《听风楼书话》、葛兆光的《门外谈禅》、苏炜的《西洋镜语》、吴亮的《秋天的独白》、陈平原的《书里书外》、高尔泰的《评论的评论》、蔡翔的《自由注解》等。"五角丛书"当时卖得很火，据说一共出了15辑，每辑10本。我挑选自己喜欢的购买有20几本，譬如《中国历史上的大阴谋》《凡人的绝症：聪明误》《中国诗人成名作选》《台湾当代爱情诗选》《中外著名诡辩集》《人性的弱点》《人生探幽》《幽默的艺术》《人生价值的要素》《怎样使你的谈吐更动人》《往上爬》《中国姓氏寻根》等。这套丛书所选的作品很多具备相当高的文化思想价值，读之令人兴奋惊喜。最初每本只有5角钱，后来渐渐涨价，超出5角。还购买有几套小丛书，不一一赘述。

今日看来，那时的书价不算高，当时购买的朱光潜的《朱光潜全集》（一、二、三）精装版，每本6元左右，突然觉得自己实现了某种超越。那时候有句顺口溜，"造原子弹的不如卖茶叶蛋的"，教师工资颇低，我一个月的工资是60元左右。

所购买并阅读的书籍中，对我影响深刻的还有王亚楠的《中国官僚政治研究》、费孝通的《乡土中国》（后来又购买过他的《江村经济》《江村农民生活及其变迁》）、曹聚仁的《中国学术思想史随笔》、刘小枫的《拯救与逍遥》《走向十字架的真》、何怀宏的《若有所思》《良心论——传统良知的社会转化》、谢选骏的《荒漠，甘泉》、李泽厚的《美的历程》《中国古代思想史论》《中国近代思想史论》《中国现代思想史论》《李泽厚哲学美学文选》《中国美学史》、叶朗的《中国美学史大纲》、朱光潜的《诗论》、宗白华的《艺境》《美学散步》《美学与意境》、滕守尧《审美心理描述》、高尔泰的《论美》《美是自由的象征》等、高楠的《艺术心理学》、吕俊华的《艺术创作与变态心理》、冯友兰的《中国哲学简史》《冯友兰学术精华录》、梁漱溟的《梁漱溟学术精华录》、钱锺书的《谈艺录》、严家其的《首脑论》等、何新的《诸神的起源》《艺术现象的符号文化学阐释》《东方的复兴》（一、二）、《危机与反思》（上·下）《孤独与挑战》等。

我对这些书都相当喜欢，觉得其非常出色，究其原因，是这些著作都提出一些新鲜而尖锐的观点，而且都能自圆其说，还说得头头是道，给人一种柳暗花明、豁然开朗之惊喜。

80年代翻译的外国名著也很多。王小波曾认为，"文化大革命"中，中国一流的作家都在搞翻译，你要读一流的文字，就去读译文。这是实话。查良铮先生译的《唐璜》、杨必先生译的《名利场》、朱维之先生译的《失乐园》、杨绛先生译的《堂吉诃德》、方平先生译的《呼啸山庄》等。这些作家、学者的文字功底和文化底蕴，足以让读者领略到文学大师们的风采。那时还有两本小说风靡一时：劳伦斯的《查泰莱夫人的情人》和沃勒的《廊桥遗梦》，我读之感觉平平。

"文艺探索书系"中，曹文轩的《思维论》对我有发蒙启蔽的作用。这本书有一副标题"对文学的哲学解释"，作者基于"对文学的最终解释必定是哲学解释"的理念，从哲学角度讨论艺术思维。我过去也看过几本文学理论方面的书籍，都是千篇一律的"正规"，几本书的骨架基本都是一样的。而《思维论》却摆脱了这一束缚，曹文轩选择了多方位的角度，用通俗易懂和翔实生动的文字表述了深刻的文学理论问题，具有强烈的理性色彩与思辨力量。阅读这本书，我第一次朦胧地理解了"世界上只可能有表现的艺术，而无法生成再现的艺术"的观念。尤其第二章"感觉分析"，对我的作文教学有很大启发。在这一章里，作者详细论述了理性思维意义上的感觉与艺术思维意义上的感觉，分析了敏锐的感觉、丰富的感觉、特殊的感觉、精微的感觉……以至于感觉的无限性，认为有多少文化就有多少感觉。文中说："感觉是思维的起点。无论是理性思维还是艺术思维，感觉是绝对的起点，没有感觉就没有思维。"

什么是感觉？感觉就是写作者对材料的个人解释，是对材料的独一无二的个人化的反应。中学生的感觉能力很好，但大多数学生缺乏感觉意识，缺乏感觉色彩，文章就写得少了点生气，少了点灵性。人的感觉非常容易疲倦，当一个阅卷老师翻看千人一面的作文时，会长久地处在一种感觉里面，最后必然会麻木到感觉不到这种感觉的地步，甚至会厌恶这种感觉的不断重复。这也就是高考体作文为什么会被人厌烦一样，因为这些作文已经形成了一种套路，把最初那种特殊的感觉消磨干净了。所以，写考场作文，个人的感觉也很重要，一篇作文必须要引起阅卷老师的注意。怎么就引人注意呢？用杜甫的话形容，即"语不惊人死不休"，语言要达到"惊人"的程度，那一定会给人很新鲜的感觉，否则别人怎么会注意到呢？

还有两本书给我震动很大。1985年刚考入山西大学图书馆系的李富林同学，是53班的学生。他们图书馆系学生帮助山大图书馆整理图书时，富林给我借了两本在当时十分鲜见的著作：一本是美国学者费正清的《美国与中国》，一本是台湾学者黄仁宇的《万历十五年》。这两本书的观点新颖、尖锐、深刻，那些智慧和精彩，那些英明与穿透，让我在惊叹的同时拈页展颜。

费正清的《美国与中国》是1948年版的，翻阅得比较旧了，可见已经经过许多人的手。我不记得在什么文章里见过，作家王蒙说他自己在新疆劳动改造时，第一次读到《美国与中国》一书，非常震撼。我亦深有同感。这是一本严肃的史学专著，也是一本极具可读性的历史文化佳作。我是边阅读边摘录，抄了半个笔记本。端得是：每闻书讯心先喜，或见奇文辄手抄。20世纪90年代，这本书正式出版，我购买了一本，但与1948年版相比较有了不少删改，读之颇有点怅然若失的感觉。

《万历十五年》也是旧版本。当时没有任何出版社正式出版这两本书，自然也是"内部参考，不得外借"。黄仁宇对大明王朝、对中国社会层层的剖析，发人深思。而且《万历十五年》的写法有别于之前所阅读的历史书，譬如我曾买过范文澜的《中国通史》。黄仁宇的叙述像讲故事一样娓娓道来，写得非常有趣，让读者从万历十五年大明王朝发生的许多如青萍之末的琐细小事中，看到一个帝国走向崩溃的前兆。以至我后来又邮购了黄仁宇的《赫逊河畔谈中国历史》《中国大历史》等书。这些新书不断更新着我的眼光，使我不断得到不同的体验和认识，不断增强思想能力。

在教育学院求学期间，我一直保持着很强的读书欲、求知欲、写作欲。我这样一个刚站在井边看世界的年轻教师，其实也没有什么太大的梦想与情怀，最大的野心就是读遍当时流行的好书。入学第一年我被推荐担任校学生会副主席，第二年担任学生会主席。有人调侃说，理想的委员会是我当主席，而另外两个委员患流行性感冒躺在床上。我做了学生会主席，却是巴不得自己感冒躺在床上休息。当了学生会主席，平添了许多事务性的工作，组织演讲、舞会、辩论会，办专栏、展览、黑板报，承办每周一次的露天电影放映接待，组织各种各样的活动……再加上当时各大学罢饭风潮风起云涌，教育学院的学员虽然是成人，但不乏慷慨悲歌、热血沸腾的革命斗士，岂能苟且偏安无所作为，于是皆拿出"耻食周粟"的精神，抵制灶房，饿死事小，"失节"事大！学院的灶房皆陷于四面楚歌、硝烟弥漫之境地，院领导焦头烂额做学生"心"的工作，但学生关注的是"胃"的问题，学院不解决学生"胃"的问题，学生本人就会成了问题。学院最终的解决方案是学生会组织学员监督灶房。这类一地鸡毛的事情没完没了，比较影响我的阅读，让我烦透了这些与读书无关的业余活动。我觉得，我是来这儿读书的，不是来搞社会活动的，故而，几次申请辞去主席职务，但始终未获批准。曾国藩曾经说过："居官以耐烦为第一要义。"所以，怕烦是我与生俱来的短板，这使得我天性不适合做官。

从第二学期开始，我就经常缺课，但缺课时间我肯定是躺在宿舍读书的。那么多新书排着队等着我阅读，天天觉得时间不够用。一个人的买书史和读书史，就是一个人的思想成长史。回顾我的买书史，从杂到专，从专到杂，再从杂到专……这种过程会反反复复，或许会使"专"的越来越深，"杂"的也越来越广。譬如，我阅读《孙子兵法》，知道了可与其媲美的西方经典军事著作《战争论》。普鲁士军事理论家克劳塞维茨的三卷本《战争论》，既是一部军事理论著作，又是一部哲学著作。名言"军事是政治关系的延续"即出自《战争论》。暑假期间，我从学校图书馆借了这套书，认真拜读，还记了不少笔记。

通过读书，我们可以视通四海，思接千古，与智者交谈，与伟人对话。其实，很多哲学著作我根本没读懂，譬如读海德格尔的《存在与时间》、萨特的《存在与虚无》、叔本华的《作为意志和表象的世界》，很多时候觉得像在读天书似的，但当时也是硬着头皮翻完了。之后虽仍是云里雾里混沌不清，但我依然认为这种阅读是有意义的。有人说，阅读就是一种挑战，慢慢穿越，一定有所收获。就像哲学家赵汀阳所说，虽然读很抽象的哲学书不一定使我们变得智慧，但能够使我们见识思想的大世面，见识人生各种深刻而复杂的问题。见没见过这些东西，对一个人的成熟很重要。见过思想上的大世面，至少不会被那些浅薄的认识所欺骗，不会被那些长得像大师一样的骗子所忽悠。作家毕飞宇也说过："一个人所谓的精神历练，一定和难度阅读有着千丝万缕的联系。"

就像小河的水满了自然要溢出来一样，读书多了自然就会产生写文章的欲望。事实上，要进行教学研究必须阅读，但阅读并不等于研究，而教学研究则必须写作。当时，教育学院的教育科研室要出一个学员的论文集，我写了一篇《高中议论文结构图示立体教学法》。在以往的教学中，我在指导学生写议论文上用心思颇多，一是因为那几年的高考试题规定写议论文，譬如，1980年高考作文题目：读《画蛋》有感；1981年的题目是阅读材料《毁树容易种树难》，写一篇读后感；1982年的命题作文题目是"先天下之忧而忧，后天下之乐而乐"，要求"必须写成议论文……"；1983年是漫画作文，漫画为"这儿没有水，换个地方挖"，明确规定"写一篇议论文"。二是不少学生有"恐议症"，恐惧写作文，尤其恐惧写议论文。学生作文常犯两类错误：一类是胸无成竹，信马由缰，即对一篇文章没有整体构思，把握不住自己的思路，脚踩西瓜皮，滑到哪儿算哪儿；一类是思路不通，硬挤牙膏，即仅仅考虑好一部分，然后去硬写，挤出多少算多少。好多作文之章法不通大都缘于此。我重视文章结构，也是受了小说家们"创作谈"的影响，不少作家都讲结构之于小说恰如骨骼之于人体，有了好的结构才有好的形体；离开了结构的支撑，任何一篇小说都会软如稀泥，无法站立。窃以为，老师应当给学生提供一些文章的结构模式，使学生作文时头脑中对文章整体雏形有一个勾勒，或者是一种初步的构想，不至于行文杂乱无章。

如今看来，学生写议论文没有条理，也是受传统文学的影响。古代作家都很重视文字，而不那么重视文本；特别讲究对文字的"推敲"，多一字狗尾续貂，少一字意犹未尽。写评论文章，不喜逻辑思维，不善条分缕析，而是一字定评，不做阐述，什么"郊寒岛瘦"，什么"元轻白俗"，故而，不太讲究文章的逻辑结构，写作是意到笔随。苏东坡有两段话说得最明白，可为注脚，一说："吾文如万斛泉涌，不择地而出。在平地，滔滔汩汩，虽一日千里无难。及其与山石曲折，随地赋形，而不可知也。所可知者，常行于所当行，常止于不可不止，如是而已矣。"还说："大略如行云流水，初无定质，但常行于所当行，常止于所不可不止，文理自然，姿态横生。"苏东坡的"行于所当行，止于所不可不止"，是一种收放自如的境界，是一种把写作的思与行拿捏得最适宜、最具有分寸的境界，往高处说，这更是一种智慧，一种才华，故而作文才能如庖丁解牛般"恢恢乎其于游刃必有余地矣"。如果老师想让学生变成苏东坡，那作文永远也不能教。但是，如果老师希望通过三年的训练让学生写得比过去更好，我敢说，写作一定是可以教的。故而，我这篇论文，采用图示的方法，指导学生把握文章之间的结构关系层次、级位及性质关系（虚实、正反、衬比、因果等），然后以能集内容、结构于一体的图像标示出来，达到醒目、直观的效果。所谓"立体"，仅唬人而已。这篇论文得到省教育学院教育科研室主任李耀国的好评：论文写得很有特点。

20世纪80年代有本书特别热，即台湾作家柏杨写的《丑陋的中国人》，批判传统的"酱缸文化"，批判中国人的劣根性，指出中国传统文化有一种滤过性疾病，使子子孙孙受感染，不能痊愈。这本书的出版在当时如一石激起千层浪，让读者在反思传统文化弊端时，也开始反思自身。随后就有不少这类书籍如后浪滚滚而来，波翻浪涌。比较热销的是"传统与变革丛书"，我购买了其中王润生的《我们性格中的悲剧》，王银江、王通讯的《未来人才学》，梁治平等的《新波斯人信札：变化中的法观念》，林毓生的《中国意识的危机》，王润生、王磊的《中国伦理生活的大趋向》，曹锡仁等的《社会主义现代化与观念的演进》，等等。其中《我们性格中的悲剧》我最感兴趣。文章写得很通俗，作者在书中把中华民族性格中存在的缺点概括为七种"病症"：欺瞒症、近视症、非我症、守旧症、不合作症、良知麻痹症、依赖症。其中最严重的，窃以为应该是"良知麻痹症"。

这有点像如今德国思想家汉娜·阿伦特提出的"平庸的恶"的概念。这种恶是不思考，不思考人，不思考社会。恶是平庸的，因为你我常人，都可能堕入其中。学者刘瑜说过："西谚云，没有一滴雨会认为自己造成了洪灾。当一个恶行的链条足够长，长到处在这个链条每一个环节的人都看不到这个链条的全貌时，这个链条上的每一个人似乎都有理由觉得自己很无辜。"

我还购买了李敖的《独白下的传统》，史仲文的《中国人走出死胡同》《欲望启示录》，刘再复、林岗的《传统与中国人》，孙隆基的《中国文化的深层结构》，胡星斗的《传统中国的偏头痛》……而且"走向未来"丛书的流行，"新启蒙"丛书的畅销，共同把"反传统"思潮推向顶点。当时有一些文化斗士，譬如刘晓波、苏晓康、王鲁湘等，都对传统文化采取了一种决绝的战斗姿态，在否定和批判"传统文化"上走得很远，大有一吐为快的感觉。他们的那些说法、那些书籍，也让当时的读者眼睛为之一亮。譬如报告文学作者苏晓康，每篇报告文学揭示的都是重大社会问题，尖锐敏感，他的作品《洪荒启示录》《阴阳大裂变》《神圣忧思录》《自由备忘录》都不断引起社会轰动，对教育界震动最强烈的就是《神圣忧思录——中小学教育危境纪实》，引发了广大教师的共鸣。还有后来受到政治批判的电视片《河殇》，我曾购买过一册《河殇》解说词，文采飞扬跌宕，见解锋芒毕露，现在回过头来看，这些都已经"飞入寻常百姓家"，成了普通百姓的常识了。被称为"狂人"的刘晓波对李泽厚的批判文章，其在文学讨论会上的演讲稿，都在我们的手中反复传递着。

读书贵在有触发。所谓触发，就是由一件事感悟到其他的事。作为语文教师，我读书时经常因书中某句话或某段论述，触发自己对语文教学中一些事情产生联系，发生感悟。当时深受这股否定传统文化潮流的触发，我写了一些笔记，后来结合自己身边的语文教学的现实，整理成一篇论文《传统文化心态对现代教改的影响》，1991年发表在《阳泉教育通讯》上，同年被《国内外教育文摘》选登。那时我对明清小品文也颇为钟情，譬如李渔的《闲情偶记》、张潮的《幽梦影》、沈复的《浮生六记》等，以至王国维的《人间词话》、刘熙载的《艺概》等。也阅读了于漪、钱梦龙、魏书生、朱德熙等人的一些关于语文教学方面的书，不分粗细，大嚼大咽。

【我的论文】

传统文化心态对现代教改的影响

近几年谈论"观念"的文章和书籍非常流行，甚至任何单位、任何个人的任何大大小小的报告总结中，都把"转变观念"列为第一条，认为观念一变，万事大吉。学校自然也不例外，搞教育教学改革的专家、领导特别热衷于给学校的教学改革开处方，他们认为主要的患者就是第一线教学的教师，专家、领导一说改革问题就说到教师身上，尤其在教师的"观念落后"上，而解决教师问题最主要的一味药就是"转变观念"，似乎这是号准了教学改革的脉，对症下了药，好像教师观念一转变，什么问题也解决了。

转变观念确实很重要。因为即使我们有完善的教学大纲，有完整的课程设置，但如果缺少了赋予这些大纲、课程以真实生命力的教师，那么，教学改革就只是纸上谈兵。人的新的实践总是以观念变革为先导的，任何教学活动的背后，必然包含着一定的文化意识观念，离开观念的纯粹的教学活动是不存在的。教学中出现什么问题，也就是教师本人的观念存在着什么问题。但观念好像又是一个不好落实的玩意儿，它看不见，摸不着，但又时时处处并实实在在地存在着，很有点"瞻之在前，忽焉在后"的感觉。如果没有任何具体"转变观念"的方法，只是请几个专家做个讲座，说一说，教师们的观念就转变了吗？

未必！窃以为，一个人的观念就像一株树一样，不是喊几句空口号观念就可以转变的，是慢慢地在头脑中生根发芽，慢慢地抽枝展叶，慢慢地葳蕤参天、浓荫遮地的。而我觉得，积淀在教师心里、表现在教师教学上的一些千百年来形成的传统文化观念，并没有因为教学改革而减少或消灭，反而在某些方面有了更强化的倾向，在教学活动中形成了一种较大的惯性力量，甚至阻碍教学改革的步伐。本文也试图剖析一下现代教改中的传统文化观念，目的是寻找病因，探究病理，以期对教学改革有所补益。

先说说不重教学研究的务实的观念。我们民族历来被认为是一个现实感极为强烈的民族，实用主义的传统历史悠久，即特别重视眼前的功利，常常因此而抑制了人们在形而上领域进行的抽象的理论思考。这种传统文化观念折射到教学改革中，就是不重视理论研究，普遍的心态是"研究那有什么意思"。包括一些从事领导工作的教育者，也都没有深刻认识到："对任何没有市场价值的科学进行投资是最有价值的。"据说在有些西方国家，国家和私人常常特地拿出一定的资金，安排教师不做别的，专门用一段时间专心致志地研究学问。偏我们有点目光短浅，只看见"有用之用"，看不见"无用之用"。

过于求实的观念至少在以下三个方面对教学改革形成了障碍：首先是形成了一种体力劳动至上的心态。如此一来，教师之间的教学活动不再是一种智慧的较量，而成了一种辛苦的角斗。一勤遮三丑。笔者并不否认当教师是一个非常辛苦的工作，不费体力的教学活动是不存在的，但辛苦不应只是把绝大部分时间都花费在"看管"学生身上，总认为整天困守于书桌的学生就是"用功"的学生，从不过问这些"功"是否是无用功；总认为整天困守于教室的教师就是"负责"的教师，从不过问教师自身是否用功。学校领导也经常对某些教师做如是评价：××老师虽然课讲得不突出，但能够管住学生，班级管理得不错。其实，"看管"是最不用脑筋的方法，热衷于"看管"学生的严师，多为不愿意在教学研究上多用功的思想懒汉。这种观念还会影响到学生，使之过于相信悬梁刺股、囊萤映雪、"三更灯火五更鸡"之类的故事和格言，强化其体力劳动至上的观念。学校开设这么多课程，并不只是为了提供给学生知识，更为重要的是通过这种全面的学习来培养学生的素质，培养他们善于学习、主动求知的素质。这种素质的提高，靠的是教师的脑力而不是体力。学校中最有价值的财富是教师的智慧，这是教学的第一要素。

其次是一种急功近利的侥幸心态。这是由于有些教师不愿意埋头在教学中进行研究，却又想在短时间内创下奇迹的功利目的造成的。有点像武侠小说中描写的那些内功不足而又偏要争当天下武林第一高手的人，总以为找到什么"九阴真经""胡家刀法"，照着修炼，就会天下无敌。遗憾的是这种心态却弥漫于校园之内。学校常常不惜花大代价派专人游走全国，去找各省、市重点学校的练兵题，在强化教师对考试中偶然因素的重视上起了推波助澜的作用。教师们更是醉心于各种各样的练兵题，一是总想像兑奖券一样碰上好运气，二是省力。教毕业班、复读班的教师常常有这样的体会：看起来挺辛苦，其实未必，因为不需要备课，不需要批改作业，练兵题一张接着一张地发，自己手里拿着标准答案，甚至有详细的答案解析（其辛苦主要表现在耗在学校的时间长）。这种依赖于长途贩运练兵题的心态，只会导致教师在教学中更加不重视教学研究，进而既增加了学生学习的负担又降低了学生学习的兴趣。教师常常只是戴上眼镜的小农，搞的是小农经济，只注重眼前这一季的收成，学生考得好，他就丰收了，至于以后耕地流失、耕地荒漠化，就不在他的考虑范围之内，他也顾不上了！

其三是一种偏爱"经验"的惰性心态。学校领导任用教师，常常是以"经验丰富"作为衡量标准。这本无可厚非，问题是大多数人似乎认为教书的时间越长，教学经验就越丰富了。其实，经验在于有心人的积累；若无心，教一辈子书也未必有什么有价值的经验。事实是，一个大学毕业生当教师后，他的学问常常是有退无进，尤其是等他会教了、教惯了，基本就意味着做学问的惰性开始了。有些年年在毕业班"把关"的教师，那所谓的经验其实是老套子，这种轻车熟路恰是教学改革的悲哀。当然，笔者并不否认经验的重要性，但是教改要深入，教学就必须从经验向科学发展，教师就要不间断地积累个人的点滴经验并从中提取出精华，因为，科学的目的就在于整理私人的经验，使之变成大家可以得到的公式。没有教研，只有教学，永远不会提高教学质量，并可能反过来强化过于务实的功利观念，造成一种恶性循环。

再说说不计效率的悠闲心态。

传统文化观念是一种小生产者自然经济式的观念。在自然经济中，小生产者每户人家都已经是一个独立的生产单位，农田的个体操作方式使之形成了"万事不求人"的特点，这种生产没有工业大生产那种连续性与协作性，呈现出一种分散零碎的特点。人们习惯于那种以节气或季节为单位的周而复始、反复循环、缓慢凝重的生产节奏，处处显露小生产永远有明天而今天不必发愁的时间观念。缺少时间观念即缺少效率意识。这种传统文化观念深深植根于民族生活之中，从针线女红到扑克麻将，从悠悠自在的太极拳到情节迂缓的传统戏剧，无不如此。自然，教师的教学活动在这种强大的惯性作用下，也只是下意识地在其中滑行。

这种文化心态表现在教学中，则是突出地形成了一种"以慢为贵""慢工出细活"的观念。由于我们民族人多地少，土地贫瘠，几千年的农业生产劳动一直采用精耕细作的方法，其反映在教学中，就是特别讲究"精"和"细"，下意识地认为"好了快不了，快了好不了"。所以，为了这个"好"，教师一再把教学节奏放慢，结果用的时间不少，效果却不太好。鲁迅所言"将短篇的材料拉成长篇"，就是因为在"慢"的过程中产生了许多无效的劳动。比如，学生早已明白的东西教师仍在不厌其烦地"强调"，一些毫无必要的教学环节还在郑重其事地进行。面面俱到的讲课造成了主次不分的学习，同一单元的课与课之间又形成单调的重复……故而，"慢工"未必出"细活"，却常常导致教学过程中的一种浪费现象。譬如要精批细改一篇作文（不敢太精细），大约需要30分钟。假如教两个班的语文课，按正常计算为一百篇作文，学生两个小时的作文，教师就得花费五十小时批改，按照两周一次作文计算，平均一天仅批改作文就要花费4个小时。问题在于即使付出这么多时间，也未必会使学生作文"更上一层楼"。文章是练出来的，不是教师改出来的。所以，教师在教学中应创造性地处理教材，该取则取，该舍则舍，一味地求精、求细、求全，以"慢"求"好"，恰恰是"好"的对头。

其次，这种不计效率的悠闲心态给教学造成了一种爱摆花架子的陋习。这一方面是领导的这类心态造成的，譬如要求教师备课时教案要写得有重点、难点、要点、疑点；教学目标（包括教育目的、教学目的）、教学步骤、教学时数、教学方法、导入之语、结束之言以及每一个细小的设问，都要写得清清楚楚；备完课后，还得备一课"课后小结"或"课后反思"，逼得教师们在教案本子上很是讲究"认真"二字，而实际的教学过程常常与烦琐的教案不大相干。搞经济的人特别讲究经济效益，"经济"二字本身就包含着以较少的人力、物力、时间而获得较大的成果，所以，搞经济首先要严格控制一切不能带来经济效益的投资。搞教学亦然，因为讲课就是传播信息，其核心是信息量大、信息质优，让学生在较少的时间内获得较多的知识、得到较多的启迪、受到较多的思维训练，如此，当然不能容忍没有多少实际效益的花架子。

其三是一种"只求过得去，不求高质量"的文化心态。因为传统小生产的目的不是为了市场需要而是为了自给自足，而为保证这种简单再生产顺利进行，需要的是稳定保守而不是发展变化。人们习惯于固有的生产方式和生活方式，对任何新鲜的事物，即使理智上可以接受，在下意识的行为中也常常抵触。所以，教师潜在的意识中总以为教几个学生"有现在肚里这点墨水足能应付",一本《教学参考书》也足以保证自给自足的教学活动顺利进行；总以为像小生产者的个体劳动一样，有几把镢头、几把铁锹就可以包打天下了。这样的观念，只是夜郎自大的想法罢了。其实，知识如同世间万物一样，都会有从生成走向青春以至于最终老化而走向死亡的过程。在这个问题上，教师对旧知识、旧经验的偏爱、对新知识下意识地并不认同，使得他们自然也就会排斥对新知识的接受，当然也不会主动进行什么教学改革了。

教学改革，喊来喊去，改来改去，很多都是形式，触及不到任何"课改"的本质。为什么？因为搞"新课改"的专家或领导们开出的改革方案治不了根子上的病。以往的教学改革，总是热闹一阵子，又归于沉寂，是我们"过低地估计了我们这块古老土地的摩擦系数"。对传统文化观念的重新认识、选择、扬弃、更新不是一朝一夕的事情，教学的改革也总是在不可逆转地向前推进的，否则，我们就不会感到传统文化观念成为教学改革中无所不在的阻力了。如果我们都有进行教学改革的良好愿望，那么，把前几年流行的一句口号移用到这里是非常恰当的：从我做起，从现在做起。

两年的教育学院学习，为我换得一张含金量不大的中文本科文凭，省却了日后评职称中许多的麻烦，但我最大的收获还是在读书上。如果继续蹲在荫营中学狭小的天井里望天，绝对不会看到井口外茫无际涯的不熟悉的天空，也绝对不会有完整的时间专心致志地读那么多的书。这两年的学习，看得见的收获是购买了将近300本书，看不见的收获是两年如饥似渴的阅读，打开了我这个小镇年轻教师的眼界。尽管这种阅读形成的知识结构是松散的，不完整、不系统的，不过，我相信，什么年龄就应该看什么书，我在教育学院时正是三十出头的年龄，古人说"三十而立"，这正是一个人思想逐渐走向成熟的年龄，所以，应该能够读一些理论性强的书籍。经典的理论著作，本身就是有难度的，因为这些著作是关于人类深刻思想的最直接的语言表达，要了解，没有什么捷径可走；而且这类书籍也必须要有完整的时间、安静的环境去集中精力阅读。事实上，集中精力阅读一部几百页的书，如果没有极高的兴趣，那是需要很强的意志力的。如果提前十年读这些书，恐怕我未必有兴趣。台湾学者李家同认为，人的阅读理解能力弱，原因就在于所受到的文化刺激太少。大量阅读就是文化刺激的最大来源，文化刺激对脑部的思考与活化非常重要。所以，大量的理论著作的阅读，能使我们接触到各种各样的观点，形成文化刺激，使得思维更加全面。读得越多，理解力越好；理解力越好，就越喜欢读，就读得越多……这样，我日后的教学工作就可能会轻松胜任。

9. 第二次感悟：语文能力核心的问题是语境的问题

◎ 任何语义都必须在一定语境中才能得到实现，从不在任何语境中出现的"语义"是一种虚构。话语含义不管是包含字面意义或超越字面意义，都体现了说话人的意图。

1988年6月底，我在省教育学院即将毕业，趁着还在太原的时间，某个周日，我又横扫了一遍太原市区内大大小小的书店，购买了七八本书，准备假期大快朵颐。其中有一本辽宁教育出版社刚出版的"当代大学书林"丛书之一，姚亚平的《人际关系语言学》，暑假无事，开始阅读。谁知，一读之下，我就觉得像是意外捡到了金元宝，惊喜万分。作者讲的虽然是人际关系语言学，其实说到底与语文教学也没什么大区别，何况他所举的例子多是语文课本的文章。作者在绪论的第三节第二小节"人际关系语言学在理论上的借鉴与创建"中有几段话，对我来说不啻醍醐灌顶，使我豁然开朗。不惜笔墨，将原文抄录于此。

人际关系语言学的语言观大致有这么一些：

1.语言是不自足的。无论是表达者完成表达任务，还是接收者理解语句意义，常常光靠语言本身是不够的，还必须加上对对方的了解、对语境的适应、对双方关系的把握等。所以，我们的语言研究就不能一味追求研究对象的单一性和纯净性，不能将语言以外的一切东西都抛弃，而是要把语言和运用语言的人联系起来，一块研究。

2.语言不仅是一种状态，还是一种活动。它既是指语言系统本身，也是指语言运用的活动。语言只存在于人们的运用活动之中，除此之外，无所谓语言。所以，我们的语言研究就不能只对语言进行静态的描写，只考察它的结构构成，还要对语言活动进行动态的研究，要考察它的运动过程。

3.语言活动不仅仅是语言工具的运动过程，还是目的、效果在手段的作用下的一种转化过程。人的语言活动事先有目的的确立，事后有效果的检验，而在活动中有手段的运用。这种语言活动实际上是目的、手段和效果的统一。因此，语言研究在考察语言活动时，就不仅要研究语言的运行、变化情况，还要十分注重目的、手段、效果的研究。

4.语言活动不仅仅是一种表达活动，在更多的情况下是一种交际活动。交际活动是一种包括表达、接受以及语言在信道中传递的一整套活动过程。所以，语言活动的主体就不仅仅是表达者，还应包括接收者。表达者与接收者在人们语言交往活动中的地位是平起平坐的，语言研究也应将两者同样对待。修辞学、口才学只着眼表达者，光研究表达技巧、说话艺术、写作方法，这在我们看来，是有一定局限的。

5.语言交际活动是一种差异交际。交际活动的主体——表达者与接收者——之间是有着这样或那样差异的，他们各自所使用的语言也就有着这样或那样的变异。正因为他们交往的机制（表达机制和接收机制）以及交往的工具都有所不同，所以他们之间的交际就不可能是一种完全的或对等的交际。接收者接收到的信息可能是表达者发出信息的减少或增加，甚至偏移。我们的语言研究要描写并解释这种现象，最后拿出相应的方法，以指导人们更好地交往，扩大交往的效能。

是啊！我们都知道语言是人类最重要的交际工具，但打开我们任何一本讲语言的书，看到的都是"工具"，什么语音啦，词汇啦，语法啦，条分缕析，讲得特别详尽，但这些讲的都是语言这种工具的构件和结构，就是看不到"人们"，也看不到"交际"，没有专家讲述如何使用这种工具。至少我以为，如果小学的语文教学目的是教人认识语言工具的构件和结构的话，初中与高中的语文教学就应当是教人如何使用语言的教学。语文教学说到底就是语言教学，最终的目的是能使学生使用好语言。但在当时，高考试题也会有一些生造拗口的句子，譬如句式变换试题如是问：把下面的长句改为三个短句，要求层次清楚，符合原意。"撒切尔夫人认为布什总统否决美国国会提出的延长中国最惠国贸易地位附加条件的议案是做出了正确决定。"在这样的指挥棒作用下，现实的语文教学就是学生死记语法知识，硬背语言规则，结果反而是，越是强调语法规则，语病越发的多，学生写出来的作文里的句子没有一点灵气。

我们的语文教学过于重视语言知识的学习。关于语文知识，过去有过一个所谓"八字宪法"的表述，即"字""词""句""篇""语""修""逻""文"。实际上，后来语文教材上原本就少得可怜的一点逻辑知识也取消了。譬如修辞知识，关于"比喻"，从小学一年级老师就开始教比喻的构件和结构，学生就知道了比喻是由本体、喻体、喻词构成的，明喻的标志是喻词为"像"，暗喻的标志是喻词用"是"……但一直到高三甚至"高四"，老师还在教，十二年语文课教不会使用比喻。就像讲一支笔一样，教高中生就不是只告诉学生这是笔帽，这是笔杆，这是笔尖，应该教学生如何使用笔。所以，在写作文中如何能运用比喻才是最重要的。故而，我也开始明确地努力琢磨"使用"的问题，也归纳出一些小门道。余光中说朱自清的散文"譬喻过分明显，形象的取材过分狭隘，至于感性，则仍停留在农业时代，太软太旧"。受余光中启迪，我将喻体分为农业时代的喻体、工业时代的喻体等。譬如运用比喻最关键是要寻找贴切的喻体，使用拟人最要害的是寻找合适的动词。譬如讽刺性反语、诙谐性反语、喜爱型反语……而且自己在给学生写范文时也有意识地使用，感觉好像还不错。

2005年8月，我应邀在忻州十中的"忻州教学研讨会"上，做了《语文教学就是使用语言的教学》的专题报告。大约讲得过于理论化了，与会的老师们反应寥寥，瞌睡者不少。可能，纯粹对思想、对理论有兴趣的教师比较少，读书也好，听报告也罢，多以实用为目的。不少教师读书或听报告，不是首先把其中的理论弄清楚，道理搞明白，而是着急地寻找能否立刻派上用场的东西，所以即便阅读，也难有阅读的广度，更难有阅读的深度。一旦觉得够用，就会停下来，满足于浮光掠影、模棱两可的一知半解，很少有层层深入、刨根究底的研究习惯。从忻州这次报告后，我意识到，给老师们做专题报告，老师们是为了寻找现成答案，获得具体方法的，不是来学习理论弄懂道理的。后来我再做专题报告就多讲实用的操作方法，多进行具体的问题解答，当然也讲理论，但尽量将理论通俗化、浅易化，让大伙儿一听就明白。

读了《人际关系语言学》一书，再结合在教育学院读过的诸如夏中义的《艺术链》、鲁枢元的《超越语言——文学言语学刍议》等文学理论著作，还有袁行霈的论著《中国诗歌艺术研究》中的论文《中国古典诗歌的多义性》，我对语境有了更多的理解，也更明白了语言虽然是工具，但它有文化内涵，而且我们使用语言写成文章之后，这个工具就与产品融合在一起了。

语文学习，不论是写作文，还是解读文本，还是做各类练习，都是为了培养学生的语文能力，而语文能力的核心问题就是一个语境的问题。什么是语境呢？用西方文学理论家燕卜荪的话来说：语境就是与我们诠释某个词语有关的一切事情。对词语的理解可以从言语和语言的角度来讲。言语不同于语言，语言意义见于词典，是经理性抽象而得的意义；言语意义是词语在具体使用的语境中所产生的蕴含了各种情感的审美意义。语言是抽象的，具有普遍性；言语是具体的，具有特殊性。语境使得言语产生了丰富的意义。如果简单理解，语境就是"具体的上下文"。在不同的语言环境中，言语的意义会发生功能性的变化。如果具体的上下文还不足以决定这个词语的意义，那就放在更大的语境——篇境——中去理解；如果篇境还不足以理解的话，那就放在最大的语境——背景——中去理解。

譬如，我在讲析鲁迅的小说《药》时，解读第一段："秋天的后半夜，月亮下去了，太阳还没有出，只剩下一片乌蓝的天；除了夜游的东西，什么都睡着。华老栓忽然坐起身，擦着火柴，点上遍身油腻的灯盏，茶馆的两间屋子里，便弥满了青白的光。"设问：开头景物描写有什么作用？具有象征作用。"月亮下去了，太阳还没有出"不但交代了华老栓买人血馒头的时间，更象征当时是中国最黑暗的时候；"什么都睡着"象征一种时代氛围，人们都在昏睡的年代，没有几个人觉醒。开头用笔简练，惜墨如金。这其实是将这几句景物描写放在一个最大的语境——背景——中去理解了。继续追问：这一段有个词语突出表现了华老栓的心理，是哪个词语呢？"华老栓忽然坐起来……""忽然"点明他一直提心吊胆念念不忘，一晚未有安睡，既不敢去得太早，怕杀人场面，又担心错过时间，爱子心切啊。从什么地方看出华老栓一晚未有安睡呢？小说的第三部分开头如是写："店里坐着许多人，老栓也忙了，提着大铜壶，一趟一趟的给客人冲茶；两个眼眶，都围着一圈黑线。"华老栓"两个眼眶，都围着一圈黑线"，说明一晚未有安睡。

后来我读了更多的语言学方面的理论著作，譬如李荣启的《文学语言学》、龙协涛的《文学阅读学》、何永康的《文艺鉴赏写作要义》等。值得一提的是，我阅读姚亚平的《人际关系语言学》，前面序言的作者是刘焕辉，作者在"后记"中提道："最后，我想感谢我的导师刘焕辉教授拨冗作序。"让我觉得这教授肯定很牛。后来有幸购买到刘焕辉教授的著作《言与意之谜——探索话语的语义迷宫》，确实获益良多。譬如，刘教授说："语境对语义具有生成、转化和解释三大功能。话语含义不管是包含字面意义或超越字面意义，都体现说话人的意图。谁也不会毫无目的地张口说话，说话人利用语境中的情境意义，是为了传达言语意图；听话人根据语境来推导话语含义，说到底还是为了摸清对方说话的意图。可见，话语含义这种言语义，不仅是一种包含了语境所赋予的情境义的言语义，还是一种包含了'用意'即言语意图在内的言语义。所以，话语理解不单纯是一个言语解码的过程，还是得个进一步联系语境来推导言语意图的过程。（语言义+情境义）+言语意图=言语义。"

2011年高考文学类文本阅读的小说是《血的故事》，其中选择题如是问："下列对小说有关内容的分析和概括，最恰当的两项是……"其中A项"张医师紧接过彭先生的话，让彭先生讲述自己的恋爱悲喜剧，因为他事先知道彭先生的爱情故事很是生动曲折。"答案是答A、E不给分。A项的考查目的是理解重要语句，通过人物的言行探究人物的心理、意图。这道题的误选率最高。我认为这是2011年小说试题出得最精彩的一道题，选对很不容易。原文是"提到彭先生的丈母娘，你们别笑，这里还有段恋爱悲喜剧呢！倒是可以请彭先生讲给你们听。"张医师让彭先生讲自己的爱情悲喜剧，不是因为故事生动曲折，张医师让彭先生讲故事是为了劝大家验血型。——这道题出得非常好，看来简单，实际很复杂，因为涉及一个理解语义的问题。简单地说，话语含义这种言语义，不仅是一种包含了语境所赋予的情境义的言语义，还是一种包含了言语意图在内的言语义。言语意图具有隐蔽性的特点，或出于策略，或碍于面子，或慑于压力。有时为了实现言语意图不惜采用声东击西的策略。

张医师出于策略让彭先生讲他的爱情悲喜剧，他是言在此而意在彼。他的意图不是一开始就和盘托出，是逐步显露的，这也是一种隐蔽性。所以，话语理解不单纯是一个言语解码的过程，还是一个进一步联系语境来推导言语意图的过程。考生选择错误关键就在于没有理解话语背后的"言语意图"。这就是我们平时说的，说话听声，锣鼓听音。说话人利用语境中的情境意义，是为了传达言语意图；听话人根据语境来推导话语含义，是为了摸清对方说话的意图。这就是"词义为语境束缚，而语境无边无际"。语境无限，所以，语意无限。"凡学生不清楚的地方都是因为老师本身就糊涂着。"病症好像在试题上，但根源在老师的教学上，最深的病根在老师的文化积淀与理论素养的缺乏上。

10. 阅读三玄:《易经》《老子》《庄子》

◎ "不易" 就是说有些基本的规律等是不会变化的。语文教学即如是,其教学内容、形式、试题永远处于 "变易" 状态,但最基本的原理、规律都很 "简易",而且这些原理、规律以至对学生的能力要求都是 "不易" 的。

1988 年秋季,我重新回到荫营中学教书。人们在不同空间、从事不同活动,就会感受到不同的氛围。荫营中学这个教人读书的地儿,仿佛与整个大环境的读书热毫无瓜葛。不过,20 世纪 80 年代的读书热浪很快被商业化大潮吞噬,当时名声最大的李泽厚、刘再复等学者,皆是引领时代话语的主流人物,很快就都不为当下的年轻人所知了,更毋论苏晓康、金观涛等人。如今,那个浪潮中的读书人还有几何? 所幸,我成为其中之一。

住在荫营镇,买书大不如太原方便。为了买书,我曾先后订阅了《书讯报》《中华读书报》《文汇读书周报》《书屋》等杂志,再从中寻觅好书的踪迹,然后天南海北到处邮购。好书与读者是有缘分的,哪怕隔山阻海,有缘千里必来相见。

假期是我集中读书的美好时光,书里乾坤大,读中日月长。语文教师如果不读书,所思所想就只能从自身的亲历和经验出发,而不能超越它。书会使我们的视野开阔,会使我们的思维灵活。晚上的时间我多是用来读书,"书似青山常乱叠,灯如红豆最相思。" 青灯摊书,那实在是一种难以言喻的快乐。这是一种没有任何功利的读书，没有任何负担的读书。这段时间，我一直订阅着《名作欣赏》杂志，其中常有北京大学的王富仁教授解读文学作品的文章，有很多精辟的见解，使我感受颇深。

在荫营中学教了一年补习班后，1989年秋天，我调离了供职13年的荫营中学，去了离市区一步之地的李家庄中学。除了认真上课之外，没事我就宅在家里读书。

这段时间除了阅读喜欢的文学、哲学、文化方面的书籍外，我对《周易》一类书籍产生了浓厚的兴趣。这个兴趣源自教育学院的刘翰章老师。在去教育学院之前的1984年、1985年，我与刘老师都在山西大学参加高考阅卷，1984年我俩都分在作文组，又恰好配为一对。我年轻，手快，批阅得多；刘老师年纪大，相对手慢，还要常喝点水、喘口气等。就是这样，检查的结果我俩阅得最多，质量也好。1985年亦然，配合默契。所以，我俩比较熟。我去教育学院读书，刘老师恰好教我们班的逻辑课，这门课是我很有兴趣的一门课。刘老师的家就在校园内，我有时候去刘老师家请教一些逻辑方面的问题，顺便聊聊天。据我们班主任张霞老师讲，刘翰章老师调来教育学院前试讲时，为中文系老师们讲《红楼梦》的版本学，不带任何资料，没有一页讲稿，侃侃而谈将近3小时，令老师们佩服至极！

我好奇，一介中学老师，缘何如此熟悉《红楼梦》呢？刘老师告我，"文化大革命"期间，百无聊赖中，唯有两部书与他陪伴，一部《红楼梦》，一部《资本论》，便日日阅读，直至熟读而成诵，歪打正着就成了红学专家了；也因为这个专长，才调至省教育学院当大学老师。某次，我看刘老师的书架上有本《周易大传今注》，随手取下来，就听"丁零当啷"几声，三个铜钱滚落地上。那会儿我还不知道这三个铜钱是用来算卦的，更不知道有关《周易》乃至术数方面的知识。刘老师告诉我这本书是易学专家高亨先生的作品，并借给我两本私人印刷的书，一本是关于易经与术数的，一本是写术数大师张延生的。

我后来邮购了一本《周易大传今注》，每天读一点儿，虽然看不懂但颇有兴趣，就继续购买相关的书籍浏览。《周易》是本有难度的书，是本隐藏着宇宙奥秘的书。孔子晚年特喜欢读《周易》，多次翻断了编联竹简的牛皮带子，留下

"韦编三绝"的成语，足见其反复求索、欲罢不能、百般玩味的极为热切的态度。他的学生子贡难以理解，对老师发出质疑："夫子亦信其筮乎?"即老师难道也相信占卜吗? 孔子曰："吾百占而七十当。"孔子很谦虚，说自己占卜大概百分之七十都应验。古人亦有"闲坐小窗读《周易》，不知春去已多时"的诗句，可见《周易》之魅力。但我读它很头大。准确地说，我对《周易》的理论部分并无多大兴趣，而是对其术数部分有兴趣，也就是对周易预测的内容有兴趣。那段时间，渐渐兴起了气功热，"气功大师"就像今日之明星一样，粉丝巨多。我也购买了柯云路的《大气功师》《人类神秘现象破译》《生命特异现象考察》、纪一的《大气功师出山》等、预测学专家邵伟华的《周易与预测学》《四柱预测学》《周易预测学讲义》等，还有《三命通会》《渊海子平》等书籍，以及《手相学》《笔迹学》《麻衣神相》等一系列书籍。这种兴趣一直延续四五年，直到1993年调到阳泉三中，晨读时我仍在默默背诵六十四卦的相关内容。

专家们讲《周易》的"易"字有三个意思：一是变易，二是简易，三是不易。"变易"就是世界上的事物都是变化无穷、生生不息的；"简易"则指《易经》的基本原理就是以简驭繁，世界上一切纷繁复杂的现象背后其原理都很简单，一切深奥的道理其根本都是简易，因为"简易"所以才会不停"变易"。我读书有一特点，就是喜欢将阅读的内容与自己的教学活动联系起来，并将心得体会写成札记，或写成论文，学以致用罢。窃以为，对教师而言，写论文就是最好的读书方法。这可以让自己的教学生活与所读的书籍之间建立起活生生的联系。

《易经》《老子》《庄子》因其蕴藉深奥，被称为"三玄"，都是对生命奥秘的探索，对人生复杂的追寻，也都是中国传统文化的源头之作，要能够读懂这些书，谈何容易! 民国时期不少国学大师如钱穆、金克木、南怀瑾等都喜欢研究易经，"动则观其变而玩其占，静则观其象而玩其辞"，不但通晓易理，更精于筮法，只是这些大师们明了"善易不占，行于大道"之旨而已。对于术数方面的东西，我始终瞧不出其中的奥妙所在，有许多难解的困惑谜团，难有渐入堂奥的感觉。除了阅读《周易预测学》以及一些佛禅之类书籍之外，葛兆光的《禅宗与中国文化》、日本铃木大拙的《通向禅学之道》，还有《大圆融》《六祖坛经》等都找来读，还写过一篇从禅的角度论述语文教学的论文《语文教学的难点与语文教师的禅悟》，发表在《语文教学通讯》（1999年5月）上。

随着气功热的退烧，我对这类书的热情也慢慢凉了下来。读书慢慢转到对国学的兴趣上了，《论语》《孟子》《老子》《庄子》《韩非子》等诸子的书，以及《左传》《战国策》《史记》等书买了不少。对于"三玄"方面的书，前前后后购买了不少，譬如，陈鼓应的《庄子哲学》《孟子通论》，郝大维的《通过孔子而思》，杨朝明的《论语诠释》，熊逸的《中国思想地图：老子》，吴怡的《逍遥的庄子》，王博的《庄子哲学》，陈引驰的《庄子精读》，马志明、吴建雄的《听大师讲庄子》，邹牧仑的《听老子讲道》等，几年间，也不断翻阅，但最喜欢的是关于庄子的书。后来我还购买过郑开《庄子哲学讲记》，张远山《庄子传》，冉云飞《庄子我说》，邓联合的《庄子这个人》等。

庄子其人我早就知道，少年时熟读冯梦龙的"三言"，在《警世通言》有"鼓盆而歌"的故事，觉得庄子讲无中生有的道理很有意思。后来在荫营中学刚教语文时，某次去学校图书馆借书，忘记书名了，只记得其中引用了庄子《山木》中的故事：庄子见树因不材而得百年，鹅却因不鸣而为人果腹。学生问庄子："先生将何处？"庄子笑曰："周将处乎材与不材之间。材与不材之间，似之而非也。"读至此就觉得如逢知己。那时候年轻，不谙世事，没有明白"处乎材与不材之间"是一种人生大境界，不是常人可达到的，因为其前提是有才，然后才能游刃有余地活着。这世间怀才不遇的人太多了，但多数都是些自觉有才的家伙在感慨不遇。后来读到北大才子蔡恒平（笔名王怜花）写的《江湖外史》，其中有一经典语："幸福就是做一个不求进取的天才，胡乱快活一世。"拈花微笑。

国学大师钱穆对庄子的理解很到位，他在《中国文学论丛》说："《庄子》书中，《逍遥游》很难懂，《齐物论》更难。《庄子》全书几乎篇篇都难懂。一篇到底，一气贯注。其中易懂的，反而不是庄子的真笔。但我们不妨把它难懂的各篇拆开来，一段一段当作小品文去读，便都易懂了。"《逍遥游》描述大鹏鸟"抟扶摇而上者九万里"，"九万里"是"高度"的象征，我们这些蓬间雀达不到庄子的高度，自然容易曲解庄子。

11. 讲得有意趣就是老师最好的名片

◎ 教学内容要具有一定的新鲜东西，包括新鲜内容，或新鲜观点，或新鲜表达……能使人"喜"则一定是这些新鲜东西都能讲得合乎情理，让别人心服口服。

在李家庄中学的三年中，我依然很注重背诵课文。当年的学生贾永生后来成为山西大学附属中学的英语教师。2013年我们应邀去内蒙古乌海讲课，永生告我，他问了几个语文老师，听了郗老师的课感觉如何，老师们反应都非常好。永生说，仍记得我为他们讲第一堂课时的情景。当时讲的是关汉卿的《窦娥冤（第三折）》，我要求学生先熟读全文，背诵精彩段落；然后自己将整折戏完整地背诵了一遍，让学生很震动。其实，年轻时我经常做这种"表演"，譬如背诵《孔雀东南飞》《长亭送别》《长恨歌》《春江花月夜》《滕王阁序》等。某年新教材增添周瘦鹃的《杜鹃枝上杜鹃啼》，我在课堂上为学生们背诵了带有杜鹃意象的古诗，譬如《琵琶行》《葬花吟》《桃花行》等，且专挑长诗背诵，以激励学生。有次我去荫营中学听课，讲课老师担心课本的文章讲不出新意，讲了读本上王维的散文《山中与裴迪秀才书》。我评完课后，讲课的老师说，郗老师记忆力真好，听一遍课都能记住。其实这篇文章我早就会背诵。尽管我们总是习惯把背书理解为死记硬背，但我从自己的学习经历出发，始终认为背诵是学习语文重要的方法。讲语文课最忌诉死在一篇文章之下，需要纵横捭阖、旁征博引，打通学生的"窍"。语文老师若没有相应的背诵功底支撑，就没有源头活水汩汩涌来，课堂就不可能"活"起来。

世间总有一些记忆力超群的人，譬如唐代的将军张巡，读书"不过三遍，终身不忘"，使后人敬佩不已。钱锺书有照相式的记忆力，且能旁征博引，写出了巨著《管锥编》。综艺节目"最强大脑""挑战不可能"，更有一些天赋异禀的人令人瞠目结舌。当然，和那些记忆超人相比，我们相去不可以道里计，经常是即读即忘，唯一方法就是将勤补拙，多读成诵，久读不忘，因为背书与治学实在有极密切的关系。在互联网日益普及的数字化时代，人大脑中储存再多知识，也敌不过一个小小的图书馆。所以，也有人说，有了电脑后钱锺书的知识要折减一半。窃以为，这话只说对了一半，因为电脑可以帮助人脑，但还不能代替人脑，所以，至今为止，我们也没有读到电脑写的《管锥编》。电脑数据库毕竟只能罗列资料、显示异同，却不能分析推论、触类旁通。所谓独立思考的能力，并不是一种可以"独立地"存在的东西，它需要依附于必要的"内容材料"之上。这就好比写作是一种能力，但没有文字、词汇和语句方面的大量积累，这种能力怎么可能独立存在呢？

强调背诵积累知识与培养学生思考能力并不矛盾。独立思考能力如何来的呢？就是因为看得多了，有了比较，才会有自己的思考。当然，培养学生独立思考能力要比向学生传授知识困难得多。但"困难"和"重要"并不是一回事。这句话不能糊里糊涂地理解成向学生传授知识是不重要的，独立思考能力必须扎根于丰富的联合知识之上。我写的博文《那一代教书先生的读书功夫》《笨功夫成就真功夫》，都是强调语文教师要下背诵的笨功夫。换句话说，对知识掌握的熟练程度，往往决定了独立思考能力所能达到的高度。没认识几个字的人不可能借助查词典来写作。

此时，我逐渐从"教什么"过渡到了"怎么教"上。这其实是挺自然的事儿，熟悉教材之后，就会琢磨教法的问题，相当于积累了大量教材知识之后，渐渐具备了独立思考探究更多未知的能力。但我并不迷信各种教学模式与教法，我觉得特别追求并迷信教法的老师，就像内功不足却偏想要速成为武林高手一样，希望得到一本盖世神功的武林秘籍，以为秘籍一旦得手，只要依葫芦画瓢，就可大功告成。这是典型的想白吃午餐的心态，天下哪有免费的午餐啊！

我一直认为，讲授永远是最基本的教学方法，也是最容易出彩的教学方法。学校里教师高水平的优质授课，是学生成长不可缺少的基本条件。宋人朱熹讲过："教人不见意趣，必不乐学。"课堂的"意趣"就是通过教师的"讲"传递给学生的。一个老师的好名声如何来的呢？说白了，讲得有意趣就是老师最好的名片。所谓有意趣，就是要给学生一些惊喜。能使人"惊"的东西一定是人们陌生的东西，故而，要想方设法让学生在一整天枯燥无趣昏昏欲睡的课堂中，猛地感受到一堂兴趣盎然的课。当然，传授知识的过程中肯定有比较枯燥的东西，怎么办呢？不适合讲的东西丢给练习。复制名师的教学方法之所以很难成功，是因为取经的老师还很可能缺少优秀教师在"讲"的过程中的个人魅力。独特的个性是教师的一种非常重要的资源，不是谁想拥有就会拥有的。

我那时候就给自己的讲课定位为，首先要有意思，其次要有意义。窃以为，如果学生觉得有意思，那教学就有意义了。事实上，在课堂上老师轻松愉悦地讲课，比严肃认真地讲课要难得多，特别是要讲得有意思，并使教与学成为一种教育性的互动，就更不容易了。当然，教学是轻松愉悦的，但不能失去严谨的本质；课要讲得有意思，但不可以用带颜色的笑话来做调剂品，那种庸俗的方法无意中会教给学生轻薄的态度，且日后很可能以这种庸俗轻薄来取笑老师，成了"废品的报复"。记不清哪本心理学的书中的关于注意力方面的论述，让我明白，如果从心理学的角度讲，上课只有两个作用，一是迅速集中学生注意力，二是使学生保持注意力。学生刚一上课，注意力还处于分散状态，老师一定要有精彩的导入语，不要总是"今天我们讲第几课，打开第几页"，或"我们昨天讲了什么，今天要学什么"，枯燥无味，引不起学生的注意。所以，讲得有意思就要先从设计导入语开始。语文课的导入语设计必须能激发学生的兴趣，使之注意力高度集中。直至今日，我还是坚持这样的观点：音乐就是要好听，绘画就是要好看，讲语文课就是要有意思，离开这个基本要点去大谈什么模式、什么教法，都是短命的，都很没意思。

譬如《寡人之于国也》导入语设计：

同学们好！"临阵脱逃"这个词的意思我们都很明白，过去把打了败仗而逃跑的士兵叫作逃兵。当逃兵是一件很不光彩的事儿，但战场上随时有可能丢掉性命，贪生怕死也是人之常情，所以，也就难免常有逃跑的士兵。有个叫约瑟夫·海勒的美国人，写过一本著名的小说《第二十二条军规》，根据"第二十二条军规"理论，只有疯子才能获准免于飞行，但必须由本人提出申请，但你一旦提出申请，恰好证明了你是一个正常人，于是仍在劫难逃。制定军规的人很聪明，他们玩的是一种逻辑游戏，设置了思维陷阱，实质上就是不让士兵当逃兵。不过，也不是所有的将军都一概反对当逃兵。孙子兵法就这样说："敌则能战之，少则能逃之。"军事家毛泽东也说过："打得赢就打，打不赢就跑。"打不赢对方，就要理直气壮地逃跑，没有什么不好意思或不光彩的。今天我们学习的文章里，也讲了一个逃兵的故事，不但自己逃跑得心安理得，而且还要嘲笑别人逃跑。为什么呢？

听过不少语文课，亦如官样文章，冠冕堂皇、毫无意趣。事实上，语文教学内容很多问题本身就很有意思，为什么呢？就是因为它们是价值问题。通常我们说，事实不会有争议，价值才有争议、有分歧，甚至对立。任何争论都不仅仅包含一种观点，而且每一种观点都有充足的理由支持。譬如对《孔雀东南飞》中人物的讨论：刘兰芝的婆婆为什么非要让儿子休掉媳妇，焦仲卿是否懦弱……这些问题永远有争议，永远会争论下去，就因为每个人都会把自己在有限的经验范围内所形成的偏好带到这些话题中去讨论，并且下意识地反对那些与自己观点不一致的人。教材、教案是死的，是教师的精巧的"讲"乃至"讲"时的声情笑貌给课堂添了三分趣。无论权威、专家们怎样将"讲"贬之为"灌"、斥之曰"注"，而"群言堂"还是很难有市场的，"讨论式"的教学很可能成了几个大胆的学生展示口头表达能力的机会，时不时地用插科打诨来浅薄一下深刻，用牛头不对马嘴的回答来渲染一下热闹。其实，满座的学生有多少是为着思索而来听课的呢？

在李家庄中学，我印象最深刻的是自己讲的一堂公开课，这也是我在此唯一的一次公开课。

课文是苏轼的《念奴娇·赤壁怀古》。我开讲的引入语如是说——

有一英国记者要拜见钱锺书，钱锺书不见，说："你吃到那个鸡蛋好，不一定非要见那只下蛋的老母鸡。"钱锺书的话有道理。有人形容作家是：不看不知道，一看都吓跑，似乎作家都长得不精神。其实，古代就有大文豪潘安才华横溢，与陆机并称"潘江陆海"，连王勃作《滕王阁序》也说，"请洒潘江，各倾陆海云尔"。而且潘安还是美男子的代称。但苏轼就长得比较"困难"。《醒世恒言·苏小妹三难新郎》中记载：苏小妹形容他哥哥长得寒碜。东坡满嘴大胡子。妹妹嘲曰："口角几回无觅处，忽闻毛里有声传。"妹妹额头高，东坡嘲曰："未出庭前三五步，额头先到画堂前。"东坡下颌长，妹妹嘲曰："去年一滴相思泪，至今流不到腮边。"妹妹双眼微凹，东坡嘲曰："几回拭脸深难到，留却汪汪两道泉。"看来，苏家兄妹的长相都不敢恭维。但人不可貌相，苏轼之貌乃是奇人奇貌。要么我们看现在的大导演大艺术家，都是大胡子、长下颌，如张纪中、李咏等。长得漂亮是好事，但不是本事，东坡长得困难但是有本事，他是中国文学史上才华横溢的"全才"，是一个丰碑式的文化巨人。欣赏一个人，常常是始于外貌、敬于才华、终于人品。如果自己能力不行、技艺不精，人们多半是不会买账的。如果自己学识渊博、艺术精湛，哪怕是明末的柳麻子，也照样受追捧。

接着解读文本。如是解读——

文章也好，诗歌也罢，"难写的是开头，写绝的是结尾"。读读第一句："大江东去，浪淘尽，千古风流人物。"看看能不能悟出点开头方法来？写诗第一句要像放炮，一声镇住全场，这才是开头的最佳作法。这个开头最大的特点就是特别响亮，声震宇宙，包含一股磅礴的气势，一股千钧的力量。为什么苏轼能写出这么响亮的开头？

学生窃窃私语，一头雾水。我接着讲析：

那是他写诗有"诗兴"，就像喝酒要有酒兴似的，都是人的精神特别兴奋才能做的事儿。你们听说过喝茶需要有"茶兴"没有？没有。喝白开水需要有"水兴"吗？不需要。对了，喝茶不需要"茶兴"，喝白开水更没有"水兴"了。明白了自己的作文为什么总写不好开头了吧？你可以说诗兴大发，但你没法说"作文兴"大发。兴致就是人写作时的一种状态，状态来了挡也挡不住，王勃状态一来，写出了《滕王阁序》。考场上写作文，很难一见题目就两眼发光，就精神亢奋，所以经常是照搬千篇一律的老套话。

……

这堂课的结尾如是说——

我们最后一起大声诵读一次这首词……最后一个问题：苏东坡为什么能写出这么好的词呢？是因为他怀揣着一肚皮的不合时宜，即一肚皮的牢骚。其实，牢骚就是最真实的情感，发牢骚就是直接抒情。写诗歌光明正大的说法是要有激情，不怎么光明正大的说法是要有冲动。有人说，冲动是魔鬼。但写诗必须要冲动，即便用诗歌发点小牢骚，都需要有足够的发牢骚的冲动才能写得出来。一旦冲动没了，有再好的构思、再精彩的语言，都是白搭。古代诗人的许多诗歌，也都是在冲动之下大发牢骚，杜甫、李白、苏轼就是最大的"牢骚鬼"。美国的社会心理学家马斯洛将牢骚分为三个等级：低级牢骚、中级牢骚和高级牢骚。苏轼这首词发的就是难以实现自我的高级牢骚啊！

一节课，学生"听兴"大发，笑声不断，课堂气氛极为活跃，我觉得效果极佳，听课的老师们也很兴奋。

窃以为，写诗需要"诗兴"大发方能写好，讲课也需要"讲兴"大发方能讲好；君不见，喝多酒的人则会口若悬河，滔滔不绝，李白的《将进酒》就是酒兴大发后的杰作。有时候感觉，语文老师讲课就像主持一台语言节目，语言节目当然是以语言取胜，但语文老师的语言不能像郭德纲那样七拐八绕，也不能像周立波那样装腔作势，语文老师要做语言的引领者，自己能妙语连珠，也能让学生舌灿莲花，如此课堂，才既有意思，又有意义。当然，这样的课堂效果，我是虽不能至，但心向往之，是我努力追求的一个目标。

那么，讲课的"意义"和"意思"如何区别呢？窃以为，"意义"应当是可把握的，能准确用语言传达的；而"意思"却是流动的、难以捉摸无可名状且又百听不厌的。"意义"即明确的教学目的、教学重点；而"意思"则是贯穿于整个课堂中的气韵情趣，它的传达不像一个人把手中的篮球"嗖"地一下传递到另一个人手中那么简单，所以，就算一位年轻教师拿了我的教案去讲课，讲出来也是照本宣科，不容易有我讲得那么有兴趣。

翌日，有老师告我，语文教研组长在向校长汇报时，评价我的课是"教师好但不是好教师"。组长似乎发了点儿低级牢骚。我们中国人都精通说话的艺术，不要只看前半句是赞扬我的，最重要的词是"但"，偏正关系的复句重点都在后半部分，"但"这么一转折，含义就很清楚了。我揣摩其意思是，我这个语文教师素质不错，但有我这样比较个性化的教学方式的教师，从参加高考的角度来讲就是一个不称职的教师。估摸在他看来，称职的老师应当是潜在题海里面做题的。该老师有次拿一本自己订购的语文教学杂志，对我说，这杂志没点儿意思，连一份试题都没有。那时候还没有如今这般铺天盖地的辅导资料，故而，语文教学杂志就靠登载模拟试题来吸引教师订阅。陕西师大主办的《中学语文教学参考》就特别喜欢登载各种各样的模拟试题，我听主编张吉武说，高潮时该杂志订阅数有七万多。我觉得学校就像一把茶壶，教师就是茶叶，常年在什么学校泡着，那就是什么味了。

有感于组长的评价，我写了一篇论文，题为《语文教学艺术散论》，连载于1990年的《阳泉教育通讯》上。据当时的张泸荣编辑讲，原阳泉市教育局局长王世永特地拿着连载着这篇文章的《阳泉教育通讯》对编辑们说，这是《阳泉教育通讯》办刊以来登载过的最好的文章。

【我的论文】

语文教学艺术散论

教学艺术归根到底是教学方法的艺术。因为教育构成的三个相互联系的环节：目标、课程、方法之中，我们有根据社会需要制订的整齐划一的教育目标、统一的教学大纲，有统编的指令性而非指导性的教材，教学内容已是教材模式铸就的，基本统一练习、作业，统一考试、评价，甚至更荒唐地发展到统一教案、教法。事实上，对教师来讲，重要的不是"为什么教"和"教什么"的问题，而是在教学内容的基础上去研究"如何教"的问题。如果说"为什么教"和"教什么"基本考虑的是如何适应社会发展的需要，那"如何教"就要更多地考虑适合个性发展的需要。所以教师们彼此较量的不过是课堂内的"教法"和课堂外的辛苦而已。而教书本不是一种体力劳动，不是靠加班加点的毅力加体力就能教好的，它是一种高度的技巧，是一种智慧，是一种哲学。教学效果的显著依靠的是教学的质量而不是数量。

既然"如何教"的方法问题是课堂教学研究的焦点，那就首先要了解什么是教学方法。通俗地说，你想的办法能够解决教学过程中出现的问题，就是教学方法。最好的教学方法产生于具体的教学过程之中，如此，才能表现出一个教师的智慧风貌。教学毕竟不是一件纯技术性的事儿，名人学者之流所讲的教学方法，都是常识性、原则性的东西，越是专搞理论研究的专家，具体方法越少，他们有的只是抽象出来的原则性的"方法"，是方法的"本质"。虽然这些"本质"很重要，但却最可能成为固定的规定，这些规定并不是在任何场合都能使用的。而越是进行具体教学的教师，方法越多，因为面对一篇文章，如何理解，如何讲授，全在个人的悟性，并没有什么一定之规。何况，在教学的具体过程中，教师的心、眼、手全部集中关注在"解决问题"上，而绝不会思考什么"教学方法"，否则，就破坏了统一的思维过程，构成了教学的心理障碍。教学理论虽然是教育实践的结晶，但它终究无法直接指导某一节课的教学实践，故而，在具体的教学过程中，只有摆脱理论上的"法"之束缚，才能真正自如地进行教学。

顾晓鸣曾举过一个形象的例子。假如通过体检你知道自己得了肝炎，焦虑之情驱使你迫不及待地打开一本术语深奥、数字枯燥的医学书，原来不堪卒读之物居然能够吸引你翻下去，忘了什么阅读程序、阅读技巧、最佳时间、阅读任务……根据这本书的线索你很快又找到另一本书，短短几天，竟通读了自己所能找到的全部有关肝炎的文献资料。你此时所关心的是从书中读出东西来，而忘掉了别的一切。那么，在一节课中，核心问题就是解决问题。于无疑处设疑，于有疑处释疑。解决问题的过程就是获取知识的过程，教师此时所关心的是从书中讲出东西来，故而，教师的教学方法必须立定于这样的观念：用少许的时间把最有价值、最值得教的知识巧妙地教给学生，而"巧妙"之处正是教师教学能力的体现。离开这一中心而一味追求"方法"，那就会成为讲台上的花花公子。

古人说："法无定法，然后知非法也。"所以，"非法"之法才是艺术准则中最高的法。这恐怕是进入了庖丁解牛的化境吧，也正是巴金说的"无方法，无技巧"的教学最高境界。教学方法，就是教学艺术探索过程中的手段。每个教学过程都会因时间、地点、环境、学生、内容的不同而相应地采用一种手段。对于一个有功底的语文教师，他会在具体教学的过程中，在物我合一的刹那间，本能地对长期积累下来的各种技术手段进行筛选，或重新组合，找出最佳方案。这种临阵决计而又挥洒自如的方法出现绝不是一种偶然。所以说"法无定法"，对经验丰富、知识广博的教师和确实没多少教学经验乃至知识结构老化的教师来说，其价值相距不止十万八千里。

所有别人的方法都有借鉴意义，但又不能都对号入座。"学我者生，似我者死。"再没有比为了追时髦、图新鲜而囫囵吞枣地横移别人的教法更为糟糕的事了。"橘生淮南则为橘，生于淮北则为枳，徒形相似，其实味不同。"所以，教学方法的采用要考虑到特定的教学背景，若仅仅在架空实际的抽象层次上看问题，往往失之谬误。上海育才中学"茶馆式"教学在我们这儿易流于"放羊式"教学；魏书生的"知识树"在一般教师手中也无非是一张让学生逐条死记的图表而已。借鉴别人的方法，一试而不灵验，问题不在方法，只有具备了丰富的感性认识才能深刻理解方法，只有经过反复实践才能获得运用方法的能力。缺乏理解的熟练不会得心应手，缺乏熟练的理解不会运用自如。黑格尔曾说斯宾诺莎的名言"一切规定都是否定"是伟大的命题，这是说一种方法作为一种规定，无论多高明，都是暂时的、相对的，一切时髦的方法都会变得不时髦；方法只能追求最优化的目标而不可能变成包治百病的"药方"。教师的教学能力，就在于其是否对方法具有否定的能力。否定才是绝对的。

标准化的操作程序不能保持学生的注意力。就像祥林嫂讲"阿毛的故事"很悲惨，开头听时人们还抹眼泪，长吁短叹，但每次一见面她都开口讲"真的，我真傻……"，自然"连最慈悲的念佛的老太太们，眼里也再不见一点泪的痕迹"。而且"全镇的人，一听就烦得头痛"。所以，刻板的一成不变的教法，每使用一次就给学生增加一点不新鲜感，使学生在这种被动单调的重复中油然而生厌倦之意。教师也觉得像戴着枷锁跳舞，处处受到挟制。

不少以管制见长的"严师"往往会遭遇一种"认真负责"式的失败。美国杰出发明家、"轻灵信天翁"的发明者保尔·麦克思迪曾说过："……他们的失败，正在于懂得标准技术太多了。"故而，没有标准的课、规范的课，只有张三的课、李四的课。所谓标准规范的课，都是抽象的课、概念化的课、公式化的课。优质的课都是有个性的课、有特色的课。张艺谋对自己导演的《红高粱》有这样的评论："《红高粱》这种影片确实是个'杂种'，好像什么都有点，但跟哪头都够不上，属于野路子。我觉得这也是一种探索……"一节课值不值得称道，不在于它是否符合标准、规范，而在于它是否把最有价值的知识用最有特色的方法教给学生。

其实，方法无所谓对错。教一篇文章，各种教法都各有利弊，所以，每周六节课，不能节节一样上；每册四十篇课文，不要篇篇一样讲。尤其是同一个单元的几篇文章，都属于一种课程模式，最易采用单一雷同的教法。区分黑白两种颜色容易，但把深浅有别而差别细微的同种颜色分辨清楚则比较难。如初中有一册散文单元是由《春》《香山红叶》《海滨仲夏夜》《济南的冬天》组成，都属于写景抒情范畴，景物在不同作者的笔下创造出不同的风格。譬如《春》用工笔细描法绘静景而给人以流动感，意境轻灵秀逸；《海滨仲夏夜》用移步换景法状动景而给人以静谧感，情思清新柔和，都是色化意境，意境生色；都是动中织静，静中织动。所以，分析课文时，《春》应抓住"静"字分析其绘物之准确生动；《海滨仲夏夜》应抓住"动"字分析其状景之变化多端。若采用单一的教法，则无法使学生品尝到作品各自独特的内涵之美。所以，同一类型的文章，要采用不同的教法，使学生产生新鲜感，激发其求知欲。教法的最终归宿还是教会学生学法。

虽然方法无对错，但功夫有深浅。故而，讲得好，就不是八股；讲得不好，就是八股。"满堂灌"是最原始、最常用、最基本的教学方法，但也可以"灌"得有启迪、有思索、有收获，灌"得独辟蹊径，"灌"得妙语连珠，"灌"得哲理斐然，"灌"得让学生觉得"听君一席话，胜读十年书"。"问"也未必就是启发，"问"也可能问得庸俗，问得平淡，问得一节课看似轰轰烈烈，实则空空洞洞。有个并非幽默的幽默：某小学生回家告诉他爸爸，我们老师什么也不懂，什么也问我们。可见，请君入瓮式的"诱问"，玄妙深奥的"天问"，令人摸不着头脑的"怪问"，都不是真正的学问之"问"。串讲的弊病是容易让零敲碎打的知识牵着教师的鼻子走，东一榔头西一棒槌，学生搞不清究竟要记住什么东西。但教师也可以抓住一根主线去讲，从而串起零碎的知识珍珠，一节课就教会学生串一挂闪光的珍珠项链。

方法既然只是一种手段，教师就要根据教材内容变更教学方法。把方法当目的，尤其在搞演戏式的公开教学中颇为常见。譬如，一会儿分角色朗读，一会儿听录音朗读，一会儿默读，一会儿齐读……抓抓胡椒捏捏葱，什么事也做不好。某种程度上老师是用令人眼花缭乱的形式来掩饰自己对教学内容理解的肤浅和贫乏，故而，破坏方法的正是方法，毁掉教学的亦是教学。一个差劲儿的教师足以把一篇优秀的文章活活扼死，而一个有功底、有经验的老师，又足以让一篇平淡的文章活色生香，其中死活的关键是从什么样的分析角度、采用什么样的教学方法。假如把对每一篇文章的分析都统一在教学参考书所预先设计的"揭示了……""抒发了……"的规矩之中，那么，什么样的教学方法也无异于作茧自缚，无疑将使学生形成一套刻板的思维定式而越学越蠢。

教学作为一种艺术，应该完整提供给学生，它传达的不单单是知识信息，它还是一种活的思想情感的传达。从艺术的角度看教学方法，不仅仅是教师采用什么手段把文章内容包含的最有价值的知识信息最经济有效地教给学生，还必须扬弃所谓方法的规范，和教师本人在讲课中自然而然创设出来的审美情趣结合起来。因为艺术核心之核心是情，没有情，艺术就等于零。所以，一节课的价值是根据有无实用、有无情趣来判断的。有实用性，学生才会认真学；有趣味性，学生才会注意听。二者不是相加的关系，而是一种水乳交融的关系。充满艺术创造的教学方法，应该给每一节课都提供一种特别的氛围，一种启发学生去思考、去探求、去解决问题的氛围。这种氛围，从知识提供的角度看，"量"似乎少了，其实是"质"多了。因为教师在引导学生领悟形式、开发意蕴时，实际上同时把创造的主动权交给了学生。在这种氛围中，学生在学习过程中出现的各种思维和情感方面的障碍因素就会渐渐地消除，教学效果的提高就是顺理成章的事。

那么，究竟什么是"教学艺术"的衡量标准呢？我们找不到可以用来衡量它的精密仪器，但是，在比较中大伙儿心中还是有一杆秤的。对"教学艺术"这个极为复杂的动态结构系统的认识和表述，仅仅限于我个人教学实践的感受和认识。我在教学中可能永远也无法步入"以神遇而不以目视"的艺术境界，但至少，这篇文章表达了一种我的向往。（有删节）

12. 短暂的仕宦生涯

◎ 有些事情你一做就烦，有些事情你做起来很愉快，仔细思考过之后，你就大致知道自己的天赋在哪些领域了。有了机关生活的对比，我更明白，学校才是我生存的那潭水。

我在李家庄中学教了三年书，因为业绩突出郊区教育局对我挺器重的。中国是一个官本位社会，"学而优则仕"是中国对一个较为优秀的人士的最佳奖励办法。在李家庄中学期间，教育局副局长白晋华老师原来是荫营中学校长，他曾多次竭力动员我去荫营二中或河底中学等初中学校当校长，然后回荫营中学做领导工作；或者去郊区教研室分管全区的语文教研工作等。我都直接回绝了。实际上，我对做领导工作没兴趣，对领导别人教研也没兴趣。我的目标是调到市里去教语文。后来，分管教育的副区长亲自和我谈话，条件是回荫营中学当副校长，如果不愿意，郊区任何学校任选，都可以去当校长。我也婉言拒绝了。日后，经常有熟人对我说，你当初要是不调走，还在荫营中学，现在肯定如何如何……

其实，人生就是选择。存在主义哲学有三个命题：人是可以自由选择的，但选择的结果是不可知的，所以这个世界是荒谬的，不可理喻的。这里牵涉到一个哲学概念"荒谬"，就是不合理，不能用理性去解说事件。譬如我站在十字路口，可以向左走，也可以向右走，都有足够的理由。结果我选择了左边这条路，就永远失去了右边那条路上可能发生的一切。事后我会问自己为什么当初选左边的路而不选右边的路呢？因为人们对它无法解释，就不由自主地想起了"命运"这个字眼，说是"命中注定""命运对我如何如何"。人的生命只有一次，我们既不能把它和我们以前的生活相比较，也没办法使它变得完美之后再度过。生活就是一次性的，具有不可逆性，过去的就永远过去了，而未来的生活仍然无法准确预测。

若干年之后，邂逅从郊区教育局局长位置退下来的白老师，他很真诚地感慨说："你当初的选择是对的，堂堂正正做一个老师最好！"南怀瑾说，中国人最感慨八个字：世态炎凉，人情冷暖。估摸从领导岗位退下来的官员，比我们感受更深刻吧。

1992年国庆之后，我调到阳泉市科委办公室做科员，主要工作就是给领导写材料。按理说，这是一份特别令老师们羡慕的工作，但我的内心很郁闷，特别厌恶办公室那种喝水、看报、闲聊、开会的状态，即便给领导写发言稿，也都是固定模式，最多做少量修改。如果我写得文句稍有修辞，领导即问：这话有出处吗？似乎发言稿内的每一词句都要有师承似的。都说机关清闲，在学校紧张惯了的我，更多的时候清闲到无所事事、百无聊赖的境界，一张报纸打发半天时间，连报纸中间夹缝的广告都仔细阅读过了。有时候我觉得时间浪费得真让人心疼，欲带本书到办公室看看，但又一想，这不是自我疏远并孤立于同志们吗？

机关这地儿，有人如鱼得水，我却像一条鱼跌落于泥沼里，总努力摆动着尾巴，想着重新游回水里去。在机关的泥沼里我品尝着一种清闲的痛苦，深味着一种无意义的烦恼。

古希腊人把"认识你自己"当作神的箴言，放在最重要的德尔菲神庙上。一个人究竟有什么禀赋，要真正认识其实是很难的。哲学家周国平自己的体会是："正是在这来回调动中，我才逐渐认识自己，找到人生追求的目标、努力的方向。"

我在科委待了不到三个月，颇有度日如年之感。我开始像哈姆雷特思考"生存或者毁灭"一样思考"留下或者回去"。重回学校吧，可能会有无数穿心掠肺的目光，会有很多飞短流长的冷言。最终反复斟酌比较，觉得人活一辈子，还是去做自己喜欢并擅长的事儿最好，人总归是活给自己看的。和妻子商量后，我向科委S主任表达了重回学校的意愿。主任见我去意坚决，征求调我到科委的L副市长的意见。L副市长也是教师出身，很理解我的心情。这样，我在科委待了差不多5个月，就离开了。

1993年4月，春光明媚，惠风和畅。当时阳泉市第三中学的张国福校长刚从阳泉教育学院领导岗位上重返三中做校长，正积极招兵买马。他原先在荫营中学当过副校长，对我很了解，得知我调离科委，他便积极邀我到三中。我也没有多考虑，就答应了。调动过程中区组织的F部长很想将我留在组织部。我对F部长说："我不愿意留在组织部，我讲讲我的看法，或许你们做领导的听来觉得郗晓波这家伙实在迂腐得很。我觉得一个人一辈子做自己喜欢并擅长的工作足矣。我或许在教语文方面比较有潜质，我还是希望回学校老老实实教语文。"领导表示理解。1993年5月，我正式成为阳泉市第三中学的语文教师。重回学校，如鱼得水。

二、为师不追媚时风，治学更下读书功

1. 第三次感悟：语文需要的是精彩的道理

◎ 语文老师解析文章，要想真正发出自己的声音，就得认识生命与生活。其实，认识生命与生活并不难，尊重常识就行。常识就是关于生命的最基本的正常认识。

到学校报到的第一天，张校长说，就快放暑假了，你先休息几天吧。转眼到了暑期，我被学校安排接替周三茹老师的课。我最不愿意做所谓的"把关教师"，接手别的老师的毕业班，但胳膊扭不过大腿，最终只能接受，代66、67两个高三班的语文课，兼67班的班主任。

20世纪90年代初，高考录取率很低，上大学比如今难多了。譬如1993年，全国参加高考人数286万，录取人数98万，录取率34%；1994年，全国参加高考人数251万，录取人数90万，录取率36%。阳泉三中高考录取率已经连续多年为零，一个"二本"也考不上。1993年秋季开学，高三班配备了校长认为当时学校最强的师资力量，我教语文，数学潘乃之、物理巩建平、化学檀中世、英语田云丽……大家勠力同心、朝乾夕惕、埋头苦干，目标是高考不要"推了光头"，哪怕只考中一个也好。我记得清楚，翌年春，某日体育课上，我正站在操场边看67班同学上课，张校长过来问我，今年这批学生有希望考几个吗？张校长是个事业性极强的领导，特别希望学生们能在高考中有所斩获，使学校声誉更上一层楼。我说，应该没多大希望。校长追问：为什么？我说，学生中确有几个素质不错的，但高一、高二太松懈了，光靠高三一年的努力弥补不回来。事实上，虽然大家辛苦了一年，但当年高考的结果，三中依然颗粒无收，被推了"光头"。

我们习惯认为失败是成功之母，但我认为成功才是成功之母。试想，一个教师辛辛苦苦教了三年的学生，结果每次考试成绩都是全年级最差的，这时你很难体会到教学的乐趣，很难产生教学的成就感。66、67班的好几个学生曾对我说："老师，你这水平，教我们太屈才了。"其实，三中那时的生源还不算很差，学生起码能够感受到老师的水平。若干年后的学渣们连这点感受也没有。无论专家如何鄙夷追求分数，基层学校的一线教师还是需要注重分数、追求升学率的。但注重学生成绩并不意味着只要结果，不要过程。在三中教学，我一如既往地注重教学过程，即要讲得有意思。人们经常说讲课是一种艺术，如果一定要说是艺术，那就是一种手工艺术，因为手工艺术每个作品的形态一定要不同才有点意思。齐白石老人画的"虾"一幅值几千美元，而复制为印刷品的虾图只有几元钱一幅。印刷品之所以不能成为艺术，就是因为它太标准、太科学了。我需要加注解的是：我一直强调的讲课要有意思，不是说要讲三流的笑话，或说一些带颜色的故事，而是提供给学生的知识要是新鲜的，思想要是新鲜的，语言要是新鲜的，看问题的角度要是新鲜的。新鲜就是很少有老师这样讲，甚至没有老师这样讲过，是你第一次讲了这样的内容。后来新的《语文课程标准》提出一个新名词，"三维目标"，其中一个目标就是"过程与方法"。

当时的语文界引我关注的是1993年韩军在《语文学习》杂志发表的论文《限制科学主义，张扬人文精神》，韩军由此成为语文教育界倡导"人文精神"的第一人。此文一出，语文教育界"人文性"与"工具性"的大讨论便烽烟四起，持续多年。韩军后来写的《反对伪圣化》更是针对当时语文教育界的时弊，一针见血，引发我强烈的共鸣。所谓"伪圣化"，就是用一套唯一的"公共思维"模式，箝制师生丰富多元的精神方式、说话方式，压制精神自由，禁绝个性语言，让全体师生都用一个模式思维、用一套话语说话；就是用伪神圣、假崇高的观点去看待"高尚""健康""先进""有意义"等真正的人文价值范畴，让师生的语言远离真实的人生和真实的现实生活。记得当时我在社会上某自学考试辅导班代课，学生很喜欢我的课，觉得有意思、有思想。曾有一学生对我说：你们学校的某某老师说和你是好朋友，我告诉他说你的课讲得很好、很有思想。他说郗老师我最了解，他上课老说"反动话"。这令我哭笑不得。那时候，只要你讲得东西不与教学参考书保持一致，人们就觉得你"偏激"，"偏激"接近"反动"，"反动"等于"坏人"。

其实，"反动"一词源自老子讲的"反其道而动之"。我讲解分析课文，总是努力从教学参考书中跳出来，寻找表达自己的话语方式。实际上，我讲的所谓"反动"的东西都是常识常理而已，我自己都不相信的话肯定是不会给学生去讲，否则，那就是忽悠。譬如，教学参考书写着"《项链》是批判资产阶级虚荣心和追求享乐的思想"，但我觉得玛蒂尔德一个年轻女人，参加教育部组织的一个舞会，想把自己打扮得漂亮一点儿，无可厚非，这与"追求享乐"挂不上钩啊！再说，面子是中国人的第一生命，"面子"是什么？不就是"虚荣心"吗？谁没有点虚荣心呢？为何就成了资产阶级的东西了？再譬如，我讲析《祝福》时认为，鲁四老爷绝没有豪绅那般的地位，也不是富得流油的大地主，他只是一个"讲理学的老监生"，他"讨厌祥林嫂是一个寡妇"，是怕玷污了自己清白的家门。然而，他讲"礼"的同时也讲"理"，所以，祥林嫂在他家干活的时候，未挨打挨骂，未被克扣工钱，未遭骚扰，未遭强奸，反而有一种满足感，起码比在婆婆家要好得多。他怎么就能代表"政权"压迫祥林嫂呢？从自己的生活体验出发去理解作品内涵，去解读人物形象，才会有自己鲜活的见解。精神分析学家阿德勒说过："没有一个人是住在客观的世界里，我们都居住在一个各自赋予其意义的主观世界。"所以，在教学过程中我逐渐明白：教语文需要的是精彩的道理，不是所谓的客观真理。而精彩的道理一定是建立在语文教师个人的生活阅历与人生体验上的。

当时还有一个作家引起我的共鸣，就是李书磊。我是从订阅的《文学自由谈》上读到他的几篇谈论古典诗歌的文章，感觉如清风扑面，通体清爽。后来我购买了他的《为什么远行》《重读古典》。李书磊说："常识就像人们脚下的土地，是人们最重要的立足点，平时熟视无睹，只有发生地震这样的灾祸才会强烈地感受到它。"这段话是李书磊用来说"政治"的，但我用它来理解语文教学。关键是我们长期被高蹈的意识形态教育弄得不懂常识了。什么是常识？人渴了要喝水，饿了吃饭，冷了要加衣等就是常识。恩格斯《在马克思墓前的讲话》中就说："马克思发现了人类历史的发展规律，即历来为繁茂芜杂的意识形态所掩盖着的一个简单事实：人们首先必须吃、喝、住、穿，然后才能从事政治、科学、艺术、宗教等等。"一个语文教师的能力不仅仅是认识的结果，也不仅仅是训练的结果，更是亲历、体验的积淀，尤其对文学作品意味的准确、灵敏、细腻的感受力，这来源于阅读者的生活经验。有学者说，认知是这样一种东西，足够的知识加上足够的阅历，还要加上一点点悟性，才能成就与年龄相称的智慧。

我在1985年写的论文《语文教学难的奥秘》中就强调了社会阅历、人生经验对语文老师的重要性。《红楼梦》中有言："世事洞明皆学问，人情练达即文章。"北大教授曹文轩讲："什么叫文学？文学就是一种用来书写个人经验的形式。"这个定义浅易而准确。经验不同于经历，经验虽然来自经历，但它会由于知识的牵引、想象的丰富、联想的广阔、感觉的精细而变得远大于经历。有不少经历坎坷的人却概括不出一点生活感悟和经验来，就是因为"文字并非是支撑在经历之上的，而是支撑在经验之上的"。所以，语文学习本质上不是一个纯思考的问题，确如韩军所言，纯粹科学主义的理性方法，永远不可能彻底解决语文学习的复杂性。语文所思考的问题都和具体的事情连在一起，都贯通着个人的人生经验。但人生经验不是单靠翻字典、词典就能积累的。语文教师在语言信息相同的情况下，生活经验常常决定着其理解的高下、敏钝。

语文应当是一门充满智慧的课。所谓智慧，就是对所有人生经验与理性思考的整合。如果没有亲历体验所积淀的人生经验做铺垫，语文老师解读文本常常容易显得幼稚可笑。譬如，我听一位"80后"老师讲《项脊轩志》，该老师分析"客逾庖而宴"一句，认为是客人没有礼仪，缺乏教化。归有光写分家一段，重点抓住"墙"来写，"墙往往而是"，写出宽敞的老屋被分割得支离破碎，亲情之间都隔了一道厚厚的墙。"客逾庖而宴"正是写出了分家后客人的尴尬。客人来时也得平衡各家的关系，弄不好不是得罪东家，就是得罪西家，甚至双方都得罪。"客逾庖而宴"是以客人的尴尬来反衬大家庭的亲情变异。一直生活在城市的"80后"独生子女，无法理解传统大家庭的妯娌大战，分析课文就觉得浅薄而牵强。

譬如，我讲《老人与海》，海明威因为这部小说获得诺贝尔文学奖，授奖委员会评价这部作品："勇气是海明威的中心主题。"课文五次写一个叫桑迪亚哥的老人在茫茫的大海上与鲨鱼搏斗的故事。老人在搏斗过程中，武器一个接一个都损失了，但他鱼叉丢了用刀子，刀子断了用木棍，木棍丢了用舵把，把工具也当作武器用上了。这都是为了突出老人的勇气，突出桑迪亚哥永不言败的"硬汉"的形象。我问学生：金圣叹评点《水浒传》"武松打虎"一节，读到描写景阳冈上的山神庙，用了"破落"二字，就渲染出老虎出没、人迹罕至的景象时，不由得写了这么一句："我当此时，便没虎来也要大哭。"而一个老人在茫茫的大海上和一大群鲨鱼搏斗，难道这个老人就不害怕吗？大多数学生想当然地回答：害怕。我追问：你是从什么地方看出老人的恐惧感来的？这个问题应当说是相当有难度的。知其然容易，知其所以然不容易。但马骊同学回答说：课文中不断地写老人的"说"，说桑迪亚哥"放开嗓子说""大声说""高声说""又高声说"……船上只有他一个人，他为什么不停地大声地自言自语呢？说明他内心恐惧。有时，当一个人不停地说不害怕某某人或某某事的时候，其实我们看到的是他的恐惧而不是勇气。我说：马骊同学这个问题回答得太好了。因为她有自己的"看法"，她能把知识转化为"思想"，桑迪亚哥老人这些话语的内容是次要的，重要的是他不停地说这种形式。

因为语文教学核心讲的是言语的形式而不是言语的内容。人人都能看到内容，但不是人人都能看到"形式"的。我继续追问马骊：你能有这样的看法，肯定是有这样的体验，和大家交流一下你的体验。马骊说：我在每次考试时都要不断地给自己鼓气，说自己不怕考试，不怕不怕，一定会考好，等等，这常常是掩饰自己内心对考试的恐惧。我说，马骊同学讲得非常好。罗曼·罗兰说过，英雄不是没有怯弱、没有恐惧，而是能够战胜自己的怯弱与恐惧。内心没有恐惧感的不是不懂事的幼儿就是精神失常的智障者。所以，我们看到，文本课程只是一种知识性的课程，而学生能设身处地去体验，这就使课程更多地成为一种观念性的课程，在这种体验中学生获得的是一种思想。一个教师的课讲得好，受学生欢迎，原因就是他能够在传授知识的过程中，不断地产生出"思想"，而"思想"对学生来说才会有体验，才有价值，这"思想"也可称之为一种"个性化的知识"或者说"个性化的解读"。教学不是知识的传递，而是知识的转化与处理。教师的作用就是要引导学生从现有的知识经验中"生长出"新的知识经验、新的思想观念。

马骊是个很有悟性的女孩。某次讲《边城》，有几个听课的老师，讲到文章结尾处，我提问："作者为何用了一大段来描写婚嫁场面？别的女孩子办婚事，翠翠心里是怎么想的？想什么呢？"同学们无人发言。马骊同学即站起来说：作者用了一大段来描写婚嫁场面，实际是要写翠翠对婚嫁的心理，她对爱情婚姻有一种特别向往的感情。我追问：你从课文什么地方看出了翠翠对爱情婚姻特别向往呢？马骊说，课文有几句这样说："为了想早早地看到那迎婚送亲的喜轿，翠翠还爬到屋后塔下去眺望。"从"早早地""眺望"这些词语都可以看出翠翠对爱情婚姻特别向往。我追问：你是怎样从这些词语看出翠翠对爱情婚姻特别向往呢？马骊说：我想起自己小时候在姥姥家看戏，心里很激动，也是"早早地"就去了戏台那儿，也是要登在高处用劲朝戏台"眺望"，特别想看戏。我说：马骊同学讲得特别好，人们经常是处在某种激情状态下才会登高眺望。"翠翠还爬到屋后塔下去眺望"，"还"字有更加的意思，说明她已经站在高处看了，但觉得看得不真切，故而，又用一"爬"字，说明屋后塔下的地方不但更高，还挺陡峭，甚至有危险，需要手脚并用地"爬"才能上去。这正说明翠翠对爱情婚姻的强烈渴望，她希望自己和傩送不远的将来也会如此。所以，经验是小说创作的根底，没有相当的人生经验，根本就写不出小说。而经验也是解读小说的基础，没有相应的人生经验，同样无法理解小说。一个人的生活体验将对其阅读产生很大的影响，尽管常常是潜意识的，甚至是"读者"自己也无法"察觉"的。童年看戏、考试恐惧这些细碎的经验深深植根于马骊同学的心中，在解读文本时就表现出无比可贵的价值来。

我的论文《语文教学难的奥秘》中写道："语文教学难的奥秘之一不仅在于课堂上无法获得社会知识，还在于没有'阅遍人生'、谙于世故的阅历则难以胜任这门学科的教学工作。"后来阅读英国实用语言学家S.皮特·科德的《应用语言学导论》（1983年版），S.皮特·科德说："理解语言和理解世界是联系在一起的。"我深以为然。所以语文教得好的教师多得力于自己的课外阅读和对生活的感悟。语文就是思想，语文就是生活，语文就是你这个人。语文的差距是人的差距，因为语文素养要得益于一辈子的读书，这个差距至少很难在几年之内就能弥补起来。但现在的问题在于许多语文老师对"世界"、对人生知之甚少，把解读文本单纯地当作"理解语言"的过程，要怎样给他们补充"人生"这样的东西？我们固然不能要求语文老师生活经验最丰富，但是语文教学内容没有完全抽象而不跟任何人生经验相关联的。经验不是用来学的，也是学不会的，每个人都有自己的经验。一个教师的语文能力不仅仅是认识的结果与训练的结果，更是亲历、体验的积淀。

2. 立脚怕随流风转，教学成为自己难

◎ 好的教学都是有个性、有特点的教学，教学之可贵正在于多样性、差异性，若千人一腔、千腔一调，教学必扁而僵。

在城区学校教书的20世纪90年代中期，全国教改进入"春秋战国"时代，"城头变幻大王旗"，"你方唱罢我登场"，涌现出许多教改实验者，或提倡研究性学习，或提倡学生自主性学习，或提倡主体性教学模式，或提倡对话型教学模式。有些理论说穿了就是孔乙己的"茴香豆"的几种写法而已。各地名校多有花样翻新的教法或模式推出，把正常的教学搞得像江湖卖艺秀似的。谁都知道教育是慢的艺术，谁都明白拔苗不能助长，但心急火燎的学校领导经常真心实意地挎着竹篮子去外省市的名校打水，结果都是一场空。其实，我们看到的都是人家想让我们看到的，背后很可能有更多不想让我们看到的东西。别人成功的经验当然应该学习，但也应当如鲁迅先生教导的那样，运用脑髓，放出眼光，仔细甄别，自己来拿。不要不管三七二十一，拿去。

作为一个语文老师，我很关注语文教改方面的新动态，关注从钱梦龙、魏书生、宁鸿彬、顾德希、于漪等语文教改的先锋，到程红兵、韩军、程翔、李镇西、王开东等语文教学新秀，并且购买过一些他们的书籍，对他们的教改成果我也很注意吸收、消化，并在教学实践中反复揣摩以求变为自己的东西，取百家之

言，成个人特色。课讲得生动点儿，讲得有一点文采，讲得有一点启迪，这不仅仅是个教风的问题，还是一个教育的问题。即使你讲的是真理，如果用刻板的语言去表述，也会令学生讨厌的。

20世纪90年代后期，教育界风行一本有关学习方法的畅销书《学习的革命》。那段时间，号称"改变您孩子的一生"的方法太多了，在方法上做出"革命"的东西也太多了。尽管任何改革总是首先从形式上进行的，但很多教改最终也流于形式。各种时髦的方法、模式向来是由不赶时髦的教师针对自己面临的实际问题创造出来的，然后就有领导将局部经验推而广之，再然后就是全国各地一窝蜂地取经。我不赞成不断地进行教学方法的翻新，这给第一线的教师制造出一种方法的匮乏之感，好像我们真缺少什么教学方法似的。其实，这只能算是刺激教师们不断学习的手段而已。实际上，凡是在一线教书的教师都可以深切地体会到，教学的基本方法不会有太大改变的。我认为自己是一个能独立思考的人，对语文教学有自己的认识和判断，这种能力或者说是底气，就得益于阅读。

在城区学校教书，与郊区学校的显著区别就是城区教育局对课改形式跟得很紧，教研活动也颇多，甚至对讲课也有许多硬性的规定。我对各级行政部门推行的一刀切的"教法""模式"，有一种近乎本能的抵触。其实，能否成为优秀教师，全在于"学而不厌""研而不厌""思而不厌"。我以为，教学最基本的东西，无非就是教什么与怎么教的问题。"教什么"关乎语文教师的见识和趣味，"怎么教"关乎语文教师的智慧与方法，这两者都重要，一轮一轮的教学改革，翻来覆去无非是要平衡这两者；但这两者就像水中的葫芦一样，按下这个，那个上来；这阵子强调这个，过阵子又强调那个，不容易平衡。然而近二十年来，课改成了一种时尚的潮流，在领导的倡导下，在媒体的喧闹中，某一时期某一种教学活动特别流行，谈论它就显得特别时髦、新潮，如果不知道就显得特别落伍。新的教学模式、新的教学方法推出一轮又一轮，课改实验进行了一年又一年，每次都像烧水似的，一开始火都开得挺大，结果好多还没等水烧到30度，就熄了火。许多所谓的模式，不推到极端则不足以夺人眼球，但一推到极端，就偏离了正常教学的轨道。

我之前写过一篇《语文教学艺术散论》，也强调教学是一种艺术；但随着教学经验的积累，我对"教学艺术"也渐渐有了怀疑。因为艺术总是要追求新奇，唯有标新立异，才有生命力；而教学恰恰不能总想标新立异，过于强调个别性、特异性，这样不易体现教学价值，也很难引人共鸣。

事实告诉我们：预习、讲授、练习、复习、考查、评议，这是学校教学最通行的教学方式，之所以能够长久通行，就证明它是有效的。窃以为，教学本来没那么多神秘兮兮的东西，老师教，学生学；老师讲，学生练，没有比这更正常的了。而且老师的讲与学生的练之间也是一种平衡，这种平衡是一种动态的平衡，其微妙之处全在于讲课老师的具体把握，怎么可能硬性规定老师的讲只能多少分钟，学生的练必须多长时间？平衡就是互相依存和互相制约，哪一方太过或不及都会失去平衡；失去平衡，那它离消失就不远了。

有感于此，在我调到城区第一年，城区教研室进行论文竞赛，我写了一篇论文《教学是圆的，教师是方的》，获得大家的好评。教学是圆的，圆是讲它的多样性，即教学不可能像切豆腐似的一刀切成整整齐齐的样子。其中论述三方面：首先，教材内容是圆的。因为一篇文章常常有许多意义空白，具有多义性，常常是仁者见仁，智者见智，而且众多的观点常常是你的正确，我的也未必错误。其次，教学方法是圆的。文无定法，教亦无定法，方法也无对错之分，关键在教师个人功力的深浅。其三，教学过程是圆的。教师在教学过程中应具有一种随机应变的教学机智，因为学生是活的，个性各异，接受程度有别，教学过程中难免有各种意想不到的问题出现，教师就不能死套着备课的内容出牌。教学是圆的，圆是没有起点也没有终点的，故而，对教学的研究与探讨也是永无止境的，因此教学就是一个永不停止滚动的圆。

而研究教学的教师则应当是方的。方，即方正，一方面指人品的正直，教师站上讲台，就是学生人格的表率，教育归根结底就是教学生做人，做正直的人；另一方面是说教师的教学应当是有个性的，与众不同的。这两方面是有联系的。方的品格对于教师很重要，优秀教师的可贵之处就在于和别人有差异。在别人不断地"模仿"的促进下，他们不断地"差异化"，使教学永远处于创新的过程中。只有教师是方的，教学才会是圆的。很难想象缺少个人见解、随着教改潮流四处乱漂移的教师会成为优秀的语文教师。2015年李克强总理有一篇题为《教育走得太快，请等等落下的灵魂》的讲话，强调："中国的教育技术层面已经走得太快了，'灵魂'跟不上了。……要回归到教育的规律，慢慢地、静静地、悄悄地做，不要浮躁、不要显摆。"

3. 第四次感悟：从"有尽"的"言"中解读出"无穷"的"意"来

◎ 语文教师做的工作，就是必须将文章的"意会"之处"言传"出来，而且还要清晰地"言传"出来，就是要引导学生尽量从"有尽"的"言"中解读出"无穷"的"意"来。

1994年秋季开学，阳泉三中高中改为四轨制，两个重点班，两个普通班。开学初我得知被安排教两个重点班时，立刻找到张校长，坚决要求教一个重点班一个普通班。原因很简单，谁都知道带重点班名利双收，教普通班吃力不讨好。窃以为，做人便宜不可占尽，聪明不可用尽。我拜读过《曾国藩家书》《冰鉴》，曾国藩把自己的书斋名之为"求缺斋"，就是说不要过于追求完美，有时留有缺憾也是一种完美。我也是从"菜鸟教师"走过来的，不能因为自己有点名声了，就把年轻教师上升的机会统统挤掉。最终，我教了重点班75班与普通班77班。而后直至退休，只要教两个班，我肯定都是一个重点班与一个普通班。一个优秀的教师，要拿自己的成绩来证明自己，不要老拿学生的成绩证明自己。学生的成绩固然重要，但说服力不强。教书遇人，你遇上了上清华北大的学生，那是学生成全了你，未必是你成全了学生。特别对我们这类生源很差的学校，教师尤其要用自己的成绩来证明自己。我在阳泉三中教书，如果单从成绩的角度讲，结果肯定很差，但并没有影响我是一个"优秀教师"的声誉，原因就在于我重视教学过程，每堂课（不仅仅是公开课）都奉献给学生一个精彩的过程。过程决定一堂课的成败，甚至决定一个教师自身的价值。

我虽然强调课堂教学注重精彩过程，但此时更加有意识地琢磨如何更精彩地解读文本。听说过美学家宗白华的一件轶事。某日先生领几个研究生赏雕塑，先生围绕雕像转来转去并不断叹曰：妙哉，妙哉！学生问曰：妙在何处？先生良久而曰：妙不可言，妙不可言！遂掉头而去。这则故事放在大师身上显示了其独特个性与风范。然而作为语文教师，读了一篇文章，自己大受感动，但给学生讲课时，却不能说："这文章真好，言有尽而意无穷，但只可意会不可言传啊！"故而感悟到，要"言传"就得"分析"，分析的意思就是要把文章拆开来看清楚，有点像把一辆汽车拆开来找出毛病。最粗浅的分析就是分解，即划分层次，连层次都弄不清楚，就无所谓分析了；最深入的分析是剖析，即破开词语或句子的字面意思，揭示出蕴含在字面之下的意义。如果说分解属于物理变化，那么，剖析就属于化学变化。

教研活动多了，我也断不了听同仁讲课，就觉得大多语文老师讲课很少从细微处入手解读文本，多是从文学史的宏观上论述，面面俱到，浮光掠影。讲诗必是情景交融，讲散文则为形散神聚，至于景和情是如何交融的，形和神是如何散聚的，皆语焉不详。结尾必加一"艺术特色"的"蛇足"，多为四字短语概括之，如质朴感人啦，个性鲜明啦，跌宕起伏啦，等等。对文中某个词语或某个句子，经常赞曰：选词非常精准！用语十分巧妙！讲一个词语随即来一笼统的赞语，究竟妙在何处呢？言者谆谆，听者一头雾水。听别人的课，我也不断反省自己的课。譬如，讲析《胡同文化》一文，听过好几个老师分析此文，都是先讲胡同特点：方正、来源、宽窄、网络。再说文化特点：封闭、满足、袖手、忍安。这文化特点与胡同特点没有任何对应，水是水，油是油，胡同是胡同，文化是文化。而且，逻辑混乱之处比比皆是。说胡同特点是"方正"，令人莫名其妙。文章首句明明确确讲的是"北京城像一块大豆腐，四方四正"，怎么就成了"胡同"四方四正，难道有四方四正的胡同吗？何况胡同又"方正"又"宽窄"，这不是自相矛盾吗？再说，胡同有的宽有的窄，那算什么特点？之所以称之为"特点"，那就是不同于别的东西的特殊之点。大街也有宽有窄，公路也有宽有窄……"凡学生不清楚的地方都是老师糊涂着。"病症好像在学生身上，但根源在老师的教学上，最深的病根在老师的文化积淀与理论素养不足上。

我觉得讲《胡同文化》，这"胡同"的特点一定要和"文化"的特点有关系，并非一般教师解读为前五段讲的是建筑，后部分讲的是文化。何况文章首段明明讲"这种方正不但影响了北京人的生活，也影响了北京人的思想"。如果没有讲清楚这"方正"怎么影响了北京的市民文化，那这文本的分析就过于浮浅。汪曾祺开篇就讲北京城"四方四正"，是因为正方形是一种稳定的形式，以其四边四角的同时作用，构成了最大限度的稳定。北京的紫禁城四方四正，求的是皇家的稳定；老北京城的四方四正，求的是城市的稳定；北京城里四合院四方四正，求的是生活的稳定。这种建筑形式的稳定性，形成文化上的一种稳定因素。"求稳怕乱，安定团结"是人们内心的求稳定、求平和的具体反映。破坏稳定的行为，任何导致不稳定的因素，都会和北京人的生活格格不入。当需要冒着不稳定的危险去制止不稳定的行为或排除不稳定的因素时，北京人就只愿意"置身事外，冷眼旁观"了。这种文化培养出退避忍让的顺民，当然，也培养出热爱生活、热爱家庭、渴望和平稳定的老百姓。

曾在临汾听一位老师讲苏轼的《定风波》，该老师用了20分钟左右就讲完了全篇，剩下一半时间又补充了练习册上苏轼的一首《西江月》。我评课时说：老师讲课很像中文系的老师，一个人从头讲到尾，而且还有七八分钟就在词的周围转悠，介绍了苏轼乃至乌台诗案等背景知识，真正解读文本也就是十三四分钟左右，并且基本上是无效劳动，解读比较粗疏，深入不到文本中去。如《定风波》第一句："莫听穿林打叶声，何妨吟啸且徐行。"该老师一句话就从这句词的表层意义上轻轻滑过：不必去理会那敲打树叶的雨声，不妨一边吟咏长啸着一边悠然地行走。难道学生不知道这两句话的表层含义吗？

就这句词，我是这样解读的：（1）"莫听穿林打叶声"为什么用"穿"和

109

"打"来形容雨声？"穿"说明雨的速度，"打"说明雨的力度，这场雨既有速度又有力度，显然是场大雨。（2）为什么诗词里面写雨的时候总是小雨细雨？如"细雨骑驴入剑门""天街小雨润如酥""清明时节雨纷纷""青箬笠，绿蓑衣，斜风细雨不须归""沾衣欲湿杏花雨""细雨梦回鸡塞远，小楼吹彻玉笙寒""自在飞花轻似梦，无边丝雨细如愁""梧桐更兼细雨"等。（因为小雨对人没有功利性的伤害，而有一种朦胧的美感）（3）苏轼这首词为什么写一场大雨？这场雨有什么特点？（急、大）这场大雨既符合骤雨的特点，更暗含了苏轼遭受的那场突如其来的政治风雨，也是又急又大。（4）面对这场突如其来的大雨，苏轼是什么反应呢？"莫听""何妨"。"莫听"就是不管的意思。下大雨了，最好是两种选择：附近有躲雨处先躲一躲；没躲雨处赶紧跑，找躲雨处。"穿林打叶声"隐喻着人生各种闲言碎语，各种杂七杂八的声音，而苏轼则吟着诗，啸叫着，慢慢行走在杂七杂八的闲言碎语中。"何妨"甚至还有些挑战的姿态，这正应了那句老话："走自己的路，让别人去说吧！"（5）这么大的风雨声，苏轼就当是没有听见，可见他没把这疾风骤雨当回事，说明什么？点明外物不足以干扰自己，不把这点事放在心头。（6）那么，苏轼这是什么态度呢？词牌"定风波"，就是定于风波，在这场突如其来的政治风波中，就像面对这场突如其来的急雨，苏轼表现出一种洒脱豁达的人生态度，用一个词来形容，即"淡定"。"淡定"是解读这个文本的最佳角度。如此，这两句话用6个问题，解读得既有深度又有难度。

但我明白，并不是我讲得精彩学生成绩就提高了，成绩要提高，还得让学生进行适当的操练。熟练熟练，熟是练的结果；学习学习，习是学的保证。现在特别流行买一大堆的复习资料，诸如《绿色通道》《高考核按钮》《黄冈独家秘籍》《衡水内部复习资料》等，全都是按照语言知识的序列编写的，着眼点都在各种语言知识上，而不是在语文能力的培养。我认为培养学生的语文能力，关键还在分析课文上。窃以为，那种千百次的机械训练，对学生的思维只有破坏，没有提升；大量机械化训练，思维形成一种惯性，没有了独立思考能力，只要考试题型稍稍变化，学生就全傻眼了。常有学生对我说，老师，咱们还是讲课吧，不要做题了。后来我渐渐明白，提高学生的语文能力，关键还在课堂的文本解读上。

我教语文，雷打不动的练习就两项：一是写作文，二是背课文。古人说"书读千遍，其义自见"，"旧书不厌百回读，熟读深思理自知"。所谓"读千遍""百回读"，核心就一个"读"字，百回千遍地读，目的就是要彻底背诵下来。尤其是如果阅读一篇文言文，只记住了一些生字或句子是远远不够的，因为一个词的解释在不同的句子中往往因语境的变化而有变化，一个字在不同的结构里会具有不同的用法，孤立地记住了一个字的一个解释和一种用法，碰到这个字的解释和用法有变化时，学生常常又弄不清了。考试说到底就是一种知识迁移，如果没有背熟文章，也很难进行有效的积累。古人学习文言文有两句经验之谈："实词在于记，虚词在于用。"实词积累就是要"记"并且"记住"，那就必须背诵。背熟的文章多了，积累的词语就多了，自然就会"义自见""理自知"。文言经典背诵多了，还会从文体、词汇和句式等方面吸取文言精华，作文也会显出很好的质地来。

4. 第五次感悟：唯有细腻，才是文章

◎ 没有细腻，再深邃的思想也只是乏味的口号。唯有写得细腻，才能写出意会的境界，言语有限，意趣无穷。如果能将不是事的事写成一个事，必能游刃有余地驾驭考场上任何作文。

新一轮教学开始。这段时间读书比较杂，当时武侠小说兴盛一时，譬如金庸的《射雕英雄传》《笑傲江湖》《天龙八部》等，但我对这类小说已失去了阅读兴趣，转而对散文有了热情，这种热情也是受了环境的影响。20世纪90年代读书界是"散文热"，读者阅读散文，总是希望读到好的文笔、好的修辞；希望读到作者对人生的观察和体悟。散文之美经常是因为其中那些精彩的句子，以及隐藏在这些句子里的思想火花。所以，好的散文应该让读者收获"感性的感动"与"知性的深度"。我这里说好的散文要富有诗意，似乎说诗的地位要比散文更高，其实也不然。譬如陶渊明本来是要写桃花源诗的，但不得不先把去桃花源的渔人的航船日志公布一下，结果那篇名为《桃花源记》的序太精彩了，把诗的光彩掩盖了。还有王勃，也是要写滕王阁诗的，结果《滕王阁序》写得光芒万丈，知名度远超《滕王阁诗》。还有王羲之写的《兰亭集序》成流传千古的名篇，而那几十个诗人写的兰亭诗都相形见绌，黯然失色，终至默默无闻。

我对北大张中行教授的散文作品很感兴趣。张中行老先生是20世纪末未名

湖畔三雅士之一，与季羡林、金克木、邓广铭合称"燕园四老"。季羡林先生称赞他为"高人、逸人、至人、超人"。我陆续购买了他的《负暄琐话》《负暄二话》《负暄三话》《禅外说禅》《顺生论》《文言津逮》《文言与白话》《作文杂谈》等书。先生涉猎广泛，博闻强记，遍及文史、古典、佛学、哲学诸多领域，人称"杂家"。我比较喜欢张中行先生的文笔，特点很鲜明。他称自己文章为"闲话体"。他的行文运笔随意，语言自然，喜欢短句，特别具有口语的特点，像拉家常似的，文章特别有味道，耐读。他的文章给我的启发是，写文章一定要有闲笔，就像人们穿衣服一样，为什么要穿漂亮的衣服呢？因为人们不仅需要为满足实际需要而遮羞保暖的实的部分，也需要为满足自己的感觉而装饰美观的虚的部分。闲笔就是满足读者感觉的虚的那部分。闲笔看似多余，实际是文章里最湿润的部分，是维持读者阅读兴趣必不可少的部分。车前子有一比喻形容得更好："好的闲笔是美人临去秋波那一转。"

张中行的文章给我的作文教学也颇有启示，就是"口吻"。我发现很多学生写的作文读起来很隔，一直想不明原因，现在突然感觉，那是找到没有自己说话的口吻。一写文章就给人一种社论的口吻，劈头就是"在当今信息爆炸的时代……""在党的十八大以来……"等，看起来是概括能力增强了，实际上是大话、空话、套话泛滥。一句话，不是从个人的心灵出发，而是从别人出发，从书本、概念出发，抒别人的情。即便语文学得较好的学生，作文也多是有生活现象却无鲜活的生活气息，故而作文用语呈现高度模式化。尤其是介词短语若再和当前的政治形势结合起来，那就更糟糕了。作文要写得如风行水上，自然成文，一是要写贴近自己生活的东西，最自然的生活是自己的生活；二是找到自己说话的口吻，用自己的口吻写作文。后来我还写过一篇博文《高考作文试题越来越关注生活，考生作文越来越远离现实》，认为不少学生的作文文字功底不错，书写也漂亮，但读之总感觉有点隔，细想想，是因为作文里所举例子都是千年以上的文学典故，虚化了作文的现实意义，缺乏对现实社会的一种真实关切，实际是缺少对生活现象的分析判断能力。

民国时期的文学大家的散文集也陆续面市，我购买了譬如《周作人散文集》

《梁实秋散文集》《沈从文散文集》《林语堂散文集》《朱自清散文集》《俞平伯散文集》《丰子恺散文》等，还有台湾作家的《王鼎钧散文集》《林清玄散文集》《余光中散文集》《琦君散文集》《罗兰小语》等。曾经买了一本著名文艺评论家陈子善的《你一定要看董桥》，经他书中推荐，购买了香港作家董桥的《董桥散文集》。也购买了当时一些著名作家的散文作品，譬如《伍立杨散文》《贾平凹散文》《陈从周散文》等。散文是写语言的。最喜欢梁实秋的散文，那种幽默诙谐的语言风格最合我的阅读趣味，譬如其《中年》《老年》《男人》《女人》《理发》等，让人忍俊不禁。学生富林送我一套香港学者司马长风的《中国新文学史（上、中、下）》，香港昭明出版社1978版，读之确让我耳目一新。作者从纯文学的角度发现了不少可圈可点的作家作品，譬如，他在中长篇小说七大家里，将沈从文放在第一位，特别推崇其《边城》。他对每个作家的点评都寥寥数语，但能击中要害，对具体作品的分析都有自己的感悟与心得。他曾这样评述："在现代散文作家中，论幽默的才能，首推梁实秋，其次是钱锺书。"

余光中散文我也很喜欢。他的散文也富有幽默感。他在《听听那冷雨》序言中指出，散文语言要有"弹性、密度、质料"三要素，使我深受启迪。所谓弹性，是指散文对于各种文体、各种语气能够兼容并包的和无间的高度适应能力，是采用各种其他文类的手法及西方句式、古典句法与方言俚语的生动口吻，将其重新熔铸后产生的一种活力；密度是指散文在有限的篇幅中产生更强烈的美感；质料则是作家在遣词用字上的匠心和对文字的精心锤炼与选用。而他的散文成就很大程度上是在散文语言的革新上。他的散文中新奇而机智的比喻很多，琳琅满目，令人目不暇接。伍立杨评价余光中时曾赞美其文中的比喻："多得像草一样的比喻让人想到莎士比亚、苏轼和钱锺书。"但我觉得，余光中的比喻典雅，大多传达一种体验，一种心境；钱锺书的比喻尖锐，很多是讽刺与嘲弄。余光中的散文使用很多文言句式或文白相间的句子，而且化用了不少古诗词，以增加文章的雅气，用现代的散文语言创造出古典式的意境美。阅读这些散文作品，对我当时的作文教学产生特别大的影响：注重语言训练。

注重语言训练重要的是注重语言的质地。余光中讲：所谓质地，是指构成全篇文章的个别字或个别词语的品质。这种品质几乎在先天上就决定了一篇散文的趣味甚至境界的高低。譬如岩石，有的是高贵的大理石，有的是普通的砂石，优劣立判。讲究语言质地，就要从古典汉语中吸取语言之道，要从词汇和句式等方面大面积地将文言文糅进现代汉语。古人有两句话："字怕悬起来看，文怕读起来听。"也就是说，古人写文章是要求音韵上有节奏的，文字读起来要有铿锵的感觉、起伏的节律，因此要讲究平仄。诗歌如此，文章也如此，即使是散文，也要朗朗上口。同时，音韵上的讲究，是与文字的意蕴和色彩结合在一起的，文字不仅需要表达意义，而且还要有字与词本身含义的组合所传递出来的色彩，为意义生色。只有这样的文字，才算是好文字。但现实状况是我们的学生在语言运用上越来越"略输文采"，甚至大输文采了。我们一直提倡白话文写作，似乎只要能把文章写得通顺流畅明白易懂就可以了，结果是不少学生的作文都写成了一杯白水，且越来越白，寡淡无味。所以，我在作文教学中经常尝试让学生用文言写作，鼓励他们写作文要多用典雅之词。

20世纪90年代读书界最热的还属余秋雨。余秋雨的散文以文采飞扬、思维敏捷、知识丰厚、见解独到而备受万千读者喜爱。他的历史散文更是别具一格，见常人所未见，思常人所未思，善于在美妙的文字中一步步将读者带入文化意识的河流，启迪哲思，引发情致。他的这种"文化散文"为当时的散文注入了一股新风，引起了一场散文界的变革。我阅读他的第一部散文集《文化苦旅》，确实很喜欢，如读小说一般几乎一口气将几十篇文章读完。我最欣赏他的文笔，用抒情笔法进行理性思考，其中又不乏真实的细节，文字充满灵气，吞吐古今，驰骋中外，富含哲理，充满情趣，特有文采，特别大气。后来我又购买了余秋雨的《山居笔记》《霜冷长河》《千年一叹》《行者无疆》《借我一生》《余秋雨散文》等。他的文章对我日后的作文教学也有很大影响，那就是语言美和细节。

我订阅过的杂志有《读书》《名作欣赏》《散文》，还短暂订阅过《文学自由谈》《散文选刊》等。学校阅览室订有几本语文教学方面的杂志，如《语文教学通讯》《中学语文教学参考》等，我偶尔翻翻，感觉不少教学论文总是停留在经验体会的层面，且皆似曾相识之文，不接地气。语文教学杂志上也登载一些教师对文本的解读与设计，包括一些名师的教学设计，都是精彩的少，一般化的多。

我依旧在作文教学中投入不少精力，坚持认为作文教学就是要从别人的文章中借鉴章法技巧等。但这些章法技巧总是不露声色地隐藏在文章中，学生很不容易看出来，也就不能领悟其精髓，更谈不上运用了，这就需要老师把隐藏的写法奥妙指出来给学生看，并帮助他们学习运用这些写作技巧。这个时期，我的作文教学很重视语言训练。我们学生普遍存在的问题是初中阶段的叙述功底没有打好，故而，笔下表达的常态是一种概要式思维和泛化型表达，具体表现为叙事说理不细致、不具体，笼而统之，泛泛而谈，作文只是一个大的轮廓和框架；不善于细致地描写事物，不善于让形象自身来说话，缺少对事物细部的捕捉、挖掘和描绘，尤其不善于运用细节来表情达意，以使表达准确、醒目、有冲击力。

为获得新书的信息与邮购书籍方便，我当时订着一份《书讯报》。《书讯报》1991年登载有上海作家张重光的两篇创作经验谈：《细腻在于微妙》《细腻，再细腻》。作者说他在《小说界》发表了两篇小说，《请高抬贵手》（1990年4期）和《我什么也不是》（1991年5期），目的"就是要让一些'作家'看看，什么叫小说"；而且他还说，他在发表了这两篇小说之后，"就更觉得有资格说这句话了"。当时觉得这个作家口气好大，估摸有底气说这样的话，故而，特意去市图书馆阅览室仔细阅读了这两篇小说，也确实挺有启发的。譬如《请高抬贵手》讲的就是一个人出国去签证的事，几乎没有什么情节，就写主人公在大使馆门前排队，从深夜排到第二天早晨，领了表格填好交上去。这么简单的事，居然写了3万多字。他把这件枯燥无比的事儿写得生动活泼，要害就在于"细腻"上，使笔下人物毛发毕现。《我什么也不是》讲的也是排队签证的事，是《请高抬贵手》的姊妹篇。

由此感悟：唯有细腻，才是文章。细腻需要丰富的想象力，需要精细的心理剖析能力，需要灵活的语言表达能力。高考作文能得个好分数，除了注重结构，必须要注重语言的文采，语言要生动活泼，新鲜有趣，给评卷老师"红杏枝头春意闹"的美感。作文的语言要写好，首先是要写得细腻。越是没有情节的细腻描写，越锻炼学生的写作能力。其次是适当使用一些雅词，即在文章里杂糅一些文言经典的词语，这样会使作文语言多一份雅致和凝重，少一份苍白和飘浮，说"梦断龙城"就比"我的理想在太原破灭了"更有味道。其三要恰当地使用修辞手法。若要文章写得新鲜生动，多用比喻。而巧妙设喻、造语新颖是保证文章新鲜的诀窍。

故而，我在作文教学里特别强调"感受"，作文就是要用自己的语言写自己的真切感受，感受越真切，文字就会越细腻；反之亦然，文字越细腻，描绘的感受才会越真切。我要求学生在作文本的首页写上我撰写的座右铭："写作文就是用形象的语言表达自己内心复杂而微妙的感受。"我给学生做过"跟着感觉走，紧抓住梦的手"的讲座，点明我教写作两个重点：一是语言，二是虚构。要求："跟着感觉走"，写出自己的感觉来；"紧抓住梦的手"，写出自己的想象来。给学生的作文命题要尽可能贴近生活真实，比如洗澡、理发等，务必是每个人都有亲身感受，都能有感而发的。材料可以是假的、编的，但感受和情绪一定是真的，语言一定是美的。高考作文中获满分的，基本都是散文而绝少小说，小说是写故事的，而散文是写感受的。感受不是一种观察，而是一种体验。散文就是由文字和感受组成的。20世纪90年代末兴起的"新概念作文"，韩寒的成名作《书店》《头发》等，皆为此类。

【我的范文】

牙 疼

河马似的大张着嘴，不时"丝丝"地倒吸着冷气，像一个破打气筒漏气似的——我觉得一向不敢得罪的左颊最内侧的牙，又无缘无故莫名其妙地疼了起来，隐隐约约而又实实在在，疼得天苍苍野茫茫。我装着若无其事的样子看着若无其事的医生，硬撑着男子汉的架子，没料到牙疼得更加轰轰烈烈了，上下牙齿一咬合如同满口有了浸醋的棉花，弥漫开去的酸痛感觉使整个脑袋眩晕且又憋胀似的疼痛起来，嘴里浓乎乎黏溜溜的液体也恨不能飞流直下。我此时很想趴在什么枕头或被子之类的玩意儿上，痛痛快快地哼一段哎呦呻吟曲。忽而又想到要解决人类吃饭问题最有效的方法就是让全世界的人经常牙疼得龇牙咧嘴，水不能喝，饭不敢嚼，而后大大小小男男女女共同咧开嘴巴喝西北风。我邪恶而又得意地一笑，牙齿一碰，顿时又疼得日月模糊、天昏地暗起来。

左脸下方的肌肉活动必定是不太对劲，混混沌沌中天地之间似乎唯有那颗牙如齐鲁大地突兀而起的泰山一样，但轻轻摸一摸，老样子，又是钱塘涨潮般的疼痛，一浪高过一浪，汹涌澎湃。这是一种空洞的疼痛，空洞得几乎不涉血肉，好像一个人掉在茫无际涯的宇宙，上上下下都无着落，但又清清楚楚地牵动着我脑袋上的每一根神经。我托塔天王般地托着艳若桃花、丰满如刚出锅馒头的左腮，所有春天盼雨、冬天盼雪、光棍汉盼老婆的情感都聚集在对医生的呼叫上了。

牙钻撕裂般的旋转声，左腮触电般地颤抖起来，"哈……哈……"了几下，哭不是哭，笑不是笑，我想我此时的尊容一定改变了父母的塑造，非常具有创意了，幸亏没人给我偷偷拍照，将这扭曲的面部永远定格在历史中。"别动！"牙医不客气地用一根闪光的金属棒像挑门帘似的挑起了我的上唇，我喉咙里立刻如大庆油田新开出的油井一样咕嘟咕嘟地就要喷井。那颗牙被牙医拨弄得像一只老鼠在嗫咬着神经，又提醒了旧日所有疼痛的感觉。酸麻胀痛的感觉从牙根蔓延到四周，在面部肌肉不断地无规则地机械运动中，牙疼释然而解，想对医生说几句感激的话，然而嘴里又塞入一团棉花。医生平淡地说："咬紧，不要说话。"只好在右半边脸上努力挤出一点含泪的微笑来。

高考作文是很灵活的东西，但有一点很重要：高考作文不是靠传奇故事感染人，不是靠深刻道理吸引人，而是靠精彩语言打动人。当阅卷老师看到你的语言像诗歌和散文一样优美时，他对议论本身的标准就会有所放松。归根结底作文考的是文字水平而不是议论水平，换言之，只要作文能体现出精彩的语言，实在不必太拘泥于文体与所谓的标准。写作文，说到底是运用语言，就是要展示学生精彩的语言。精彩的语言常来自细腻的叙写，不是事情本身是否有意思，而是作者是否能写得有意思。我最基础的训练的方法，一是改写古代的诗歌，或细节描写或环境渲染，但要写出典雅之气。二是尽量采用"用诗"传统。"用诗"最简单的方法就是把古人的诗句直接引用到自己的文章中来，为不善语言表达的学生

"借光"来增加一点文采。其次是借古诗的成句，或适当改换一两个字，引申出切合自己需要的新意来。其三是把古诗词的句子化为自己的句子。譬如陈小奇写的流行歌曲《涛声依旧》，就是化用了唐人张继《枫桥夜泊》的诗句，用的是妇孺皆知的大白话，可造出来的却是唐诗宋词的意境。所以，我不断告诫学生：写作文就是把你的精彩告诉老师。

【我的范文】

秋　思

秋暮。古道逶迤。一株老树阴郁地呆在路边，几茎青铜色的古藤缠绕着，像一个裸露着青筋饱经风霜的老人。风奏着最原始的管弦乐，低沉的乐音引起了老树的共鸣，琐琐屑屑申申诉诉孤独的晚景。鸟声减了啾啾的通俗唱法；虫声减了唧唧的民族唱法；唯有鸦声哇哇地吼着摇滚。摇得残阳如赤金又化为黄铜，摇得天地间苍苍茫茫就如一个灰黄色的梦。

凄迷的梦境中踽踽行来一匹瘦骨嶙峋的老马，马背上驮着一位清癯的诗人。驿路上重重叠叠的蹄印踏入了多少沉重。浓浓凉意中，哪一片枯叶又飘落？哪一种生命又消尽？乡愁有根，痛苦无名。道路侧面的小河无声地淌着，山岚的阴影逼近了小桥对岸暖暖的茅舍。炊烟时而被风拽弯了，时而又被扯碎了，扔得满天里一片紫灰。群山庞然的黑影从背后压来，流浪的诗人抬头望望无尽的路，今晚是不是仍旧找不到归宿？

致坠水的孔雀

云天的色彩已经很黯淡了，夜色水一般环拥过来，月如钩。

你亭亭红装的倩影倒映在清清的池水里，让人觉得这世上一切美好的东西都被颠倒过来了。飒飒秋风吹皱了一池碧水，似乎在倾听你楚楚哀哀的悲吟，柔柔地呼唤你：芳魂啊，归来吧。尘世虽好，但不是你久恋之地。你安详自如，轻轻脱下丝鞋，提起裙摆，向池水深处缓缓走去，走去，身后一圈圈的涟漪幽幽地编织着你的梦，诉说着你那凄美的故事……

事如芳草春长在，人似浮云影不留。

你做女儿时极聪颖，极敏慧。十三岁就飞梭走线织出精美的白绢，十四岁能锦心巧手剪成新式的裙裳；悠悠琴弦上叮叮咚咚流淌着你高山流水的心韵，润润红唇中抑抑扬扬吟诵着你关关雎鸠的温馨。少女的心啊，羞答答的玫瑰静悄悄地开。十七岁的花季，媚媚艳艳的你，嫁给了做小府吏的仲卿，花好月圆，姹紫嫣红，只以为暖巢永栖你美丽的梦。然而命运偏偏给你摊上一个恶婆婆，在她的眼里，你就是焦家新买的织布机。鸡鸣日升，一梭梭织入的是郁郁的寂寞；月沉星移，一匹匹织出的是密密的苦衷。三天就要织出五匹布，就是天宫的织女也不过如此，可婆婆依然恶语相向，百般挑剔。

谁遣鸳鸯化杜鹃？伤心姑恶五禽言。

人，能受得了千般苦，但却无法忍受窝囊气，终于你将满腹幽怨倾诉给了刚刚回家的夫君。然而，落花有意，流水无情。东风恶，欢情薄。明天，明天就要被遣回娘家了。但你知道这不是解脱，情天恨海中缠缠绵绵的情意，怎一个"休"字了得？忍对夫君眷眷的泪眼，你真想说，难道我的柔情你永远不懂？留下昔日的衣物，就是留下了一片真情让它停泊在你的心间。

剪不断，理还乱，是离愁。别是一番滋味在心头。

晨，你坐在梳妆台前，又仿佛回到了当年初嫁的良辰。戴上闪闪烁烁的首饰，像孔雀那美丽的头冠。纨素的绸带，银白的耳坠，纤纤玉手，淡淡朱唇。晨光辉映下的你像一尊大理石雕像般端庄、冷静。你是为悦己者而容，抑或是为妒己者而妆？上堂拜别，面对婆婆一脸秋霜，你没有痛心疾首，没有捶胸顿足。字字责己，句句宽人。你柔弱的倩姿中如何能有这般坚韧的风骨？你娇小的躯体内怎么能具有如此宽大的心胸？女儿有泪也不轻弹啊！回头与小姑告别时，你抛珠洒玉，泪雨涟涟，小姑哭声哀哀，依依难舍……

多情自古伤离别，更那堪冷落清秋节。

大路口与夫君话别，更使你柔肠寸断。流泪眼观流泪眼，断肠人对断肠人。纵有磐石蒲苇的山盟海誓，但今日归至兄长家里，婚姻大事自己能做得了主吗？惆怅迷茫的情绪压上了你的心头，惘然若失地挥动着手，直到泪眼中模糊了夫君的身影，听不见马儿的悲嘶。

自是人生长恨水长东。

迈进娘家的门槛，你惭愧地听着母亲的数落，寸草之心，难报春晖。你无语以对，无言以辩。然而，你本没有错，可此恨谁知？山月不知心里事，老天哪管世不平。你只是默默地等待仲卿所说的那个日子。

美丽的孔雀又归故里，提亲说媒的接踵而至。你谢绝了县令的媒婆，又婉拒了太守的月老，然而，你预料之中却又是不希望出现的事，却偏偏恰如所料地出现了。性暴如雷的兄长用如雷暴般响的声音训斥妹妹。前有婆婆棒打鸳鸯，后有兄长强扭并蒂，一介弱女子，难道你还能选择自己的路吗？柔情似水，但佳期如梦。

无奈朝来寒雨晚来风。

你答应了婚事，是你知道你和仲卿的恩爱在人间已经走到了尽头；你答应了婚事，是你知道你的生命之花在最绚丽时飘落。你无怨无悔，你和夫君约好了永生相聚的地方，既然人间难栽连理枝，我们世外去结并蒂莲，"让我一次爱个够"，情也绵绵，恨也绵绵。你毅然决然地要走了。纯真的爱情与这个污浊的社会格格不入，你将以绝对的方式赢得自己，赢得爱情。

准备迎亲的太守家刚刚是车如流水马游龙。这是世俗的人最倾慕的一种世俗的豪华。

你却在这煊赫和豪华的世俗中愈感到悲哀、寂寞、孤独……这煊赫豪华的婚礼体现的不是有情人的眷爱，体现的仅仅是一种虚荣和矫饰。你毅然决然地走了。

质本洁来还洁去，不教污淖陷渠沟。

一缕香魂从池水中袅袅而起，细如雨，柔似雾，轻犹风。

魂归离恨天，像雨像雾又像风……

5. 第一次在太原讲公开课

◎ "给咱阳泉教育界争了光。三个评委在讲课、答辩、知识考查三项中全都给了最高分,在全省80多个参评语文教师中排名第一,这在咱阳泉还是第一次。"

1996年12月,我参加高级职称的评定,去省城太原讲课。这是我教学生涯的一个分界,不仅仅是因为我评上了高级教师,而是因为这次讲课,使我走出阳泉,逐渐为山西省高中语文界所熟悉。那时候的高级职称还像熊猫一样珍贵,因为稀少,缺者为贵嘛!阳泉三中基本是一年一个高级职称指标。从1998年之后高级职称指标大增,教师们不去省城太原讲课,评审的难度有所降低了。1996年12月25日下午,我去省城的教育宾馆报道,获知讲课是在宾馆的客房里,随即去贴有"语文评审组"的客房门口,主要想看看讲课使用的黑板有多大,我要根据黑板来设计板书。踮起脚跟伸长脖颈窥见四方四正的黑板,大约一米五见方,写不了多少字。讲课的要求是25分钟,之后是知识考查、论文答辩。晚上8点,在宾馆大厅公布翌日参评老师要讲的课文、讲课的顺序。我讲的课文是《沁园春·长沙》,是第二个讲课的。

我平时教学对教材很熟悉,故而,当晚备课没费多少时间。翌日在客房门口候课,听第一个老师在讲《琐忆》,因为超时,被评委中止讲课,双方争执几句,气氛挺紧张的。评审组的三位老师都是当时山西省大名鼎鼎的特级教师:组长是康杰中学的杨恩选老师，组员有临汾三中的杜伯雄老师和太原五中的郭蕴璧老师。我进去的时候，大约因为刚刚争执过，三个评委脸色都是黑沉沉的，郭老师说：不要超了 25 分钟啊！我说，没问题。讲课时，三位评审脸色已由阴转晴。讲完之后，我看表，用了 23 分钟，三位评审脸色已经阳光灿烂了。杨恩选老师问了我 5 个问题，皆是那种不多用的古代文化方面的冷知识。我记得有道题如是问：《张衡传》中"遂通五经，贯六艺"的"六艺"和《师说》中的"六艺经传皆通习之"的"六艺"含义是否一样？为什么？还有一道题如是问：《左传》的"传"与《张衡传》的"传"，意思是否一样？为什么？其余的 3 道题如今记不起来了。我 5 道题回答全部正确。郭蕴璧老师负责论文答辩，我递交的论文是《传统文化心态对现代教改的影响》。郭老师说，你的论文写得很好，我这水平给你提不出什么问题，你能不能就你写的这些问题，做一个 5 分钟的演讲？给你 5 分钟的准备时间。我说，不用准备！然后马上讲述了一下我论文中阐述的教改的问题与困难，得到三位老师的点赞。

转眼就是 1997 年。某日早晨，我去学校上班，原市教研室主任、省高评委委员申兴兆老师从太原刚回来，一碰见我，就远远地祝贺："小郗，不简单啊。评委们给予我很高的评价："这样素质高的老师好多年不见了，就是其他硬件不够，我们评审组也要推荐上。"当时，省教研室的张春连老师去高评组，语文评审组立刻给张老师推荐：我们这儿发现了一个优秀的语文教师。而且太原五中的郭蕴璧老师回去也极力向五中校长推荐我，1997 年我在省里做报告时，太原五中的章校长、李副校长亲自去宾馆，邀我调工作到太原五中，后因个人原因没有成行。

再后来，阳泉二中的董怀庆老师写了一篇《郗晓波印象》登载在《阳泉教育》上，提到我这次参评的情况，因为董老师和杨恩选老师是山西大学中文系的同班同学，"文化大革命"前毕业的老牌大学生。他说，杨老师给他打电话，说"你们阳泉的郗晓波可是个不可多得的好语文教师，不论是论文答辩还是课堂试讲，在从全省各地送来的 300 多名参评者中都是拔尖的。"董老师写道："我曾经担任过阳泉市中小学教师职称评审委员会的评委，有一段时期经常和省里的评委们接触，他们对参评的老师一般都不做过分的评价，尤其是我的那位为数不多的首批省特级教师之一的时任省高评委语文组组长的女同窗更是金口难开，有了她这一番不寻常的夸奖，我才知道了郗晓波这位体育教师出身的语文教师的分量。"

【我的教案】

《沁园春·长沙》教学设计

【教学重点】

理解景中寓情、情中显志的特点／抓住诗歌的意象，尽可能展开联想和想象，理解诗歌的主旨。

【引入语】

中国古典诗词特别讲究"温柔敦厚"，即不偏激，不狂躁，哀而不伤，怨而不怒，《文选》《诗选》都是拿这样的标准去选的。但毛泽东的诗与传统的诗风大不相同，具有一种大道通天酣畅淋漓的阳刚之气。说得通俗点，就是豪放得很。周振甫说，读毛泽东的诗就想到了谭嗣同，两位湖南人在文字上都有股子辣味。毛泽东就说过："不吃辣椒不革命。"几个辣椒入口，就会大汗淋漓，血脉偾张，意气飞扬，据说长期食用辣椒会培养人勇敢刚烈的精神，嗜辣如命的湘民，就具有这种猛火滚油爆炒辣椒的勇猛气概，而这种民风也会影响到三湘英雄豪杰。毛泽东用旧体诗的形式写现代精神，读其诗，论其人，阅读毛泽东这首词，我们要体会诗人在"辣味"中透出的改天换地积极进取的革命豪情。

【课文分析】

1. 古代不少名诗都喜欢用"独"起笔，如"独在异乡为异客""独上江楼思渺然"等，《沁园春·长沙》起笔一句"独立寒秋"，也用了"独"字开篇，为什么？毛泽东此词之"独"与古诗人之"独"是否相同？为什么？

2. 古人作词说："词中一个生硬字用不得，须是深加锻炼，字字敲打得响。"如"红杏枝头春意闹"之"闹"。要"敲打得响"，关键是动词，一般来说，动词多用仄声，音节响亮。找找秋景描写中哪些动词"敲打得响"，这些动词在表现意象方面起了什么样的作用？

3. 同是写枫叶，《西厢记》中崔莺莺眼中的枫叶是"晓来谁染霜林醉，总是离人泪"；毛泽东眼中的枫叶是"万山红遍，层林尽染"，"意"与"象"之间是什么样的关系呢？

4. 意象是象征的基本单元，象征是意象的归宿和目标，没有象征的蕴含，意象容易沦为简单的具象表象，诗歌成为缺乏深度的物象罗列。这幅湘江秋景图有什么象征意义？

5. 煞尾三句，由写景转为抒情。面对广阔无垠一派生机勃勃的大千世界，青年毛泽东提出了他人生第一问。这一问包含什么样的哲理？

6. 上阕通过写景抒情，巧妙设问，提出了全诗的"诗眼"：谁主沉浮。那么下阕是如何回答的呢？

7. 下阕的"恰"字又领起7句，是对青年时代战斗生活峥嵘岁月的回忆，写得层次分明，请分析概括之。

8. 下阕煞尾三句采用了"以景结情"的表现手法，是如何表现作者情感的？

【课外思考】

1. 你是否赞同"字如其人"的说法，说说毛泽东的书法显示其什么样的个性特点？看看自己和同桌的字各有什么特点？与个性有没有关系？

【板书设计】

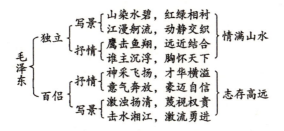

6. 第二次在太原讲公开课

◎课堂讲写作，而且是指导学生怎样观察，怎样思考，应该不太容易。不过，我之前在阳泉某自考辅导班里讲过几年自考的《写作》，也在阳泉广播电视大学讲过多次刘锡庆、朱金顺的《写作通论》，对写作的基本知识很熟悉。

我1977年当教师，1997年评为高级教师，这中间隔了20年的时间。在评高级职称之前，我的教学能力早已得到阳泉同行的首肯，教学成绩也很出色，郊区著名语文老师卢杰很欣赏我，曾断言我会是郊区未来最优秀的语文教师。

1997年山西、江西、天津确定为教育部第一轮课程改革的试点。当时省教科院与省音像出版社要联合推出新课文解读的示范课录像，张春莲老师邀请太原五中的王舒民老师、太原外国语学校的李江渊老师与我做示范课。学校分管教学的领导不同意我去太原讲课，理由是怕影响学校的教学工作。省教科院多次联系，几经周折，领导终于同意我去太原讲示范课，也算好事多磨罢。当时省里组织了一个21人的"课改专家组"，听评我们三人的示范课也是专家组任务之一。在这之前我不知道张春莲老师，显然是评高级职称创造出这次机会的。我拿到复印的新编高中第一册的《写作》部分。张老师说，你自己选一课比较拿手的讲吧。我说，我无所谓拿手不拿手，就按顺序讲第一课《多角度观察、思考》吧。

而且给学生写几篇范文对我来讲也比较容易。试讲地点在太原五中，我觉得自己讲课比较成功，也得到了专家组老师们的认可。其中省实验中学的礼出老师，听我的课后，在以后的日子里多次与我交流。我在太原作专题报告，礼老师经常专程来听，并在2001年邀我参与了山西省音像出版社组织的"初中教学示范课"光盘录制，我讲了《记承天寺夜游》与《登飞来峰》两课，全省发行。《多角度观察、思考》在山西省音像出版社制成教学录像带，全省发行。后来参加几次省教科院组织的高三研讨会，都有老师认出了我，说你就是那个讲"观察"的老师吧，讲得很好啊！

其实，写作课一开始就讲"观察"，这都是死板的老教条了，甚至从某种角度讲，这是不太懂写作的人讲的写作方法。阿根廷作家博尔赫斯中年以后就双目失明了，但仍以口授的方式写作，成为20世纪最伟大的短篇小说大师。试问，一个盲人如何"观察"呢？法国作家普鲁斯特就很蔑视观察，他认为："观察是无用的，没有足够的时间和距离的观察，只是社会学家的观察，而不是文学家的观察。"我后来也曾听某重点中学的名师讲语文学习，该老师很重视观察。他认为现在要提倡大语文教学，放眼万物皆为语文，看杂志看报纸是语文，看电影看电视是语文，看山看水看草坪都是语文，就是等车，看看人来人往，看看每个人的表情，都是语文……我当时很想反驳，这如果都是语文的话，要你这语文教师干什么呢？窃以为，这位名师不太懂得写作，也没有实际的写作经验，所以他主张把整个社会变成语文课堂，到处看看听听想想，语言文字的水平就提高了，这是典型的空想。

《写作通论》是由黄药眠教授写的序，劈头就说："有人问作文和说话是不是一样？有人说一样。书面语言就是把口头语言写在纸上罢了，这不是一样吗？但我认为事情不能说得这么绝对。……书面语言和口头语言既一样，又还有些不一样……"语文教学的核心问题是母语教学，学生在生活中看到、听到、闻到、想到的种种现象，必须能够转换成语言文字，而且是多种多样的语言文字，这是一个相当复杂的过程，不是那位名师想得那么简单的事情，如果没有丰富的知识作牵引和发动，没有丰富的想象和联想，没有精细敏锐的个人感觉，仅仅看到、听到、闻到、想到种种社会现象，又有什么意思呢？焦大和林妹妹都看桃花落地，但看到和感觉到的东西也绝对不一样，就是因为后者具有丰富的知识，具有很强的想象和联想能力，具有精细敏锐的感觉，才看出东西来。能看出什么东西来是因为你自己肚子里有什么东西，你肚子里什么东西也没有，自然你就什么东西也看不出来。

对于写作而言，观察并不是重要的，重要的是体验。将观察与体验相比，观察属于外感官经验活动，通过感觉器官感知外在事物；而体验属于内感官经验活动，它是一种内部情感参与的主观感受活动。康德认为，灵魂就是内感觉器官，因为体验的获得来自内在的精神世界，心灵情感世界丰富的人，生活中的体验也会是丰富的。体验不是直观经验，而是一种情感经验。所谓体验，是指一个人在其生命的某一时刻，对于一种对象、一种情景，或者一种事态的情感经历过程，它体现为在深刻的意义内涵中把握生命和存在的本质和情感的强烈性、震撼性。譬如，你在公园里看狼和在野外遇见狼，一个是观察，一个是体验。毛泽东说过："要想知道梨子的滋味，就必须亲口尝一尝。""尝一尝"就是亲身体验，这就叫作"真体验"，是你真正地体验过，否则，你只能根据观察梨子的颜色、大小来想象梨子的滋味。体验不是别人的感受，而是自己切身的经历。譬如史铁生的《我与地坛》提出种种哲学问题，就完完全全是属于他个人的，是在他的生命史上生长出来的，不是从什么哲学教科书上摘出来的。这种生命体验就是他对人生的感悟。

曹文轩教授说过："经历不等于经验，文字是建筑在经验之上的，而不是建筑在经历之上的。"就好像只要教学，教师都肯定有教学经历，但未必都有教学经验。后来阅读了更多的教育理论书籍后，更加明确，学生到学校学语文是学习书面语言而非口头语言。口头语言两三岁就会说了，但读书十年却写不好一篇作文，可见，书面语言和口头语言是不一样的。所谓"大语文"观念是一种大空洞，无非是近几年语文流行的各种观念中的一种而已。郑板桥说过，眼中之竹非胸中之竹，胸中之竹非手中之竹。观察到的东西与脑子里思考的东西未必是一回事，与写出来的东西也未必是一回事。写作最关键的是写出自己的感觉来，曹文轩说："一个艺术家的本领并不在于他对生活的强信号的接受，而在于他能接受到生活的微弱信号。"如沈复的《童趣》写幼时观看蚊子，"夏蚊成雷，私拟作群鹤舞于空中，心之所向，则或千或百，果然鹤也；昂首观之，项为之强。又留蚊于素帐中，徐喷以烟，使之冲烟而飞鸣，作青云白鹤观，果如鹤唳云端，为之怡然称快。"对夏天蚊子飞舞这一细微的难以引人注意的平常的景象，作者以其精微的感觉，细致的观察，并通过想象和联想作了细腻的描写。

【我的教案】

《多角度观察、思考》教学设计

一、教学目的：学习多角度观察、思考的方法，提高观察力。

二、教学设想：引导学生阅读《多角度观察、思考》一节，通过阅读梳理归纳观察需要注意的基本要点。本节课要把知识传授和技能训练结合起来，但不以写成一篇完整的文章为目的。重在观察能力的培养。

三、教学课时：一课时。

四、教学过程：

1. 同学们好！今天是我们写作的第一课，而我们要学习的"多角度观察、思考"是写作的第一步。今天这第一课中我第一步的工作是给大家讲一个有趣的故事——

一位幼儿园的女老师将一群孩子带到一个坑旁，故意将一个皮球扔到坑里，然后对孩子们说："皮球掉到坑里了，现在你们想办法，能不能再得到一个球玩。"一个孩子说："我用钩子钩。"老师立即阻止思维朝这一方向前进，说："钩子太短。"第二个孩子说："往坑里灌水，让皮球浮起来。"老师说："坑是漏的。"迫使孩子们改变思维的方向。……老师十几次迫使孩子们改变思维的方向。最后还剩下一个孩子，老师看了看孩子们，又看了看坑，然后再看看这最后一个孩子，很伤感地说："就剩你一个人了，现在就全看你的了。"那个孩子看看大伙，看看老师，再看看那个坑，最后抬头看着老师说："不钩了。回家跟爸爸要钱重买一个。"老师激动地说："对，对极了！既然钩不上来，还非要钩它干什么？回家去，和爸爸要钱再买一个。"

这个孩子之所以受到老师夸赞，是因为他没有执拗地沿着那条思维的直线走下去，而是改变了思维的方向，转换了思维的角度。世上许多新发现，就出现在思维方向陡转的一瞬间。据说牛顿看到苹果落地，陡发奇想：苹果为什么总往下落，而不往上落呢？就这思维陡转的一瞬间，一个伟大的发现诞生了。所以，观察，不仅仅是眼睛看的问题，你要注意课文题目叫"多角度观察、思考"，在"观察"的后面还有两个更重要的字，叫"思考"，更重要的是我们的大脑如何思考，如果缺乏思考，即便睁大眼睛观察也看不出什么东西来。但题目在"观察"前还加了一个限制词语，叫"多角度"。为什么强调"多角度"呢？苏轼一句诗回答得最好，即"横看成岭侧成峰，远近高低各不同"。一个主意危险，一个角度僵化，所以，善于转换观察角度很重要，其实，转换一种观察角度就是转换一种思维方式，这并不是任何人都能轻而易举做到的。这就是我们今天讲的观察的第一个要点：多角度观察、思考。

还有一道物理学上的难题考考大家。说在绝无一人的情况下，一棵大树倒地究竟有没有声音？（开动脑筋，快速抢答）从物理学的角度说，大树倒地引起空气振动，肯定是有声音的。从心理学的角度说，既然绝无一人听到，就不可能存在声音不声音的问题。叔本华在《作为意志和表象的世界》中就说："世界是我的表象。"世界是我的"表象"，是说世界上一切东西的存在，都以人的感知为条件。如果离开了人的感知去谈"实在"，是无意义的。唯物主义者说"物质第一性"，凭什么你知道有"物质"呢？那是因为你"感知"到了"物质"。世上万物的存在，都是由我们的大脑来感知的，既然绝无一人，那么，也就无从感知声音。所以，讲观察，一定要讲究观察的角度，不同角度会发现不同的东西，得出不同的结论。

从观察者的角度来说，有远距离观察，有近距离观察；有总体观察，有分解观察；有个别观察，有比较观察。从观察对象来讲，有静态观察，有动态观察；当然，也可能是观察员和观察对象一起动，如潜水员观察鱼群。问一下大家，苏轼说："不识庐山真面目，只缘身在此山中。"从观察者的角度来说，这是一种什么观察呢？是近距离观察。苏轼认为，近距离观察难以看清"庐山真面目"。我再追问一句：是不是跳出庐山外，坐上直升飞机俯瞰庐山，就能看清"庐山真面目"了？也不一定。走在庐山里，是一种观察角度；坐在机上俯瞰，又是一种角度，说不上哪种角度更接近庐山的真面目。最好的办法是从近处看看，再从远处看看；从正面看看，再从侧面看看……才更容易全面而深刻地认识事物。如果你观察事物、思考事物只有一个角度，这个角度就很容易引人误入歧途。

2.设问：我们课文中的作者观察鸽子是从哪些角度观察的呢？

（近距离观察）作者说他"细细端详"了这只鸽子，可他描写这只鸽子时却并没有细细描述，那么，抓住鸽子的哪些方面去写呢？（色彩）为什么他要去写色彩呢？不能写鸽子善于飞行，写鸽子个头大，写鸽子咕咕的叫声吗？因为这只鸽子最大的特点就是"白色"。这实际上还告诉我们观察事物还要注意什么？观察的第二个要点：观察要抓住对象的特征。

我们说鸽子的外在特征是白色，那么，作者后面对鸽子生活习性的描写，又是抓住什么特征呢？既有静态观察，也有动态观察。我们先看看作者是采用什么方法描写鸽子的？（拟人）作者既然是把鸽子当人来写，他在写鸽子妈妈哺育小鸽子成长的过程中，主要是写鸽子妈妈，还是小鸽子呢？我们知道主要写的是鸽子妈妈，那么，突出了鸽子妈妈什么样的本质特征呢？（慈爱）可见，观察事物或人物，既要看到它外在的标志特征，又能够透过外在标志特征看到它内在的本质特征，要看到二者之间某种相贯通的东西，如鸽子外在特征是白色，白色是一种纯洁，一种纯真；而母爱何尝不是一种不带功利的纯真的爱呢？这是一种洞察力，说一个人"好眼力"，不是说他的视力1.5，而是说他能透过现象看到本质。

形于外的东西容易被人直接"观察"到，捕捉到，而藏于内的本质往往看不见、摸不着，只有靠理性的"思考"才能把握。这就是我们今天的课文题目"观察与思考"，二者相辅相成，缺一不可。所以，有人把写作活动中观察的含意概括为一个公式："观察＝凝视＋揣摩＋默述"。即写作活动中的观察，要一边目不转睛地看，一边全神贯注地想，一边用语言在心里默默地描述，眼脑并用，看想结合，直到把观察对象看清楚，想明白，记准确。

3.譬如，这只白兰鸽，我也把它看清楚、想明白、记准确了，我这样描述它：鸽子，一种常见的鸟。翅膀大，善于飞行；品种多，羽毛有白色、灰色、酱紫色等；以谷类植物的种子为食物；可供食用或观赏；用作和平的象征。

和课文的描写相比，这样的描写好不好？这是一种科学的实事求是的叙述方法，课文是一种带有强烈主观性、独创性的描述方法。所谓好不好是要看用在什么环境中，如果放在《现代汉语词典》里，课文这段就不好；如果放在课文里，《现代汉语词典》这段就不好，干巴巴地没有一点情趣。比较这两段描写，对我们学习这一课文最大的启发是什么？

观察的第三个要点：观察必须充满艺术情感。

【板书结构】

观察的基本要点：	《啊，鸽子》的观察思路
一、要从多角度去观察、思考	静态观察——外形特征：白色　观其形
二、观察要抓住对象的特征	动态观察——本质特征：慈爱　知其神
三、观察必须充满艺术情感	

4.观察训练：写一个观察老师的片段。

我们知道，看见一个人的外表容易，但看见一个人的内心是非常困难的，所谓"知人知面不知心"是也；而看不见一个人的内心，我们就永远不能说认识这个人。所以，观察人物，就要"见其外而思其内，得其里而择其表"。不能说明个性的外表即使再具体再生动也没多大意义；然而，没有外在特征的内心刻画，则会使人感到沉闷空泛，甚至不着边际。

我自个儿对着镜子看了自己几十年了，发现自己最大的特点就是没有特点，走在大街上引不起人们的注意。当然，或许自己看自己看麻木了，就发现不了特点。今天我要考考大家的眼力，看看能否从我的外貌上发现什么特点，并由此而推知我性格或心理上的某些特点。大家观察并描述时，要注意努力去变换角度。

譬如，有人说，男人和女人观察思维的角度天然不同，有一作家观察后说：女人和女人一起走路，总是臂挽臂，手拉手，很亲近；男人和男人一起走路，就如刺猬和刺猬在一起，总是隔着一段距离。

7. 第三次在太原讲公开课

◎ 讲课不在于教师没讲文章的好而只讲文章的不好，关键是要对"不好的地方"讲得有理有据，恰如其分。

1997年高考结束，我所教的75班成绩喜人。不但结束了阳泉三中连续多年被"推光头"的尴尬局面，而且达线人数到了两位数。衣带渐宽终不悔，为伊消得人憔悴。辛苦三年，终有回报。1997年高考阅卷归来，我又插起招军旗，马不停蹄地动员我班里未能达线的同学回三中补习。那时候大多数同学已经在市重点中学阳泉一中报名了，听说我担任补习班的班主任，几乎全体回归。这是同学们对我教学能力的认可，是对我最大的信任。教补习班时引入衡水中学的"周周练"，每周模拟考试一次，出题、监考、阅卷……而且我还兼着高一两个班的语文课。在学校里，没有比一个敬业的教师更辛苦的工作了。我有时感觉自己就像古希腊神话中的西西弗斯一样，把大石头从山脚下推倒山顶，石头又滚下来，然后又推上去，又滚下来……如此循环往复中爆发了无穷的动力，真不知是失败的英雄，还是受难的魔鬼。

虽然被那条叫升学率的狗追得连撒尿的时间也没有，但夜深人静，我一定会展卷阅读，不断丰富自己。"阅读是教育的灵魂。"这是对教育本质的最深刻的揭示。学校教育的全部工作和意义就是为了给学生打开一个"广阔的文化空间"，其主要途径就是引导学生读书。教师好好学习，学生才能天天向上。如果教师本人就处在一个狭小的文化空间里，凭什么就能给学生打开"广阔的文化空间"呢？语文教师一定要时刻成为学生读书的榜样。教师常喜欢吹牛，就是因为教育是一次性消费的，学生缺少横向比较的条件，所以能够维持一些体面。如果学生一到其他地方补习，自然就对老师的优劣有了自己的看法了。吕叔湘说过："教师的水平高，才能教出好学生；教师的水平不高，学生中也会有少数或个别的由于自己用功有了成就，但是多数学生需要老师来提携，来指导，所以，归根到底还是师资问题，名师出高徒。"我教补习班最大的回报就是追随我的老学生几乎都考上比较理想的大学。

从20世纪90年代开始，我的读书从不辨良莠、四面出击地买书，逐渐集中到自己所喜欢的作者的作品中来。根据自己的性情所向选择读物，尝试着寻找阅读中的"为己"之道，根据自己读过的喜欢的书，向外延伸。一个人读书读到什么层次，才能遇到什么层次的书。优秀的人，总会欣赏优秀的人；出色的作者，也会欣赏出色的作者。所以，在出色作者的书中，总会忍不住提到并引用到那些优秀的作品，或者某个自己赞赏的观点。我像福尔摩斯探案一样，根据某本书里的蛛丝马迹寻找另一本书。读书多了，好书的很多特质自动会跳到脑海里来。很多的信息会告诉自己，这是一本好书，比如作者、出版社、前言后记，从外国的米兰·昆德拉、博尔豪斯、卡尔维诺、卡夫卡、福科到中国的何新、张中行、钱理群、王小波、林贤治、朱维铮、李书磊、陈嘉映、赵汀阳、葛剑雄、易中天、韩少功、曹文轩、张远山、刘亮程、余秋雨、葛红兵、王彬彬、顾随、余杰、摩罗等。

20世纪90年代初，《论语别裁》在大陆出版，兴起"南怀瑾热"。南怀瑾对儒、道、佛均有精湛的造诣，兼通诸子百家、诗词曲赋、天文历法、医学养生等诸门学问。学界对南怀瑾先生的评价是："上下五千年，纵横十万里，经纶三大教，出入百家言。"我购买了《论语别裁》《孟子旁通（一）》《老子他说（上）》《易经系传别讲》《金刚经说什么》《圆觉经略说》《楞严大义今释》《新旧的一代》《金粟轩诗话八讲》等。《论语别裁》《孟子旁通》《老子他说》都是他的讲稿，旁征博引，通俗易懂，读来有趣，很类似文化随笔，但亦受益匪浅。估摸读多了教条、枯燥的教科书，猛地见到这样五彩斑斓的史书释义，自然会眼睛一亮。最喜欢的是薄薄一册《金粟轩诗话八讲》，这本书所辑及所作诗词、楹联，皆为千古流传难得一见之诗林奇响。读《金粟轩诗话八讲》，第一次读到"只恐多情损梵行，入山又恐负倾城。世间那得双全法，不负如来不负卿"。知道了仓央嘉措；第一次读到《采桑子·忆江南》："谁翻乐府凄凉曲，风也萧萧，雨也萧萧，瘦尽灯花又一宵。不知何事萦怀抱，醒也无聊，醉也无聊，梦也何曾到谢桥。"知道了纳兰性德。后来购买了三四本仓央嘉措与纳兰性德的诗词集。这本诗词集还有许多禅师的禅诗，法语空灵，禅机雷射，读之有趣。譬如"残年节礼送纷纷，尽是豪门与富门。唯有老僧阶下雪，始终不见草鞋痕。""高山顶上一间屋，老僧半间龙半间。半夜龙飞行雨去，归来翻笑老僧闲。""不为栽松种茯苓，只缘山色四时青。老僧不会移将去，留与西湖作画屏。"我后来又购买了几本谈论禅诗的著作。

对传统文化讲得通俗而有趣的作家还有一位，即学者熊逸。熊逸也属于学富五车、才高八斗的人物，写文章总是旁征博引，涉猎中外；且语言通俗，幽默风趣。我购买过他的作品有《道可道》《周易江湖》《逍遥游》《思辨的禅趣》《孟子他说》《孟子趣说》等。不过，读多了这类作品，就感觉熊逸文中的插科打诨偏多，就像吃面浇多了醋，有些酸了。宋人陆游的书斋名叫"老学庵"，著有《老学庵笔记》，他在《题老学庵壁》中有句："万卷古今消永日，一窗昏晓送流年。"我也是日日读书并教人读书，亦不知黄昏晨晓，暗送了岁月年华，也潜移默化地影响着我的学生。

1999年省教科院搞"三优（优质课、优秀教案、优秀论文）工程竞赛"，我参赛的教案《看准兔子再放鹰—〈内蒙访古〉教案》，论文《鸳鸯绣了从君看，且把金针度与人——浅论古典诗歌鉴赏的教学》，参赛讲课的文章是《谈朱自清的散文》。在这次竞赛中，我是全省唯一的三项都获一等奖的教师。那天作为全省"优质课"讲课的选手，去省实验中学抽签讲课，我去得最晚，已不存在抽签了，只给我剩下一篇文章《谈朱自清的散文》，而且是第二天早上7：30就讲，讲课地点在省实验中学的阶梯教室里。我原以为竞赛讲课要讲的一定是名篇（有参考书且容易讲授的名篇，实验中学的老师都讲了），谁知剩下的是这一篇新选入教材的文章，在此之前我从未读过这篇文章。晚上在旅馆里仔细阅读，尽管这是大名鼎鼎的北大教授朱德熙写的文章，但我觉得文章写得不够好，不足以作为学生的范文来学习。可是公开教学从来都是唱赞美诗，还没有听说有唱反调的。怎么办呢？犹豫再三，觉得不能违背自己的感觉，相信自己的思想，相信内心深处所确认的东西大家也会有同感的。

我认为第二天到课堂上一问：这篇文章你们预读过没有？学生整齐划一中气充沛地大声回答"没有！"5000多字的文章学生压根就没人读过，打乱了我原先的教学设想。既然学生们都没有读过，我就按照没读过来处理。我当下就采用抓点带面、设疑解惑的方法，旁征博引，点拨引导，让学生体悟文章的"不妙之处"。一堂课自然流畅情趣盎然，圆满地完成了教学任务。讲完课后评委要求把教案留下，我说，我没有写教案，你们如果一定要教案的话，我再补一个。评委老师说，那就算了，用不着补了。讲课后被评课专家点评：像个学者，旁征博引，思维敏捷，逻辑性强，对语文教学有自己独到的感悟和见解。我讲完课之后，坐在阶梯教室后面又听了其他两个老师的讲课，因为大家都讲同一课文。结果是我批评的地方他们都一味赞美，与我形成鲜明对比，两位老师都是典型的只读教学参考书的"一本书主义者"，我心里有底了。我这堂课最终的评定是三个"优质课"一等奖之一。

1999年8月23日，市教研室主任檀中世在全市高中新教材培训会上讲：我们阳泉市有一个教师是全省"三优（优质课、优秀教案、优秀论文）工程竞赛"中唯一的一个三项都获得一等奖的教师。会场的老师们都骚动了，窃窃地议论，这是谁呢？等檀老师一宣布"郗晓波"三个字，老师们都赞叹不已，说没想到咱阳泉的老师也能拔得头筹。后来张春莲老师在"三优工程竞赛"总结会上称赞我很有悟性，是山西高中最有才华的语文教师等。这些溢美之词让我也虚荣了一把。事实上，一个语文教师，光有悟性没有功夫肯定讲不好课。什么功夫呢？读书的功夫。任何教法都是流水，源头是读书；任何教法都是形式，根基是读书。一个没读过几本书的教师肯定教不好语文，顶多能把语文课讲成一个没有内涵的漂亮的花架子。语文教师的教学拼的都是自己的文化功底，而增加文化功底是要本钱的。叶圣陶先生讲过："教师增加本钱最为切要。所谓本钱，一为善读，一为善写。"

【我的论文】

鸳鸯绣了从君看，且把金针度与人
——浅论古典诗歌鉴赏的教学

全日制普通高级中学教科书《语文》（试验本）在课程设置上明显加大了诗歌鉴赏的内容，包括《语文读本》在内共选编了百首古典诗词，应该说非常好。因为："真正的文学教育不在读过多少书和知道一些文学上的理论和事实，而在培养出纯正的趣味……要养成纯正的文学趣味，最好从读诗入手，能欣赏诗，自然能欣赏小说、戏剧及其他种类文学"（朱光潜语）。然而对诗歌鉴赏的教学不太容易。有人曾戏称当今诗歌鉴赏为"教师式鉴赏"和"诗人式鉴赏"两个流派。所谓"教师式鉴赏"，就是把诗歌鉴赏等同于教材分析：解释词语典故，划分段落层次，串讲疏通文意等。这种显然含有否定意味的概括所表现出来的批评态度，也显然是草率了点。我以为，选编在语文教材中的诗歌就是教材了，既是教材，那么，上述的分析方法在诗歌鉴赏的教学中，就是必要的，也是有意义的。当然，除此之外，还应如叶嘉莹先生所言：诗歌鉴赏的教学"更应该透过自己的感受把诗歌中兴发感动的生命传达出来，使读者能得到生生不已的感动"。鉴赏诗歌的教学要达到这种境界，紧紧抓住诗歌语言乃是一条必由之路，要引导学生"感受语言，品味语言，实践语言，积累语言"（洪镇涛语）。以下是我站在偏狭的角落对诗歌教学的一瞥，旨在引出智者的高论。

一、落实紧要字词

对一首诗的鉴赏，教师的教首先在于变难懂为能懂。古汉语本身已对学生构成一定的阅读障碍，再加上凝练含蓄的诗歌语言，就更难懂了，要使今日的学生确实能够懂得，教学就必须从文字入手，扫除文字障碍，以防止对字词意义的误读。所以，准确地解释古诗中字词的含义，这应该是鉴赏教学的基础。当然，鉴赏一首诗不是为选本作注释，无需对每个字词的意义都做出解释，但对一些涉及理解诗词思想内容的紧要字词的意义，应该解说清楚、追问透彻。如果连字面意义也弄不懂，鉴赏就更谈不上了。

首先要对学生容易用现代常用的字义去理解的字词，给予准确的解释。譬如杜甫《登高》中"渚清沙白鸟飞回"的"回"字，学生常误解为"回来"，意为鸟飞回来了。其实，"回"是象形字，像水流回旋的样子，本义是旋转，这儿引申为"盘旋"，意为鸟在急风中飞舞盘旋。和上联一起构成暮秋凄凉而苍茫的典型环境。更重要的是对理解诗词思想意境至关紧要的字词的意义，要追问透彻。新教材"练习"中就设计了不少这种"紧扣加点词语分析诗句含义"的练习题，让学生去感受、品味语言。第三册《近体诗八首》的"练习"二：王国维说："'红杏枝头春意闹'，著一'闹'字而境界全出。参考此例，说说'映阶碧草自春色，隔叶黄鹂空好音'中哪两个字跟境界的关系最为密切，为什么。"这联和境界关系最为密切的是"自""空"二字，是需要特别关注的紧要字眼。诗人游武侯祠，感慨满院萋萋碧草，爬满台阶庭院，自成春色，足见草盛人稀，衬出祠堂之荒凉；黄鹂啼声婉转，却无人去听，空作"好音"，衬出游人之寥落。一般地说，和意境关系密切的是动词和形容词，但杜甫这儿有意将虚词入联，委婉地寄托了诗人对诸葛武侯这位伟大人物死后如此凄凉的一种深沉的喟叹，虚词不"虚"，意味深长啊。而"练习"举一"动词"而令学生悟一"虚词"，思维发散，也颇费苦心。

二、详析精彩诗句

古人评论诗词时，往往是一些经验性的、直觉性的判断，或设喻作譬，终不明言；或画龙点睛，点到即止。如评论苏柳之词，说"柳郎中词，只合十七八女郎，执红牙板，歌'杨柳岸，晓风残月'。学士词，须关西大汉，铜琵琶，铁绰板，唱'大江东去'"。其中虽不乏真知灼见，但缺少具体分析论述，失之笼统含糊。若仅以古人的评论代替诗歌鉴赏的教学，学生难以了解其微言妙义。另外，现在语文教改中有股强劲的"煞讲风"，不少教师便忌讳"讲"了，鉴赏教学成了以诵读代讲，仅靠学生自己作内心的精神体验，从而达到自我觉悟。尽管"诗道贵在妙悟"，但难得有几个学生的智慧和情感成熟到这种无师自通的"顿悟"境界，所以，教师的讲析就是非常必要的。当然，那种只求明文意，不求知精妙的串讲疏通，简单地把韵文化为散文，把文言译为白话，这种讲风应当煞住。鉴赏教学应当紧扣那些精彩的诗句讲深讲透，咀嚼出其中的三昧来，新教材中也设计了不少简析名句、品味名句的练习题。

譬如陆游《临安春雨初霁》中的名句："小楼一夜听春雨，深巷明朝卖杏花。"若只讲成"住在小楼听尽了一夜的春雨淅沥滴答，清早会听到小巷深处一声声叫卖杏花"这种讲析，诗的字面意义是复述出来了，但学生纵然把诗句都看懂了，也还是不明白这首诗好在哪里，这句为什么有名。讲析诗主要还是要运用语言分析，切实把握诗歌语言的特点。诗歌不是如实地叙述一件事，也不是客观地构成一幅画面。诗歌也不大去讲"逻辑""语法"。它是通过实的意象与意象的多重组合显示出虚的境界。好诗妙句就是每个字都是明明白白的，但组成一首一句却产生了"象外之境"和"言外之意"。"夜听春雨""朝卖杏花"不但说明了时令，更妙的是它将自然界的天籁之音与人间富有特色的叫卖声融合在一起，声韵幽曼，回味无穷。"小楼""深巷"不但点出了江南城市的特点，更传达出静谧幽邃之感，流露出诗人客居临安的寂寞。最关键的句眼为"一夜"，暗示诗人一夜未睡，伴随着雨声而涌上多少家愁国忧；而"明朝"那悠然的叫卖声，依旧点染了临安城中一片"太平盛世"的景象，偏安的小朝廷全然忘了亡国之危险。令人颇起"商女不知亡国恨，隔江犹唱《后庭花》"的慨叹。这种知精妙、咀意味的剖析，就是要从学生容易忽略的诗句中挖掘出值得深思玩味的深刻内涵，引起学生情感上的共鸣，品尝到诗的美味。名句之所以被确认为名句，只能借助于一个优秀鉴赏者的反映，这是对一个教师鉴赏力的挑战。

三、揣摩思路结构

优秀的诗篇是语言的精华、真情的流露；但也少不了必要的艺术安排。讲析一首诗当然不是只详析并记住其中一两句被称为"诗眼"的名句，好诗的动人之处还在于整个印象。而要把握其整个印象，就要细心揣摩诗歌的思路；否则，就难以把握诗篇的结构，鉴赏就不得要领。分析一首诗的层次结构，确实有点如伍尔芙所说的："解剖了青蛙而丢失了生命。"这似乎是诗歌鉴赏教学中的悖论：不作细微的解剖则无法说清青蛙的内部构造；而解剖之后重新拼合的青蛙的确是不再活蹦乱跳了，至多只是一个标本。不过教材无非是一个"标本"罢了。它的生命是教师和学生共同赋予的。诗的结构是跳跃性的，尤其长篇古体诗容量比较大，结构更为复杂。所以，只有分析清楚其基本结构，体会到结构的艺术，才能帮助学生真正弄懂所学诗句。这就要求教师善于挖掘出诗篇中隐含的信息点，并将其明显化、具体化而又连成一个整体。古体诗的结构是有规律的，新教材第三册《梦游天姥吟留别》的"练习"中即提出："全诗换韵共11次，大多与内容层次有关。"正如施蛰存先生所讲："盛唐以后，歌行转韵，渐渐有了规律。一般都是四句或八句一转，转韵处总是一个思想段落处。"把握住规律性的东西，就打破了教师讲一首学生才懂一首的被动局面，给学生以鉴赏的主动权，有助于更快提高他们的鉴赏水平。譬如《蜀道难》一诗也有划分层次内容的练习，而要理清层次，可先考虑换韵。全诗自始至终换了5次韵，以第一段为例：天、然、烟、巅、连、川、援、盘、峦、叹是押"先""元""寒"三部可以通转的平声韵，总说蜀道的高险与来历。而在这一层意思里面，又有小的层次，仍可以换韵。如"天"押的是"先"韵，诗从开头陡然而起，总提一句"蜀道难，难于上青天"，以强烈的感情咏叹点出主题，是第一个小层次。后两个小层次都是承上交代了"难于上青天"的原因。"然、烟、巅、连、川、援"十二句，押的是"元"韵，是虚写、侧写，叙述蜀道山势之高。后六句中"盘、峦、叹"押"寒"韵，是实写、正写，也转换了话题，写人在蜀道上行进的艰难。板书如下：

蜀道难，难于上青天 ⎰ 山势之高危（虚写、侧写）
　（点出主题）　 ⎱ 行进之艰难（实写、正写）

可见，理清诗歌本身的思路对鉴赏教学有重要作用。但一首古体诗究竟换几次韵，几句换一次韵等，都无一定之规，主要还得看内容表达的需要和效果。另外，新教材对近体诗和词的章法结构的规律也做了相应的提示。这都需要教师引导学生去细心揣摩了。

四、品味深层含义

鉴赏教学的核心就是透过表层的语言意义，深入探究其深衷曲意。所以，语言鉴赏就要"升华"，即不能再停留在字面的剖析上，而是根据语境深入开掘潜藏在字里行间的丰富、复杂、幽微的社会意义和美学价值。这尤其需要教师引导学生去"重读经典""重读大师"。新教材所选编的一些诗歌，都是一些经典性的作品，但由于古今观念的变化，古代作家在诗歌中所表现的立意，未必被今日的学生所理解、接受。经典也不是一成不变的，"真正的文学作品总是常读常新，并给阅读者带来真正的创造性发现的喜悦。"所以，"重读经典"不仅仅是一种"动态"，更应该是一种"常态"，读诗就应当如叶嘉莹所说的，使学生从诗歌中一生二，二生三，生生不已，"产生丰富的联想的生命"。要在重读中领悟历史的述说，对传统的东西尽可能从新鲜的角度作现代的阐释。而这种鉴赏教学就是一种研究性的教法；既要研究，就要汲取别人的研究成果。钱理群先生所著的《名作重读》，就是希望重视学术成果的普及。新编的《教师教学用书》（试验本）也考虑到了教学中学术含量的问题，所以注重选编了较丰富的从不同角度理解课文的研究资料。因为在诗歌鉴赏中，个体的经验起很大作用，所以，教材编写者如何诠释和展开教学内容无疑是非常重要的，是前提和基础。这些角度不同甚至相反的学术观点，非常有利于调动教师和学生的主观能动性。

譬如我在教《孔雀东南飞》一文时，就把《教师教学用书》选编的唐对焦仲卿的看法提供给学生讨论。唐认为，"仲卿出身于官宦人家，是笼子里长大的金丝鸟，养成拘谨懦弱的性格。""他声言要自杀，却把计划告诉自己母亲；以身殉情时还在'庭树下''徘徊'了一阵子，活画出了他的怯弱。"讨论中学生发表了自己的种种看法。概括学生不赞同的观点，大致认为：焦仲卿在生与死之间毅然选择了死，这本身就是勇敢而非怯弱。甚至焦仲卿的死比刘兰芝更艰难，更需要勇气。因为刘兰芝死了没有后顾之忧，而焦仲卿死了，就有"令母在后单"的供养问题，那毕竟是亲生母亲啊！所以他的"徘徊"不是怯懦的表现，而是亲情的流露……这种将疑问或者学术上的公案有选择地提供给学生，让学生自己思考，也许为学生开启了一扇通向日后治学的门窗，它比提供一个统一的、终结性的"标准答案"更有意义。

当然，不一定每首诗词都要给它讲出个什么道德乃至社会价值方面的意义来。譬如李清照的《一剪梅》，就是让读者品味出人的心灵情感那种最精致的、最纤细的、最婉曲的一分情意。古人说"词之言长"，不是句子长，不是篇幅长，而是带给读者丰富的想象，余味悠长。中国古典诗词非常注重审美，无论是山居之美，自然之美，人文之美，情感之美，都恰恰是我们现代文化所缺少的情愫。都需要教师指导学生透过语言的表层意义去仔细品味。美的力量绝不亚于思想的力量。因为一切深刻的思想都会变为常识，而美会超越时空，青春永驻。

五、重视读写实践

诗歌鉴赏教学，"读"当推为第一要义。常读、多读、熟读、美读。音韵本是诗的本质，只有在琅琅诵读之中才能领略到一首诗的音律、情感、韵味来，才能在抑扬顿挫之中充分发挥自己的想象和联想，不死于章句之下，不拘于字面之上，在一种直觉观照中领悟诗的意蕴，诗的整体美。在诵读的基础上则必须要背诵，学诗词如果不读不背，则缺少语言方面的积累，也就缺少了必要的语文功底，那么，任凭语法学得再好，也写不出好的文章来。冯其庸教授说过："背诗，是我的一大癖好和习惯，好诗到手，似乎不背诵，就有点对不起作者似的。"因为读得熟、记得牢，运用起来才会不拘一格，左右逢源。"熟读唐诗三百首，不会作诗也会吟"的传统方法曾造就了多少文豪才子啊！新教材突出的一点是加大了背诵的分量。对诵记也提供了一些方法上的指导，如"分析对仗的特点，有助于记诵。""初步熟悉全诗大意后，要努力记住名句，再把它们同上下文联结起来，有助于较快地成诵。"等。在诵读方面许多教师提供了很多极为成功的经验了，我重点谈谈在写作方面如何运用诗词的体会。

中国古典诗词是把中国语言文字运用得最精致、最美好的。读古人诗词可以提高我们运用语言文字的表达能力，读就是为了用。因为要运用，所以才读得细，读得广，读得深。古人在实践中早已形成一种"用诗"的传统。最简单的运用就是把古人的诗句直接引用到自己的文章中来，为不善语言表达的学生"借光"来增加一点文采。其次是借古诗的成句，或适当改换一两个字，引申出切合自己需要的新意来。如唐代诗人王维的名句："遥知兄弟登高处，遍插茱萸少一人。"原为诗人表现重阳节对家乡亲人的思念。江泽民主席在澳门回归交接仪式的大会讲话中，引用这两句诗来表达对台湾早日回归的期盼。这种以诗句作喻体的方法，只求诗句的某一意义与所要表达的意念相吻合，虽与原诗有联系，但已蜕变。古诗词曲中都有不少这种借鸡下蛋的诗句，新教材也设计了这方面的练习。如第四册《长亭送别》练习二："体会下边曲词的情味……指出其中融入古代诗词的语句。"其三是把古诗词的句子化为自己的句子。譬如陈小奇写的流行歌曲《涛声依旧》，就是化用了唐人张继《枫桥夜泊》的诗句，用的是妇孺皆知的大白话，可造出来的却是唐诗宋词的意境。虽然歌词已从古诗中脱化出来了，可明显看得出脱胎换骨的痕迹。

曹禺曾说过："人们常说'千古文章一大抄'，'用'就得'抄'"，但这种抄绝不是人家怎么说，你就怎么说，而是把它化了，变成你从生活中提炼出来的东西。"现在的中学生在应试的重负下很少去读课外书，即使读点课外书，也最不喜欢读诗。学生喜欢的是《还珠格格》，流行歌曲，不喜欢李白、杜甫、白居易，所以现在的中学生词汇较为贫乏，文章里翻来覆去都是几个毫无新鲜味的形容词，文章丝毫不沾一点文雅之气。所以，指导学生在写作中引几句古诗，尤其脱化古人的诗句，将其自然地融入自己的文章中，可以使文章散发出一点淡淡的典雅味儿来。新教材颇为注重语言实践的问题，如第四册《长亭送别》"练习五"就要求"从课文中任选一支或几支曲子改写成现代诗，要有一点文采"。在具体教学中，我比较注重做改写诗为散文的脱化练习，并十分强调写作中的"用诗"，规定有"五个一工程"，即在一篇文章中，要引用一句古诗、一句歌词，至少用一个整句、一个比喻、一个反问句。自己也经常与学生同题作文，下水示范，效果颇佳。

元好问曾在《论诗》中讲："鸳鸯绣了从君看，莫把金针度与人。"意思是不要把诗的妙诀教给别人。胡适曾为文认为应该把它改为"且把金针度与人"，这一点化有了新的创意。我借这个句子为题，目的不单单指我这篇小文章告诉了别人什么鉴赏教学方面的妙诀。而更指新教材的编写者们在把美丽的鸳鸯图案绣出后，还把如何绣好鸳鸯的方法教给别人。至于这篇小文章，不过是结合我自己三年试教中的体会，对新教材教给我们的方法做了一点梳理和阐释的结果罢了。

8. 第六次感悟：拆解叠拼设计课堂教学

◎ 每堂课都有一个教学重点或训练中心，围绕这个重点或中心来拆解组合教材内容，并组织教学。这样或许会使教学目的更明确，教学内容更集中，教学效果更显著。

1996年《全日制普通高级中学课程计划（试验）》正式颁发。这项课改试验从1997年秋开始在江西、山西、天津试行了三年。专家们就语文的工具性抑或人文性争论得不亦乐乎，作为基层的一线教师，对那些纯理论的问题没有半点兴趣，热闹是专家们的，教师们感觉的变化就是课本变得大多了，《教师教学用书》变得厚多了，文言文内容增多了，并增加了一个学生阅读的《语文读本》。最突出的变化是语文课本一改以往的"字词句篇语修逻文"的知识序列而列了一个能力训练的序列，按照由易到难的顺序，把能力训练依次分为理清思路、概括要点、揣摩语言、筛选信息、把握文意、质疑问难、积累梳理、融会贯通、提要钩玄、迁移运用等10个训练重点，旨在培养学生的语文能力。高考似乎配合新课改，也确立了以能力为立意的命题方式。我当时挺困惑，窃以为培养学生的语文能力无可厚非，但具体讲课时很不容易进行这种单项训练。譬如第一册的训练序列为：一单元是"理清思路"，二单元是"概括要点"，三单元是"揣摩语言"，四、五、六单元都是文言文单元，重在"熟读背诵积累"。但分析课文内容，无论是理清思路还是要概括要点，都离不开揣摩语言。

应张春莲老师邀请，我在太原为高中老师做了两次专题报告，一次是在"全省新教材培训学习班"作的《对新教材修订本写作部分的分析报告》，一次是"高考研讨会"作的《新教材的处理和高三复习的关系》，两次报告我都讲了自己的困惑。因为在这之前阅读过叶圣陶老先生的一些文章，叶老有个观点，他认为学习数理化就像安装机器，其中安装过程必须是有严格的逻辑关系的，你如果不安装底座，上面的机器就不能安装，它是一个环节紧扣一个环节，环环相扣，少一步都不行。学习语文就像种庄稼一样，语文的一篇文章就像是一株玉米，一长出来就是一个完整的有机体，就有根有叶有茎秆。我很赞成这个观点，我们的语文教材一直是一篇一篇的文章组织起来的，学这篇文章或者学那篇文章都没有多大关系，甚至不学这本书而学那本书也完全可以，故而，不管编写教材的专家学者如何精挑细选，如何煞费苦心，事实上也无法像数理化那样找出一条必不可少的学习序列来。

学问从来没有速成的，能力也从来没有速成的。语文能力的增长就像肌肉的增长一样，是看不见摸不着的，是非常缓慢的；它不是机械地按照某种训练序列进行就可以获得的，是长期陶冶的结果，不可能立竿见影。经常有人和我说，语文学习是慢工。我每次如是回应：如果从能力上来说，不但语文是慢工，数、理、化、英都是慢工。学生在数学上用得功夫最多，花得心血最多，但数学成绩也没有明显的提高。任何学科，涉及知识学习都是快工，关联到能力培养都是慢工。你不知道什么是比喻，告诉你立马就知道了。但写文章能如钱锺书一样创出许多新颖的比喻，就不是老师能教会的。能力是对知识的灵活运用。既是灵活运用，则必定没有固定套路。一题在手，全看各人的悟性。汉语是我们的母语，从两三岁我们就会说话了，学生该知道的知识初中之前几乎就都知道了，高中其实就是学习如何灵活运用这些知识的阶段，但没有老师能彻底教会学生如何灵活运用各种知识。

1998年，我向上海教育出版社邮购了一本钱理群的《名作重读》（1996年版），薄薄一册，影响颇大。因为之前购买过钱教授的《心灵的探询》，知道他是研究鲁迅的专家，而鲁迅的作品一向是语文教学的重头戏，这本书中所谈的"名作"，大多是语文课本需要重点讲解的基本篇目，故而，给了我解读鲁迅作品的一把新钥匙。贝尔纳曾经指出："构成我们学习最大障碍的是已知的东西，而不是未知的东西。"因为鲁迅一直是站在神坛的人物，教学参考书对其"名作"有具体"提示"与"分析"，中学教师一般不敢越雷池半步，当然，一般也没有越雷池的能力。2000年王朔写《我看鲁迅》时说："在我小时候，鲁迅这个名字是神圣的，受到政治保护的，'攻击鲁迅'是严重的犯罪，要遭当场拿下。直到今天，我写这篇东西，仍有捅娄子和冒天下之大不韪的感觉。人们加在鲁迅头上无数美誉：文豪！思想先驱！新文化运动主将！骨头最硬！"所以，猛地读到钱教授的文章，真是醍醐灌顶，发人深省。

譬如，《〈祝福〉："我"的故事与祥林嫂的故事》，钱教授特意将"我"的故事从整个小说结构中提取出来，将小说解析为两个故事："我"的回乡故事；"我"讲述的他人——祥林嫂的故事。对"祥林嫂"故事的解读，"看/被看"二项呈对立模式，而《祝福》中最惊心动魄的是"看客"把他人痛苦、不幸审美化，通过"鉴赏"别人的痛苦来使自身的痛苦得到排泄、转移，最后遗忘。这是一种人性的残忍。钱教授用结构主义方式对祥林嫂的故事进行解读，"她的死由……构成（贫穷；两次婚姻；儿子的死；对地狱的恐惧；在捐门槛后仍被禁止参与祭祀；精神的最后崩溃；被解雇，成为乞丐……）。"这些对我的语文教学有很大的启发。

最大的启发是教学设计。以往讲课时，总是习惯按照文章本身的顺序从头讲到尾，如果文章比较长，那就会根据文章长度将其分为两部分或三部分，每堂课讲一部分。估摸绝大多数语文老师都如是串讲课文。读了钱理群先生的文章，再结合新课本按照单元进行能力训练的系列安排，我突然觉得能不能不要总是按文章本身顺序去串讲，而是可以拆解文章的内容，打乱文章的顺序，根据课文本身的特点重新叠拼来设计每堂课的教学重点，再根据每堂课的教学重点来选择具体的教学内容。故而，我尝试着采用这种拆解叠拼教学内容的方式进行课堂设计。譬如讲《荷花淀》，以往就是第一堂课先讲前半截，第二堂课再讲后半截。如今我仍然讲两堂课，但打乱了文章本身的顺序，第一堂课讲题目与景物描写，第二堂课讲对话描写。

以第一堂课设计为例。设问：这个故事讲的是抗战的题材，讲了一次伏击战。打仗总是杀气腾空，血腥弥漫，可作者为什么不用主要事件"伏击战"来作为题目，而用伏击地点"荷花淀"做题目呢？凡读过《荷花淀》，给人留下的最深刻的印象不可能是一个惊险的战斗故事，也不可能是一些缠绵的爱情情节。作者用荷花象征抗日战士和年轻美丽的妇女，因为荷花是美的，也预示了文章轻松的基调。设问：要是换上现在的三流作家，为了赢得市场轰动效应，肯定不用"荷花淀"这个题目，你估计会用什么题目？（伏击战、遇险记、白洋淀大喋血、喋血屠寇记、浪里白条水中救美……最有意思的是"一个男人和五个女人的故事"）设问：我觉得《荷花淀》这个题目不太好，"映日荷花别样红"这个意象太艳丽了，因为作者在文章中写的是普普通通的劳动妇女，不是T形台上的模特小姐。所以我觉得"荷花淀"改为"芦苇塘"最好，你认为如何呢？

《荷花淀》主要有两段描写荷花；一是开头部分的几段，二是中间部分的一段："她们奔着那不知道有几亩大小的荷花淀去，那一望无边挤得密密层层的大荷叶，迎着阳光舒展开，就像铜墙铁壁一样。粉色荷花箭高高地挺出来，是监视白洋淀的哨兵吧！"

设问：文章中关于"荷花淀"一段的描写我觉得也写得不够好。为什么呢？这一段虽然用了象征手法，但用意太过浅白。你看其中的意象："阳光""铜墙铁壁""粉色荷花箭""监视白洋淀的哨兵"，不具有象征所具有的深入玩味的魅力。象征是用具体的事物暗示抽象的意义，应当是半透明的，关键是暗示，妙在似与不似之间。设问：相比较，作者在开头一段关于荷香的描写要更好一点。好在含蓄、有暗示。孙犁是一位在语言艺术上有重大建树的作家，他的文章语言简洁秀美，清新自然。他是把小说当散文当诗来写的，非常富有诗意，值得玩味。你能不能品味其中的诗意呢？

其实作者这里是化用了周敦颐《爱莲说》的神韵。荷花是一种清高的水生植物，这个女人是水生女人，周敦颐赞荷花"出淤泥而不污，濯清涟而不妖，中通外直，不蔓不枝，香远益清，亭亭净植。"故而可远观而不可亵玩。水生女人编席子一段描写，就是《爱莲说》的具体化，也是将水生女人比作美丽的荷花，浑身散发着"新鲜的荷叶荷花香"，使人与荷花更融为一体，从而突出一种明净、纯真的自然形态，一种高度纯净与宁静之美。设问：水生女人没有写姓名，为什么？《〈宽容〉序言》中的漫游者也没有姓名，就是使之更具有普遍性，作者写的是白洋淀的普通的女人们。

小说的第一段："月亮升起来，院子里凉爽得很，干净得很，白天破好的苇眉子湿润润的，正好编席。女人坐在小院当中，手指上缠绞着柔滑修长的苇眉子。苇眉子又薄又细，在她怀里跳跃着。"小说的开头，描写水生女人编席子，作者把这个劳动场面完全诗化了。如果单从"表意"的功能来讲，开头前两句点出了劳动的时间、空间和对象。但如果从"表情"的功能来讲，内涵就丰富多了，谁能说说有哪些内涵呢？小说开篇"月亮升起来"，这是一个简单的句子，但反复读之很有味道。月亮是女性的化身，象征着宁静、温馨、和谐，月亮也牵系着相思的心灵。女作家林白的散文中有这样的句子："我迷恋月光下的事物由来已久……"我们想想：在这满天的银色月光下，一个小院子里一个女人在等待丈夫归来，一个年轻的男子在月光下匆匆赶路，归心似箭，非常富有诗情画意。

"院子里凉爽得很，干净得很"四字短语收尾，节奏明快。"凉爽"写出月夜之特点，也含有人物心情舒畅；"干净"写出院子的特点，也含人之勤快能干。一切准备工作，都在白天做好了：现在的"苇眉子湿润润的，正好编席"。接下来就写女人的劳动。女人劳动得怎样呢？作者没有直接说出来，他只是写劳动的画面。简单两句话，就把女人编席子的情景完全形象化了：那样柔滑修长的苇眉子，就在她手指上"缠绞着"，在她怀里"跳跃着"。这两个动词不仅把劳动的场面写活了，而且把女人的好手艺、女人的勤快、女人的愉悦，都有力地描绘出来了。这熟练的编席子动作令人想起《庖丁解牛》，"庖丁为文惠君解牛。手之所触，肩之所倚，足之所履，膝之所踦，砉然向然，奏刀騞然，莫不中音，合于《桑林》之舞，乃中《经首》之会。"简直是一项艺术创造工程。但作者淡化了劳动的艰辛和单调，甚至编席子的危险，将劳动艺术化，体现了对生活的热爱。

小说的第二段："要问白洋淀有多少苇地？不知道。每年出多少苇子？不知道。只晓得，每年芦花飘飞苇叶黄的时候，全淀的芦苇收割，垛起垛来，在白洋淀周围的广场上，就成了一条苇子的长城。女人们，在场里院里编着席。编成了多少席？六月里，淀水涨满，有无数的船只，运输银白雪亮的席子出口，不久，各地的城市村庄，就全有了花纹又密、又精致的席子用了。大家争着买：'好席子，白洋淀席！'"设问：第二段开头两句渲染了白洋淀的什么特点？作用是什么？白洋淀芦苇多，为后面的伏击战做伏笔。这一段的重点句是什么？"女人们在场里院里编着席。"暗应上节，隐喻着水生女人是白洋淀无数编席子女人中的一个。第一段的水生女人好像特写镜头，白洋淀无数编席子女人是背景。以一个水生女人代表所有的白洋淀女人。

小说的第三段："这女人编着席。不久在她的身子下面，就编成了一大片。她像坐在一片洁白的雪地上，也像坐在一片洁白的云彩上。她有时望望淀里，淀里也是一片银白世界。水面笼起一层薄薄透明的雾，风吹过来，带着新鲜的荷叶荷花香。但是大门还没关，丈夫还没回来。"设问：由编席子联想到孙犁编故事。白洋淀女人编的席子的特点是什么？是"又密又精致"，孙犁编故事也如编席子一样轻盈熟练，也编得"又密又精致"。结构严密，语言精致。《荷花淀》发表在黄土高原延安的《解放日报》，直到20世纪80年代中期，有人向孙犁讨教这篇美文的写作问题。他说："只当是画梦吧！人的一生梦是很多的，但只有最让你梦魂萦绕、并拂之不去的感悟和记忆，才能画出它的魂魄来。"这儿编织出作者一个理想的梦。

设问："芦苇"是一个很重要的意象，我觉得，只要在小说开头出现的词语，没有什么词语是应该被忽略的，好的开头一定有着一个至少一个这样的词语，它是文章的灵魂，看不见摸不着，却弥漫在整个文章中，"芦苇"即如是。你如何理解"苇子的长城"？《诗经》："蒹葭苍苍，白露为霜。所谓伊人，在水一方。"在水一方的窈窕淑女映衬着白色的芦苇，给人一种朦胧的美。前两句是"兴"的笔法，"兴"是诗歌中委婉的表达方式，即想说什么而不直接说，言在此而意在彼。法国哲学家帕斯卡尔说："人只不过是一根芦苇，是自然界最脆弱的东西，但它是一根能思想的芦苇。"这些能思想的芦苇就是白洋淀的女人们，她们是孱弱的，就像一根芦苇，但又是坚强的，从柔弱中焕发出无穷韧性，那种连自己都有可能意识不到的坚韧。无数含有韧性的芦苇组成"长城"正是中华民族团结坚强的象征。

板书：

芦苇 { 脆弱 坚韧 思想 } 长城

编席子：又密又精致

编故事：又密又精致——结构严密（送夫参军……）

　　　　　　　　——语言精致（诗的含蓄、优美）

第二堂课设计。对话描写（略）

9. 第七次感悟：以设疑解惑为中心的阅读教学

◎ 课文是一个以问题展示出来的生命空间，语文教学就是要以设疑解惑为中心，而真正的阅读，是能够捕获住文章中有价值的信息或敏感点来提出问题，有的放矢地发表自己的看法或意见。

这个时期的教学我很注重问题研究。当然，也是因为整个教学大环境也渐渐由灌输式走向启发式。人不可能脱离时代，而且我们一般人对时代没有那么敏锐的感觉，常常落后时代一两拍。除环境影响外，启发我的是一本薄薄的书，即顾晓鸣编著的《阅读的战略》，属于"当代大学生丛书"的一种，我还购买过杨德广的《论智能培养》等。那时候讨论培养各种能力和掌握科学学习方法的书很稀罕。《阅读的战略》从战略的高度讲了人们为何能坚持阅读，常是因为有问题的引导，才能不断阅读研究。譬如，一个人得了肝病，他就会主动寻找治疗肝病的书来弄明白肝病究竟是怎么回事，并且由这本书的线索找到另一本书，由另一本书又找到下一本书……原来枯燥的书如今读得津津有味。这本书启发我思考：学生天天在语文课堂上进行阅读，常是一种浮光掠影的泛读行为，美其名曰"整体感知"。整体感知是阅读的基本价值之一，但不是最大的价值。

韩愈老先生早就说过："师者，所以传道受业解惑也。"这样的评定，这样评定的态度，我觉得是端正的、诚实的，是相当坦率，也是相当善良的。而在这三项任务中，核心就是"解惑"，解"传道"中之"惑"，解"受业"中之"惑"。语文教学中设置问题尤为重要，为什么呢？虽说"人非生而知之，孰能无惑"，但现在的语文教学恰恰就在于学生"无惑"，提不出什么问题来。因为数理化教材每个章节对学生而言都是陌生的学习内容。教材内容本身对学生就是阻力，就是问题。学生不能是因为不懂，不懂则教师容易讲解，教师的任务就是如何解决学生不懂的问题。语文教材本身似乎没什么问题，因为高中学生已有十几年母语学习的经验了，对任何文章内容都有一定程度的理解。因此，高中学生语文学习的主要矛盾不是知与不知、懂与不懂的矛盾，而是知多与知少、知深与知浅的矛盾。

事实上，语文学习最大的问题不在于解答问题，而在于提不出有意义的问题来。语文教学最难的问题就是教师提不出有价值、有意义的问题来。如果教师对课文没有问题，学生就成了问题了。因为影响学生学习语文的两个核心因素是问题和状态。学生对课文的积极态度有赖于他们的内部愿望，只有在学习动机引起学生学习行为的激活，才会使他们在积极的情绪伴随下去学习。因而，提出新颖或有挑战性的问题，为学生确立适当的目标，使学生学习有所指向，才能激活学生的思维，创造出学习的适当的精神面貌。可见，设置问题是前提，激活思维是关键。设计出对学生智力构成挑战的问题，让学生在应该"费力"阅读的地方去"费力"，教师从更深的理论层次上给予指点。这对于培养正确的学习习惯和优良的人生品行是有益处的。对语文课而言，问题比答案更为重要。不过，认识到问题不等于能解决了问题，作为语文教师，发现问题需要见识，解决问题需要能力。

后来我教学鲁迅小说《祝福》，曾设计了八个角度，换句话说，也可以说是我在阅读中发现的八个问题。发现问题是阅读文学作品的最高要求，而悟出哲理是阅读文学作品的最高境界。小说看起来是通俗的，但骨子里的精神却并不俗，很多地方还很高远、很深刻，阅读小说就是要发现这些东西并且挖掘这些东西。阅读《祝福》，我还发现置祥林嫂于死地的典型人物，基本都是女性：婆婆虐待绑架拐卖，鲁四婶不准祥林嫂祭祀，柳妈说死鬼分尸，卫老婆子合谋劫人，还有那些来听祥林嫂讲"阿毛的故事"的人，也多数是女人，还有平日里很少出门走动的"老女人"特意寻来听讲。是不是女人最不能宽恕女人，用鄙夷同类的方法

153

显示自己的清白出身？有句名言：男人制定法律，女人制造习俗。习俗的惯性力量是非常强大的，世间极少有人纯粹按照理性来生活，绝大多数人是按照习俗来生活的，习俗就是社会生活中最持久的权威。如果真理和习俗发生冲突，真理就像大力士被陷入无边泥沼中一样，徒唤奈何；真理从来就没有战胜过习俗。而礼教迷信习俗在鲁镇上形成了一种"集体无意识"杀人氛围，祥林嫂就是被这些自认为贞洁的女人们习以为常地用一口一口的"口水"淹死的。

语文老师常常提不出问题来，为什么呢？因为缺乏"问题意识"。为什么没有问题意识呢？就是因为我们对日常生活中随时随地出现的各种鸡毛蒜皮熟视无睹，而没有多琢磨几个"为什么"，就如同我们对苹果从树上掉下来的现象熟视无睹，但牛顿就产生了疑问，并且发问：苹果为什么不掉到天上去而要掉在地下呢？所以，学生的语文能力如何，首先体现在具有什么样的问题意识上。提出问题是解决问题的前提，而问题的提出是建立在事实基础上的。能不能提出真实性问题？能不能提出有质量的问题？能不能精准地把握问题的关键和实质？这是教师的语文能力的体现。只有长期潜心读书研究，才能具有发现问题和提出问题的能力。可以说，能够提出什么样的问题，是教师语文能力高低的表现。

对设计问题，有些教师认为传统的提问方式是由教师根据教学要求，向学生设置疑问，这样的提问方式是消极的，被动的。应当变教师提问式为学生发现式。我不赞成这样的观点：这种观点显然是脱离教学实际而走极端，走形式的。教师是内行，如果自己常常都提不出一个有价值的问题来，学生怎么可能不断提出有价值的问题来呢？教学上的革新和政治经济上的革新不一样，不可能一晚上定一个改革措施，第二天全国就统一推行。它是非常复杂的，增减点什么都是微小的、渐渐来的，要有相当长的过程。从辩证法讲，有新即有旧。但哪个是新，哪个是旧，也不是都可以划分得十分清楚的。新与旧是不能割裂的，它们有时是循环交叉进行的，新也是旧的继承与发展，绝非彻底斩断旧而创新。为什么一说教改就一定要摆出一种彻底反掉传统的激进姿态呢？

我解读文本，具体方法就是先设计一个总问题，激发学生的兴趣与思考，具体解读过程中，则将总问题分解为若干小问题，一步步引导学生去思考、去分析、去解决问题。譬如我教《杜十娘怒沉百宝箱》，导入的问题：读三言二拍等古典白话小说，如果写一个书生进京赶考住在古庙里或者会馆，会发生怎样的故事呢？肯定不是他如何刻苦学习，如何积极锻炼之类的事，一定是遇见美人一见钟情然后私订终身……结局的套路大致有二，一是洞房花烛喜结良缘，一是始乱终弃悲剧收场。设置的总问题是"嫖客会爱上妓女吗？"按常理说，这绝不可能。嫖客揣着票子走进肉香弥漫的红灯区，他寻找的是生理上的刺激。为保证血统的正宗和高贵，任何男人都不会找妓女做老婆。可偏偏有一个叫杜十娘的妓女爱上了一个叫李甲的男人。

追问：为什么杜十娘会爱上李甲而没有爱上别人，如柳遇春，而且一心要嫁给李甲？李甲的名字很耐人寻味，就像电影中匪兵甲、匪兵乙一样，冯梦龙有深意吗？柳遇春这名字很好，柳树遇到春天，这名字有何意味？那么，李甲爱上了杜十娘没有？杜十娘久有从良之志，她与李甲商议"终身之事"时，李甲是否愿意？为什么？为什么杜十娘自己藏有万金却让李甲自筹三百金？杜十娘第二次人生大转折是瓜洲渡口的投水。其实杜十娘不去投水，以她如此聪明的风尘女子，见多识广，也会有多种出路，但为什么她最终选择了投水自杀？自杀的方式多种多样：上吊、投水、服毒、吞金、跳楼、割腕……杜十娘为什么选择投水？如果将题目改成"杜十娘怒沉长江水"好不好？为什么？

德国哲学家海德格尔认为：理解问题的核心不是"存在如何理解"，而是"理解如何存在"。就是说，人是在什么状况下进行理解的，这是理解的关键。这是哲学解释学的基础。即当我们真正面对理解问题时，就不能仅仅讨论某句话或者某个事件本身的理解问题，包括知识和历史事实问题，还要讨论这个问题与人们当下的生存与生活的关系问题。

所以，解读文本要把问题设置放在首位，把学生引进问题解决中去，教学过程应当围绕问题解决来组织，即于无疑处生疑。课堂教学是表达的艺术，也是接受的艺术。它意味着教材必须首先转化为教师的讲解内容，才能进而转化为学生的理解内容。从教师的讲解到学生的理解，经过了两个环节：一是教师对教学内容的把握，二是学生对教学内容的接受。所以，语文教学最难的问题就是教师能够设计出问题来。如何设计问题呢？就一篇文章而言，问题肯定是很多的，关键是设置问题要找到那个阅读支点，阅读教学要找到的阅读支点应当是文章的难点，难点解决的过程本身就是语文水平提高的过程。这个难点可能是关键的一段话，或一句话，或一个词，文章环之而开合变化，因之而一动万随。在这些地方设置问题，就会举纲而张目，以简而驭繁。

应当从三个方面设置问题。一是在形式上设置问题。学生在学习语文的过程中，常偏向于作品所表现的内容，对"形式"方面则不感兴趣。也就是说他们在读一篇文学作品时，不了解不注意一篇作品之所以成为艺术杰作的特殊性。所以，"形式"正是语文教师所要注意、理解、把握并且设置问题的地方。二是在意蕴上设置问题。文学作品是以塑造形象来反映社会生活的。常有"形象大于思想"的情况，即作品形象所包含的思想、文化的意义超出了作者的主观认识。这就使语文课程丰富的内容具有相当一部分不确定性、多种可能性或多种解释。三是在语言上设置问题。对语文教学来讲，置身于其中的语言环境就是一个被语言所描述并且被语言所规范了的环境，语言不仅是教学内容的载体，而且它就是教学内容本身。语文课这种有别于其他课的特殊性就意味着，当教师开始教语文课时，就不得不把人类社会中的一个成员所需要的最基本的语言能力作为教学的最基本的任务来落实，要使学生了解并且掌握如何使用语言去表情达意，表现客观。除此之外，别无选择。

既然于无疑处生疑，还要在有疑处释疑。在课堂上，教学的核心的问题就是于有疑处释疑。解决问题的过程就是学生获取知识、锻炼能力的过程。不管是教师对自己精心设置的问题的解读，还是课文编写者反复斟酌的观点，都不是对课文的最佳的解读。如果形象化地说那只是上帝笑声的回声，而不是上帝本人的笑声，不要把回声的响起之处当作上帝笑声的发出之处。如何围绕所设置的问题去提问学生，去触动学生的思维活跃起来？主要有三种方法：

一是用比较的方法问。很多时候，教师提出一个问题，试图使学生思考，而学生一筹莫展，觉得老虎吃天难以下嘴，启动学生思考的目的也常常落空。用比较的方法问，通过设置参照物，降低了问题的难度与坡度，使问题与学生智力和知识发展水平相适应，也使问题相对明晰。二是用追本的方法问。追问就是一种连续问，一种寻根究底的问。因为设问属于一种静态的问，追问具有强烈的现场性，是在一种课堂动态的教学过程中，针对学生对所设置的问题的回答而作的即时的疏导、点拨。它既是鼓励学生进一步思考，也是对学生的学习过程进行有效的调控，努力实现既定的教学目标。三是用发散的方法问。教学中若只有一个角度，即使最好的视角，也不过是一个视角而已，不能更深刻地理解文章之内容。所以，无论你说如何深刻地认识了一篇文章，若只有一个视角，无疑是空话。多角度地看文章才能促使学生探寻作品中的深层含义。所谓创新就是在合理的范围内稍稍偏离一下惯常的角度而已。由于知识经验的局限，学生对问题的认识，常常表现出孤立、肤浅、单立面的思维特征。所以，发散性思维就是从多个角度进行发问，拓开学生思考的视角从而有新的发现。

10. 我对"研究生热"与教研工作的看法

◎ 世界是无限的，知识也是无限的，如果用有限的生命去追求无限世界所包含的无限知识，我们的人生就会被废掉。再说，我的兴趣和精力在研究语文教学上，大学教授讲的那些东西于我则是知识碎片，没有多大实际用处。

20世纪90年代初期，我国中小学教师的培训转向了"能力提高型"，教育部强调要对有培养前途的中青年教师按教育教学骨干的要求甚至更高标准进行培训，实力较强的高校要在新师资培养及教师培训中做出贡献。故而，山西省中学教师中逐渐兴起"研究生热"，老师们除了争着、抢着去上山西师范大学的"研究生班"外，有些中学也与高校联合办起了"研究生班"。阳泉一中率先与山西师范大学联合办起"研究生班"，我们阳泉三中的李校长更胜一筹，居然与北京师范大学联合办起两个"研究生班"：一为中文，一为教育管理。语文教师自然参加中文研究生班，其余学科的教师参加教育管理研究生班。我是阳泉三中极个别不参与"研究生"的教师，据说领导原打算让我当中文研究生班的班长，没想到我居然不参加。校长动员我拿个研究生结业证，总归没有坏处，我婉言谢绝。也有老师对我含蓄地说，听听北师大教师讲课总归是有收获的。当然，能在北师大当教师的，必然不是等闲之辈。但对我来说，我清楚自己需要补充的是蔬菜水果，北师大教师端来的色味俱佳的红烧肉，不是我所需要的。

庄子说过："吾生也有涯，而知也无涯。以有涯随无涯，殆已。"翌年，校长再动员我插进班里弄个研究生结业证。校长一片好意，我仍婉拒了。我是真对那个研究生结业证不感兴趣。窃以为，学校花费那么多钱，仅仅是为了一纸真实的"假文凭"，学习过程基本是走过场，就假期听几次专家的报告，然后人人都硕士蓝袍加身，那本身就是一个笑话。就老师个人而言，那也是对个人能力不自信的表现，只是企望靠一纸文凭来提供一个护身符而已。我可不希望掺和进去，日后贻笑于大方之家。由于我置身事外，冷眼观之，后来还写了一篇杂文《笑笑文凭》，发表在当年的《阳泉日报》上。

我虽然没能成了"研究生"，但李校长还是不以文凭论英雄，将我提拔为学校教研室副主任，教研室主任是焦恒志老师。我因嫌事务性工作麻烦，故而从政府机关重回学校教书，现在居然又当"官"了，大有范进中举般感慨。李校长彼时爱说："事业留人，感情留人，待遇留人。"我一直认为，一介教师永远干不成所谓的事业，没见过一个挖煤工人靠挖煤挖得又快又多当上煤老板的。再者，同一学校的教师与领导即使原来是朋友，也会因地位不同而感情疏远。记得某次中层领导开会，李校长开场白即说，"晓波说，当领导的享受了群众的尊敬，就不要想着享受群众的亲近了，我现在是享受不了大家的亲近了……"那只有一条了，给我一副科长，大概属于一种留人的"待遇"罢。事实上，我也就是在教研室挂个虚名，还是教着两个班的语文课。学校领导也没打算真让我脱离教学一线，所以，我一直"不务正业"。

这个副主任的虚职大约挂了五六年，焦主任退休后，我终于像大观园里的平儿一样，被扶正了，但仍兼一个班的语文课。然而，在教研室主任的椅子还没坐热，因当时阳泉一中邀我去兼一重点班语文课，李校长痛快画圈，但与我商量：你两头代课，教研工作恐忙不过来，我即刻表示愿意让贤。说实际话，我对当一个中层领导也实在不感兴趣，估摸李校长这几年也看出些端倪来，但校长又觉得彻底抹掉我的职务也有些残忍，本欲让我协助新教研主任工作，但被新主任拒绝了。故而，校长绞尽脑汁为我创立了一个中学里空前绝后的职位：继续教育办公室主任，这纯粹是没什么事儿的虚职。其实，即便成了教研室主任，我对学校的教研活动也不太感兴趣，很多教研活动，名为教研，实际上只能称为是一次不得不完成的"任务"，我也常常是例行公事地和大伙儿去坐一坐，聊几句罢了。后来挂职为继续教育办公室主任，就名正言顺地再也不参与任何教研组的活动了。

因为在实际的教研活动中老师们经常是重复参考书、网络、各种教辅资料上看到的东西，来回嘈嘈几句，最终不了了之。故而我有一观点：教研活动不如读书沙龙。一群不读书的人聚在一起搞教学研究，即使很认真，也是浪费时间，自欺欺人而已。我做了教研室主任，也曾闪过"读书沙龙"的念头，但随即就掐灭了。一怕在特别讲究实用、拿来的环境中，我这样的主张，会如鲁迅先生所言那般，呐喊而无人呼应，没有共鸣，如置身毫无边际的荒原，有自讨没趣的寂寞；二怕别人说，搞"读书沙龙"无非想显摆你比别人多读了几本书而已。一个手无寸权的虚职，不要领异标新，还是萧规曹随的好；羊随大流不挨打，人随大流不挨骂。教研活动虽然形同虚设，但教研成果还是必须要有的；如果各教研组要展示教研成果，总是推举几个年轻老师讲几堂公开课。而且，讲公开课时，总是集合全组教师之力准备，甚至备战好多天。事实上，智力劳动与人多人少没什么关系，龙多反而不治雨。一评课则问题多多，为什么呢？最根本的是缺少读书的功夫。读书是借思想大师的头脑，经营思想大师的智慧，单凭教师个人的脑袋，想破了也不会想出什么新东西来。

如果单纯从道理上来讲，语文教学研究无非两个问题：一个是教学内容的研究，一个是教学方法的研究。说白了就是"教什么"和"怎么教"。"教什么"其实就是如何解读文本，而解读文本的同时也就研究了"怎么教"，两者其实是一个硬币的两面。只是为了论说方便分开来说罢了。2003年，市教科处年会我有一个发言：我觉得进行教法研究不是一种孤立的东西，它的目的是服务于教学。离开具体教学内容来研究所谓教学方法是隔靴搔痒，是无益而且可笑的。现在的教学理论常说教学"授之以鱼，不如授之以渔"。好像一说进行教研，就不要讲具体的教学内容了，只要教给学生各种学习的方法就行了，这让人感到不可思议。只要站在讲台上教书的教师都会感到，教学方法只能是从具体的教学内容中提炼出来，不可能有脱离了具体内容的方法。"授之以鱼"的同时也"授之以渔"。教学方法当然是重要的，然而教学方法的努力，是为了更有效地实现教学内容，先进的教学理念首先关乎教学内容，首先要落实到"教什么"上。不在教学内容上下功夫去钻研，而是空谈什么教学方法，都是外行的话。所以，就当下现实而言，我以为教研活动更重要、更关键的是要研究教学内容。

一堂语文课，如果教学内容有问题，或者只在考试的试卷上才有用，那么教师的教学再精致、再精彩，课堂的气氛再热烈、再活跃，价值都极为有限。对语文学科来讲，语文老师脑子里有什么东西才能教什么东西；因为老师讲出来的东西都是自己放进去的。所以，语文是一门特别依赖于教师个人素质的课。王栋生说过："语文教师走进课堂是带着自己全部的阅读史的。"教学就像一辆向前开的卡车，车首先需要发动机，还需要方向，更重要的是车还得有负载。如果车上没有装载东西，你空跑有什么意义？如果说讲课的发动机是教师的热情，方向就是教学的目标，那么丰富的教学内容就是车上装载的东西。如果一堂课总是教法大展示，花拳绣腿，还不如实实在在讲点东西为好。

有次我去朔州地区的右玉中学，听了几位语文教师的课，其中一位老师讲的是《记梁任公先生的一次演讲》。我不讲这位老师的讲解内容，只讲自己对这篇文章的理解。

【原文：我记得清清楚楚，在一个风和日丽的下午，高等科楼上大教堂里坐满了听众，随后走进了一位短小精悍秃头顶宽下巴的人物，穿着肥大的长袍，步履稳健，风神潇洒，左右顾盼，光芒四射。这就是梁任公先生。

他走上讲台，打开他的讲稿，眼光向下面一扫，然后是他的极简短的开场白，一共只有两句，头一句是："启超没有什么学问——"眼睛向上一翻，轻轻点一下头："可是也有一点喽！"这样谦逊同时又这样自负的话是很难得听到的。他的广东官话是很够标准的，距离国语甚远，但是他的声音沉着而有力，有时又是洪亮而激昂，所以我们还是能听懂他的每一字，我们甚至想如果他说标准国语其效果可能反要差一些。】

首先是梁实秋描写梁启超的外貌特点。写人物形象最好是形神兼备，当然也可突出形或突出神。梁启超是南方人，个子矮，外形确实不帅，所以梁实秋重点突出其"神"。他是如何描写的呢？作者写梁启超外形的句子，"短小精悍秃头顶宽下巴的人物"，为什么这儿没有用顿号断开句子呢？因为不加标点的话语言在节奏上就加快了，弱化了外形的缺陷。而后面写梁启超神采的句子，"步履稳健，风神潇洒，左右顾盼，光芒四射"，却用逗号断开句子？一词一顿，节奏铿锵，而且短语最后一字：袍、健、洒、盼、射，基本押韵（麻花韵），都是开口呼，声音洪亮。这就突出了梁启超先生的"风神"，即潇洒的风采，自信的神态。

而"光芒四射"并不是写人物的眼睛，虽然前面写"左右顾盼"，但说眼睛光芒四射，那就有点夸张失真了。"步履稳健，风神潇洒，左右顾盼，光芒四射"，前三个短语写的是梁任公的风神，最后一个短语"光芒四射"写的是作者对梁任公真切的感受。因为第一段写作者"对梁任公怀着无限敬仰"，这儿的"光芒四射"显然是一个隐喻，作者将梁启超先生看作太阳，光芒万丈，表达了作者对先生的无限敬仰之情。而且这几个四字短语，平仄相间，读来音韵协调，悦耳动听。这儿描写人物的方法很具有"世说新语"的笔法，喜欢用一两句话来概括某个人的外貌、性格或才华上的特点。

然后是，梁任公的这个"开场白"很独特，独特之处就是只有两句话，"极简短"。应当怎样涵泳这两个句子呢？举一个例子：20世纪80年代中期中国女排迅速崛起，一次与外国某强队比赛，形势对中国队不利，但郎平在关键时刻频频有力扣杀，体育馆三万多观众齐声反复高呼："郎｜平｜打得｜好！"很鼓舞士气。能不能把这个句子的节奏改为"郎｜平｜打｜得｜好！"显然不行。如果这样改的话，第一个后果是拉慢了节拍，与中国观众急切求胜的心理不合拍；第二是"得"字独占一拍，虚词得到了强调，减弱了后面实词"好"的分量，也减弱了"好"字的韵味，而此时，必须突出"好"字，才能与当时的言语行为目的——赞扬郎平，要求女排姑娘一鼓作气拿下最后一局合拍，所以三万观众不约而同地选择了前一种节奏。而且"好"是一个开口呼，声音洪亮，气势雄壮。

如果反复诵读《记梁任公先生的一次演讲》中的这两个句子，你会读出什么味道呢？如果从语气上看，"启超没有什么学问——"重音应当放在"没有"上，可在"没有"下加着重号；从节奏上来读，可以读为"启｜超｜没｜有｜什么｜学问——"破折号表示声音的延续，但延续的是"没有"的余韵，不是"学问"的余韵。"没"和"有"各占一拍，得到了强化，而"什么"占一拍，"学问"占一拍，弱化了词义。"启"和"超"各占一拍，乃是突出梁启超直呼己名，自称"启超"（没有说老师或我），也和学生放在了平等的地位，这样才体味出"谦逊"的味儿。另一句"可是也有一点喽！"反复诵读，重音应当放在"喽"上，而且"喽"后面加一叹号，强化了"喽"的语气。而且这个句子的节奏应当是"可是｜也｜有｜一点｜喽！""一点"占一拍，这样就弱化了"一点"的语气，而强化了"也""有"和"喽"的语气，突出了"自负"。"朗读能赋予教材生命化，是教师对教材的再创造，是培养语感的重要途径。""读好了，就什么都有了。"的确值得我们细细品味，慢慢咀嚼。

"好喽"表一件事结束或办完了，很肯定的语气；如果把"喽"换一个语气词，如"好哇"，表感叹性的称赞；"好呀"表示可以；"好嘛"表赞赏；"好吗"表疑问；"好啊"表肯定同意；"好吧"表认可；"好呗"表勉强同意……可见，句子的意义、意味、情调、韵律，都融合在言语的声音之中，所以对文学作品应当牢记"涵泳功夫兴味长"。阅读文章要善于从字句中抓住声音的节奏，从声音的节奏中抓住作者的情绪和言语气势，才能真正体悟出文句中的意味。需要注意的是文句的节奏不是一套死板的公式，像物理公式一样一套就行，它来自文句本身的情趣，是语言节奏和音乐节奏的调和，反过来，这种节奏又能充分表现文句的情趣。要具体问题具体分析。

11. 研究学问，无非是立一课题来聚集知识而已

◎ 一个语文教师，即使经常读书，其积累的知识也是零碎的、分散的，特别需要一个点像磁石一样，把散落在几本、十几本甚至上百本书中零碎的知识、思想的碎屑吸聚在这个点上来。

进入2000年，我对读书与研究语文教学的关系有了更明确的认识。所谓研究学问，也无非是立一课题来聚集知识而已。但作为教师的教学研究，不是专家那种论文式的课题研究，而是针对自己教学中的问题反思、探讨、研究。研究教学就如同酿酒，我们所读到的一切，包括经典的作品，都是花粉，哪怕是上佳的花粉，要想变得甜蜜，还需要自己发酵。研究学问，最忌凌空虚蹈，落不到实处。也就是说，读一本书，不是要去记住"作者讲了什么""作者怎么讲"，而是要将书的内容拆散、提取，找到对自己有价值的部分，化为己用。我把备课当作研究学问，在备课的过程中，以所研究的课文单元为中心，将所阅读的相关书籍之知识和所做的思考凝结起来，所以，我的读书就是围绕着教学主题与问题展开。此时我的阅读，重点已经不是所谓经典的书了，而是所关注的主题与问题。从自己的专业和学科出发，结合自己的兴趣，选择性地精选并有针对性地精读。

这种阅读未必要去全盘理解书的内容，而是从书中发现我所关注的主题，看其对我的教学研究有什么参考和研究价值。

我购买书籍也都是根据实际教学中出现的问题、困惑等，预设我要了解什么信息，解决什么问题，再挑选相关的书籍邮购，并且有针对性地去读。所以，我有时候不会一页一页逐字去读每一本书。我读书，未必跟着作者的思路走，而是用自己的语言，消化和重新组织作者的词汇，消除歧义，融会贯通，变成自己想表达的东西。

一本书，总是由许许多多概念，通过逻辑关系构建起来的。通过这些东西，作者试图向我们论证一个论点、一种方法论或价值观。但是，作者不可能把涉及的所有概念，全部巨细靡遗、一五一十地给我们讲清楚，否则书的厚度可能要增加10倍。读书明理，而这些道理的基础就是一些最基本的概念，只有弄清概念的内涵外延，才能彻底明白道理。真正地懂得一个道理，不是肤浅地记住了一两句话，而是深刻地明白了这个道理的本质，这个道理的前因后果，并且知道如何将这个道理运用到教学实际中。所以，同样一本书，不同的人去读，收获可能完全不同；甚至，同一个人在不同时期去读，收获也完全不同。很大程度上就是由于我们对作者所传达的概念，理解程度完全不一样。

12. 阅读《说文解字》与研究文言教学

◎ 每个汉字都有它的源头，如果弄清每个字的来源，知道了它的发展脉络，教学生学习文言文就会是一件很有意思的事情了。

文言文阅读是高考的重点，也是学生阅读的难点，因为文言文是一种规则最少、省略最多的语言。因为规则最少，所以组合灵活；因为省略最多，所以表达含混模糊，特别需要具有根据语境去推断的能力。文言文阅读突出的问题是字、词、句的问题，字、词、句中最突出的问题是词的问题。一词多义总是学习文言文的难点与重点。文言词需要了解两个问题：一是文言词的特点，二是文言文用词的特点。现代文是一句一句写的，所以读的时候也得一句一句地读；文言文是一字一字写的，故读时也得一字一字地读。所以，现代文考试考的是句子，文言文考试考的是词语；现代文考查句子问的是句意，文言文考查字词问的是词义，给分点也落实在词义上。古人说，读书须"识"字。此"识"指识其本源。汉字是表意字，是形音义的有机结合体，每个字的产生都有其文化内涵，一笔一画都蕴藏着极为丰富的信息。我们现在学的都是简化字，用简化字去学习文言文，常常是知其然而不知其所以然。

文言是字的思维，现代汉语与之虽有承接关系，但只有部分词句的意思可以打通，还有一部分是很难打通的，甚至是完全隔膜的。尤其是文言词汇已经不再是纯粹的词语，它们背后有着丰厚的文化积淀，如果不了解其原初的本义，很难完全理解它。所以，我购买了《说文解字今译》，左民安的《细说汉字》《细说汉字部首》，唐汉的《汉字密码》（上·下）、《中国汉字批判》（上·下），李乐毅的《汉字演变五百例》，陈基发的《趣说汉字》，纪德裕的《汉字拾趣》，瑞典林西莉的《汉字王国》以及《字源探趣》《字海拾趣》《语林趣话》《汉字小讲》等三十多本大部头的研究汉字的书，细心揣摩，并在教学实践中运用，当然，这需要花大量的时间。一个字一个字追根溯源地学，看起来很慢，其实对字的来源弄清楚后，看再多的典籍、文章都相对容易得多，教文言文也会很有底气。后来的教学中，解读每一篇文言文的时候，我会从字源上解释几个关键字，不仅增加课堂的情趣，而且还能引导学生深入理解中国文化。一个汉字就是一部中国文化史，一部中国哲学史。

有时候一篇文言课文，核心常常是一个字，老师如果讲清这个字的字源，学生也就明白了整篇文章主旨。譬如《齐桓晋文之事》，核心讲一个字"道"。《说文解字》曰："所行道也，一达谓之道。"道的本义即路，而且是一条直路，不是四通八达的路。四通八达的路叫作"衢"，"路"为小路，"道"乃大路，如"康庄大道"。"街"也是四通八达的路；"衙"是列队行进的样子，引申为"衙门"。由"道路"引申为规律、道理、学说、主张等。"朝闻道，夕死可矣（道理）。""得道多助，失道寡助（道德）。""以其人之道还治其人之身（方法）。""臣之所好者道也（规律）。""道"用作"说"，乃是假借义，如"仲尼之徒无道桓文之事"。"王道"这个词是孟子提出来的，这是什么意思呢？"王道"可以理解为"王走的道路"。孔子、孟子最推崇的是尧舜禹时代，这三人也称为"三王"，所以"王道"也可以解释为"三王走的道路"，也是正确的道路。那么，这个正确的道路是什么呢？就是"爱民"。"王道"是孟子政治理想的最高境界，就是孟子所说的，"不违农时，谷不可胜食也。数罟不入洿池，鱼鳖不可胜食也。斧斤以时入山林，材木不可胜用也。……七十者衣帛食肉，黎民不饥不寒，然而不王者，未之有也。"可见，"王道"是一个很大的社会范畴，包括最清明的社会政治和比较完善的伦理道德。

譬如《庄暴见孟子》核心讲的就是一个"乐"字。"乐"的繁体字"樂"，有专家认为"樂"是一个会意字，下面的"木"表示树木，上为松树果实，即"松塔"，松柏枝叶富含油脂，本意为举行祭祀点燃篝火时发出噼噼啪啪的声响，引申出了"音乐"之义。这噼噼啪啪的声响，松柏点燃时的香味都使人愉悦，又引申为"快乐"。"乐"还可读为yào，"仁者乐山，智者乐水。"这可能与先民舞蹈时发出的"哟哟哟"的声音有关。古人讲究礼乐治国。"礼"是什么呢？古人讲："礼，履也。"就是一个普通人必须遵守的规范和履行的责任。其外在表现即"礼制"（等级制度），内在的观念即"道德准则"。也就是说，"礼"是区分上下尊卑亲疏远近使之有差别。《礼记·乐记》："礼胜则离……乐者，天地之和也。"意思是说，如果一个社会只有"礼"，那么各个等级的人就会离心离德，不容易团结在一起。而"乐"的本质是"和谐"，高低不同的音阶产生美妙的声音，所以它和"礼"具有互补的作用，"乐"是协调上下尊卑亲疏远近使之更加和谐。"礼"重在"分"，"乐"重在"合"。

儒家认为音乐不是一种单纯的娱乐活动，它具有重要的政治教化作用，音乐可以协调人际情感，可以安定人间秩序，甚至可以考察一个国家的兴衰。南朝陈的陈后主所作《玉树后庭花》，唱完了陈朝；唐玄宗所制的《霓裳羽衣曲》，几乎唱完了唐朝。抗战时，冼星海谱曲的《黄河大合唱》，振奋了一个民族的抗战精神。孔子说："人而不仁，如礼何？人而不仁，如乐何？""仁"指的是真诚的内心情感，一个人若少了这份仁慈之心，那礼和乐还有什么用呢？不过是虚伪的装饰罢了。明白了这个意思，就容易理解孟子为什么由"音乐"讲到"与民同乐"，齐王发自内心真诚地喜欢音乐，那整个国家就会上下和谐了。这也就理解了"王之好乐甚，则齐国其庶几乎"。

13. 阅读《文学讲稿》与研究小说教学

◎ 小说最感动人的其实是细节，是叙述的细部。关注细节才能更多地理解和感悟作者的想法和深意。解读文本就要咀嚼细节，才能将书读厚、读透。

小说是语文教学的重头戏，也是高考的重要内容。如今文学批评家成百上千，批评理论和方法五花八门，十有八九是吃小说饭的，所以，我购买过不少这方面的经典理论著作，以及叙事学、新批评派、结构主义、解构主义等一些文学批评理论著作。但我更偏爱作家的著作，作家有切身的写作感受，他们的经验之谈富有灵气，更加实用。

我最早买的一本小说理论书是王笠耘的《小说创作十戒》，1986年版。作者是一名编辑，他从大量失败的作品和名著的败笔中，总结归纳了小说创作中带有普遍性的失误，并进行了细致分析，简明点破了小说创作的奥秘。文章没有空泛的议论，而是借助实例谈创作，对小说的开篇、情节结构等具体问题，都有不乏新意的探讨，讲得明白而实在。这本书在我最初的小说阅读教学中帮助很大。俗话说，"会看的看门头结道，不会看的看红火热闹。"读了许多分析小说的理论书籍，才渐渐明白了这两句话的意思。以往阅读小说也好，解析小说也罢，都偏重于故事情节，因为故事情节红火热闹啊！而那些作家学者们不光注重故事情节，而且更偏重细节的读书方式，才能看出一篇小说的门头结道，才最值得我们思考和领悟。作家毕飞宇甚至认为："阅读是需要才华的，阅读的才华就是写作的才华。"

以纳博科夫的《文学讲稿》为例谈谈我的感悟。纳博科夫的《文学讲稿》是一部重要的文学理论书，是他做大学教授时的讲义。这份讲义陪伴他走了 20 多年，直到他死后三年才得以整理出版。纳博科夫认为，语言文字表现客观事实，那是新闻报道，而"文学是创造，小说是虚构。""任何一部杰出的艺术作品都是幻想。""它反映的是一个独特个体眼中的独特世界。"《文学讲稿》的序言中讲了一个有名的比喻："一个孩子从尼安德特峡谷跑出来大叫'狼来了'，而背后果然紧跟着一条大灰狼，这不称其为文学；孩子大叫'狼来了'而背后并没有狼，这才是文学。"由此看来，所谓小说家其实就是一个说谎话的孩子。长久以来，人们总认为小说是反映真实、反映现实的，实际上真正反映现实的应当是历史学、政治学、经济学、社会学、文化学等，小说并不反映真实，并不反映现实。小说绝对是由一个人自己创造出来，反映他个人的心灵境象，完全是出于一个人的经验，所以它恰恰是反自然的、反现实的，所以，作家王安忆把她的小说讲稿名之为《心灵世界》。

纳博科夫比较注重阅读活动中的体悟、品味、赏析，而不太赞成研究。纳博科夫认为读小说不要先入为主，先带上一个"批判资本主义社会人与人之间的金钱关系"的观念来读《欧也妮·葛朗台》；先带上一个"揭示社会主义新时期农民的旧意识"的观点来读《陈奂生进城》，那读出来的东西还是别人的东西。要虚怀若谷地着眼于书中的细节，小说中绝没有不重要的细节。他认为，要在所有的细节都品味、理解之后，再做出某种朦胧疏淡的思想性概括。如果带着先入为主的思想看书，那么，第一步就走错了，看出来的永远是别人已经看出来的东西，你永远也别想看懂这本书。专家学者们就是从小说的"细节"出发推求其内在关联的。

纳博科夫还认为不要对小说抱有不切实际的期望。最常见的就是希望通过读小说去了解世界、时代、历史，以为鲁迅的《孔乙己》能告诉你鲁镇上读书人的生活状况，以为沈从文的《边城》再现了几十年前湘西水乡的真实情景。理由很简单，现实世界尽管是真实的，但却是杂乱无章的一大摊，作家选其所需，巧妙组合，拼凑成一个完整的东西，就像鲁迅说过的"杂取种种人，合成一个"，祥林嫂就是这样一个"合成品"。所以，纳博科夫说，不要像小孩听故事那样，总爱问："故事是真的吗?"读小说就是读人，解读小说的过程就像跟人打交道，虽然对一个文本的看法，从来都是见仁见智、因人而异的，但任何一部文学作品的独特世界都不是一眼就能看透的。

阅读不同于观画，观画可以做到一览无余，而读书是一种需要时间才能够完成的渐进行为，需要时间出入于不同的空间，才能逐渐熟悉书中的内容。我们的语文教学，经常把课文剥皮抽筋变成几条干巴巴的抽象结论，要么做试卷提高应试技巧，缺少对生活的关注，对事物的欣赏，对细节的品味。阅读中的问题还会严重影响到写作，学生写作文常常叙事说理不细致、不具体，笼而统之，泛泛而谈，只是一个大的轮廓和框架。不善于细致地描写事物，让形象自身来说话，缺少对事物细节的捕捉、挖掘和描绘，尤其不善于运用细节来表情达意，使表达准确、醒目、有冲击力。这是一种概要式思维和泛化型表达，实质是思维粗糙，心灵粗糙，这与我们的语文教学关系很大。

陆九渊有诗云："读书切忌在慌忙，涵泳工夫兴味长。"悟就是涵泳的结果。如果用数理化的眼光和方法来读文学作品，结果学得咬牙切齿，学得头昏脑涨，学得兴味枯窘，最后学得一筹莫展。有作家说，小说是门说话的手艺，写小说就是把一件简单而平淡的事说得很有情致，说得让人兴味盎然，说得让人有所思有所悟。

我最钟情的课文是《变形记》《墙上的斑点》《等待戈多》《百年孤独》等西方现代派作品，还有后来新课改中曹文轩主编的《外国小说欣赏》等。我读这类作品很兴奋，反复咀嚼，就像向智者求教一样。我觉得这些作品是锻炼学生思维，提高学生思维质量最好的阅读材料。所以，我是将每一个文本都作为一个"战例"来研究，而研究文本本身就包含了教法的研究，因为不结合具体文本而进行纯粹的教法之类的研究，无异于马谡的纸上谈兵。我写了一篇论文《陌生的卡夫卡》，发表在《中学语文教学参考》2001年12期上，后来被北京出版社出版的《影响世界的一百本书》收入，作为《变形记》的解读文本。

14. 阅读《中国诗学》与研究诗歌教学

◎ 诗歌的鉴赏活动是有着众多的角度与繁复的层面，以往那种即兴式的批点笺释，只能求得巧遇偶合，大抵缭绕于作品的外缘，很难触及诗歌本身。

诗歌教学是阅读教学的重点，也常是学生学习的难点。一个普通读者完全不必为"如何进入诗歌文本"这样的问题伤脑筋——他只要静下心来读就是了。只要没有文字障碍，他总能从诗中体会到点什么。然而对于一个语文教师来说就没有那么简单了：他必须有一套解读诗歌文本的规则与方法才行，否则他就只能谈出一些体会，而体会作为一种纯粹个体性的经验，是不能成为学术话语的。古典诗词有两大要素：节奏和意象。诗歌是一种音乐性文体，诗歌是诗加上歌，诗主意境，歌主节奏。诗的音乐性主要体现在节奏上，而节奏最明显的标志就是分行（诗行是节奏的标志），其次是语音标志（平仄、押韵），读律诗一定要带上字的发音，因为声音也是诗歌内容的组成部分。其三是意义节奏标志，即词顿。真正的古诗，要完全符合节奏和韵律。节奏可以强化感情，强化意义，但考试很少涉及。所以，很多时候语文教师的教学也很少涉及。但有节奏未必是诗，如《三字经》《百家姓》《千字文》等，不具有诗的抒情本质。意象可以激发读者情感，而节奏则可以强化这种情感。

苏联塔图符号学派的主要理论家洛特曼曾指出："诗的特性就在于它激活了词语的全部潜能，迫使它携带远多于其在日常语言中所携带的丰富含义。"怎样才算是"激活了词语的全部潜能"呢？不外乎打破语言的恒常模式的组合规则，实现词语的重组、结构的变形和语境的创造。换句话说，文学语言是一种"反语法""反逻辑"的过程。我根据自己的学习体会，给诗歌下了一个定义：诗是一种分行排列、不合语法与逻辑的句子组合。譬如王之涣的《登鹳雀楼》："白日依山尽，黄河入海流。欲穷千里目，更上一层楼。""黄河入海流"是个什么句子？是主谓结构吗？黄河入到"海流"里了吗？但我们没听过有个叫"海流"的地方；是连动结构吗？黄河入到海里才流动，那么，黄河原来是不流动的吗？逻辑上说不通。还有"欲穷千里目"，我们听说过千里马，千里马指日行千里之马；但我们没听过千里目，是说能看到千里之外的眼睛吗？这就牵涉到古典诗歌的一个总的特征，即含蓄。含蓄就是好坏都不直接去表达，所以，表达思想情感往往不是托物言志，就是借景抒情。这景和物放在诗歌里，专用的术语就叫作"意象"。即包含着主观情意的物象。

诗是用意象说话的，意象经过几千年的文化积淀，人们习惯了这些意象所唤起的联想，习惯了意象的多义性和暗示性。诗要写成什么样，意象起重要作用。所以，理解诗歌首先要理解其意象。对意象的分类很多。我习惯使用这种分类：第一类是描述性意象，第二类是象征性意象，第三类是比喻性意象。这三类意象基本不在一个层面，象征性意象是在篇章的层面，描述性意象是在句子层面，而比喻性意象是在词语层面。在诗歌考查中，词语层面的意象使用的频率最高，其主要特点是形式简洁、内蕴丰厚。由于代代传承和意义积淀，它的内涵逐渐被固定下来，提起流水，就会想到时间流逝和愁绪；提起寒蝉，就会想到凄凉、感伤。其次要理解省略。因为诗歌要让有限的词句中蕴含无穷的意蕴，引发人无限的遐想，就得去掉一切"杂质"，省略掉一切可以省略的成分。譬如，省去不必要的连词、介词，甚至动词、形容词等。尤其是形成对仗，把寻常的词语作了紧凑、新颖而又醒目的排列组合，突破时间、空间和不相关联的事件的限制，使得诗句语词之间显得有些罅隙，造成结构上的一种跳跃，所以读诗需要联想和想象，能把这些罅隙天衣无缝地弥合起来。其三要理解倒装。因为词语之间省略掉许多关联词语，削弱了逻辑联系，使词语之间可以自由组合，只要不以辞害义即可。所以，诗歌常常打乱正常的语法、逻辑关系，譬如"欲穷千里目"其实就是"目欲穷千里"。

按一些评论家的看法，意象是并列的，因为这些景物都是空间状态的，如"枯藤老树昏鸦……"。但词语是无法并列的，它必须依次写出，而"依次"写出正是叙述语言的秩序，是叙述给定了它们在这首诗中的位置和出现的顺序，所以，从这个意义上说，所有的诗都是叙述的，要叙述必然关联到事件，也必然关联到情节，因此，每首诗都有事件和情节。诗歌是将一个事件分解为许多中间状态后选择其中一个或几个中间状态进行叙述，所以诗歌对事件的叙述常常不表现为表示动态事件的句子，大部分是一连串前后有序状态性的句子。诗的情节是主体内在事件的历程，它可以外化为叙事作品中的事件，也可以外化为事物（意象）的非客观组合。不同的诗改变的只是叙述的方式和情节的线性。一首诗中话语的次序，只是诗人给出的他认为比较满意的一种，假如诗人或我们将一首诗的话语次序打乱，重新给它一个话语次序，使诗比原来的相比并不逊色，这也是完全有可能的。我们这样理解的意思是表明：话语次序是诗人给定的，不是固定的。

譬如山西省2009年人教版语文必修2模块结业考试试题，我出的诗歌阅读题目就使用了课本上"练习题"的一首诗：刘禹锡《杨柳枝词（其一）》"迎得春光先到来，浅黄轻绿映楼台。只缘袅娜多情思，便被春风长倩猜"。题目如是问：（1）作诗如同作文一样，首先应当讲究立意。刘禹锡的《杨柳枝词（其一）》是从什么角度立意的。请简要分析。（2）如果将刘禹锡的诗句适当调整一下，诗的立意将会发生变化，请简析调整之后的诗的立意有什么不同。改写："迎得春光先到来，便被春风长倩猜。只缘袅娜多情思，浅黄轻绿映楼台。"参考答案：（1）刘诗以柳喻人，描写杨柳枝最先用一片翠绿迎来春光，用自己的新绿映衬亭台楼阁，它的一片柔情蜜意，却招来了春风的嫉妒。意在批评妒贤嫉能的社会环境。（2）改写的诗，先描写杨柳枝最先迎来了春光，却招来了春风的嫉妒。但它依然婀娜多情，默默地用自己的新绿给楼台亭阁增光添彩。意在颂扬杨柳枝无怨无悔，默默奉献的精神。可见，顺序颠倒一下，诗的立意就大相径庭了。

对诗歌词语的理解主要考虑两种意义。一种是语境意义。在不同的语言环境中，言语的意义会发生功能性的变化，譬如，"江南"一词，放在"遥望江南路，故人从此去"中有惜别怀远之意；放在"暮春三月，江南草长。落花生树，群莺乱飞"中有阳春温馨之意。其次，言语所占的位置不同，意义也会发生变化，譬如，"鸡声茅店月，人迹板桥霜"中，将"鸡声""人迹"放在句首；"细草微风岸，危樯独夜舟"中将"细草""危樯"放在句首，都具有凸显其意义的作用。言语意义不可能在词典中找到，全凭个人的语感操作。另一种是联想意义。某些词语在历史演进中不断渗入民族文化方面的东西，形成一种民族的"集体无意识"，一旦接触这些词语，就会自动地与某种特殊的情境发生联想，形成特殊的情感意义。譬如，猿啼、杜鹃、残月等；譬如，"凭栏"一词，词典的意义是"靠着栏杆"，但在诗词中，意味无穷。"独自莫凭栏，无限江山""戎马关山北，凭轩涕泗流"等，或表怀远，或表吊古，或表悲愤……这种联想意义代代相传，不断被丰富，不断被创造，不断被附上种种特殊的情韵。联想意义是主观的，是人们赋予的，是读者发挥的，也就是说词典原本没有这种意义。它还包括作者选词用词时的联想与读者阅读时的联想，二者可能一致，也可能不一致。高明的作者善用词句激发读者的联想，而高明的读者善用联想来补充、丰富词句之意蕴。

诗歌是情感的艺术，但诗人又很难通过语言传递抽象的情感，即使勉力为之也很难引起共鸣，所以诗歌抒情讲究含蓄，往往不是托物言志，就是借景抒情。西方理论家英伽登将文学作品内在构成分为四个层次，由下而上：声音层、意义层、再现层、图式化外观层。第一、二层是一切用文字书写的文体，包括文学文本和文章文本所共有的层面。文本符号都是用来表达思想、情感和愿望的。第三层指文学文本包蕴着的情景和形象。第四层指情景和形象中包含着的意蕴、隐喻等象征意味。这种划分的目的是将文学文本和文章文本区分开，只有文学作品才有第三层、第四层，文章文本虽然也用比喻、象征等手段，但根本目的是服务于第二层，即意义层。明白这一点，就知道一首好诗必须要有第三层，即有余味、有余意，要言有尽而意无穷。高考诗歌试题中95%的试题都会问"表达了作者什么样的情感"，就是要求考生解读出诗词情景和形象中包含着的意蕴意味，所以，把握住情感的大方向最为重要。我们把诗词中出现直接表达情感的字眼，称之为"情眼"。"情眼"可谓牵一发而动全身，改变一首诗的"情眼"，往往就能改变这首诗所表现的情感性质。

某年阳泉市高二学业水平考试，我出了一份语文试题，其中的诗歌鉴赏试题选了清代才子袁枚的一首七绝《马嵬驿》，我们先来看看这首诗："莫唱当年《长恨歌》，人间亦自有银河。石壕村里夫妻别，泪比长生殿上多。"两道试题：1.这首诗运用了什么样的表现手法？2.表达了诗人什么样的情感？请简要分析。因为是高中学业水平考试，我想的是出的试题尽可能简单一点儿，这首诗就比较简单，而所出的两道题也比较简单。预测结果应当是98%的考生回答正确。结果大大出乎我的意料。我浏览所在考场上30个考生的答卷，第1题答出"对比"的只有3人（答"用典"也对），答出"同情劳动人民的思想感情"的不超过10人，令我大跌眼镜。这首诗的结句"泪比长生殿上多"明确用了一个"比"字，已经把答案告诉考生了；而且"泪比长生殿上多"一句在比较中诗人情感明显偏于泪水更多的"石壕村里夫妻"。很多学生回答不正确，主要是没有能把握住这首诗情感的大方向。《马嵬驿》的"情眼"是什么呢？就是泪。要把"泪比长生殿上多"改为"情比长生殿上多，"或"爱比长生殿上多"等，整首诗的情感性质就改变了。所以，寻找"情眼"，把握情感的大方向是鉴赏诗词的第一步工作，也是最基础的工作。

只要你真喜欢读书，好书即便隔洋过海，也会寻上你来。台湾著名学者黄永武的《中国诗学》是一部讲论古典诗歌的顶级作品，翻开它，细读数行，就知道，它和其他同类书划清了界线。它继承了中国诗学的真正传统，开创了中国诗歌欣赏的新境界，将现时的读者和古典诗歌联系起来。全书共4册：《思想篇》《设计篇》《考据篇》《鉴赏篇》。他的《鉴赏篇》对我的诗词教学很有指导意义。诗歌的鉴赏活动如果完全是以读者个人趣味为中心，这种印象式的鉴赏，是人人都能做到的。但作者透过字义诠释的层次、透过结构美感的层次、透过性向风格的层次、透过道德判断的层次，直与作者的心弦发生生命的共振，则这种鉴赏断非人人皆能。给我启发最多的是《思想篇》，作者强调没有一首诗是完全孤立的，每一首诗无不以庞大的民族文化与时代精神为其心智的基础。譬如，作者以杜甫的《阁夜》"岁暮阴阳催短景，天涯霜雪霁寒宵"为例来说明诗歌鉴赏活动中如何解剖诗句的各种层面。"寒——冷；宵寒——晚上较冷；霜宵寒——降霜的晚上甚冷；霜雪宵寒——霜雪交加的晚上最冷；霜雪霁寒宵——霜雪融化的晚上尤冷；天涯霜雪霁寒宵——加上漂泊天涯的心理因素更加孤独寒冷。这夜晚的冷，再配合上句所写日短夜长，冷得更加难受：短景——夜长，难耐冷；催短景——催得夜更长，更难耐冷；阴阳催短景——阴阳迅速，夜长得真快，如何能耐这冷；岁暮阴阳催短景——岁暮冬至，夜长到极点，冷到极点。"

15. 阅读《现代诗：语言张力论》与研究现代诗歌教学

◎ 作为语文老师，知识必须吐故纳新，学习知识有个量的问题，更有个质的问题。仅有知识而没有足够高质量的知识，就很难提高课堂教学质量。

初读现代诗，觉得简单；认真读下去，就会发现，现代诗比古诗难懂。古代诗歌千年以来形成一套高度成熟的意象系统，譬如，看到"渔翁""钓客"就想到隐逸之情；看到"落花流水"就联想到人生短暂、青春不再之感慨等。而且表现手法上多借景抒情、托物言志、借古讽今等，以及比喻、拟人等修辞手法。但现代诗与之截然不同，诗人戴潍娜说："现代诗只对少数人说话，不需要让谁都读懂。有难度的诗句，恰恰是对审美法西斯主义最有意义的校正跟反驳。永远都是人民去模仿艺术的语言说话，而不是艺术去模仿人民的语言说话。"由于长期审美习性的积淀，大多数语文教师把现代诗与古诗作为一个"共同体"来看待，尽管在诗的某些本质上它们有共通性，但两者存在巨大差异。将古诗的评价鉴赏方法挪用移植到现代诗身上，必然会产生某些尴尬。故而，现代诗对语文老师而言，简直就是一块难啃的骨头，甚至就是一块不能啃的石头。旧版语文教材曾选过一些现代诗，如穆旦的《赞美》、舒婷的《致橡树》、韩东的《山那边》、海子的《面朝大海》等，教学过程中总有种种疑团和困惑，令人无端生出许多烦恼，语文老师在这类现代诗面前望而生畏、举步维艰。因为教师自己读不懂，只好面对死的文字做表层滑行，这对学生的心灵亦是一种磨损。

为什么现代诗难解呢？主要症结是歧义太多，而且它特别讲究技巧，拥有自己一套独特的方法论，不掌握它的特殊规律，往往只能望洋兴叹，苦无舟渡。单单是一份诗歌术语清单：陌生化、张力、含混、智性、隐喻、换喻、畸联、反讽、戏剧性、变形、俳谐、空白、密度、戏拟、镶嵌……就够语文老师大大劳神了。高考也曾考过九叶派女诗人郑敏的《金色的稻束》，结果争议甚多。众多行家里手对这首诗剥了一层又一层皮，还是固定不了那颗"洋葱核心"。我觉得要理解现代诗的种种技巧，掌握解读现代诗的钥匙，不能绕开厦门大学教授陈仲义。我1991年在平定新华书店买过陈仲义的《现代诗创作探微》，读后印象不深。2012年购买了他的《现代诗技艺透析》，就觉得作者十分了得。他对现代诗的种种技艺做了详细的分析，使我有了了解读现代诗的钥匙。2013年我购买了他的《现代诗：语言张力论》，此书以"张力"为诗质核心，将无穷繁复的现代诗学纠缠，以"张力"一语简明道出，提纲挈领，深化、系统了我对现代诗语的合理阐释。

我参与山西教育出版社的教材同步练习册的编写也有十几年了，也慢慢由编者晋升为主编。新课改后的选修本有《中国现代诗歌散文选读》，我接受了为这本书编写练习册的任务。这本教材选编的诗歌散文确实称得上是精品，非常好。即使中文系的学生，估摸大多数内容也没学过。中国现代诗歌有两个最著名的流派：西南联大的九叶诗人和"文化大革命"前的七月诗派。这本教材选编的现代诗歌多是穆旦、郑敏、陈敬容、杜运燮、辛笛等九叶诗人与绿原，阿垅、曾卓、牛汉等七月诗派的作品；也包括一些台湾、香港的诗人的作品，以及北岛、舒婷、顾城、江河、杨炼等朦胧诗派的作品。我比较偏爱这些对我智力构成挑战的现代诗歌。

编写这本练习册时发现网络上或别的地方都没有任何参考资料，从体例设计到具体选材，再到具体编写练习题，都要自己设计。按照事先定好的规则模板去完成一件事情，是非常简单的技能。可是如果现在根本没有规则模板，也就是说，如果没有人管你，没有人告诉你应该做什么，你能不能自主决定应该去探索什么？这就像语文教研最讲究探索新事物的能力，并不是专家讲什么，你照着说就有了能力。编写这样的练习册实际也是教学研究，是对新事物的一种探究，所以非常艰难。第一难在新诗解读难。我们都知道，旧诗与新诗差不多是两种制式，各有各的调儿。新诗处理日常事物与旧诗不同。旧诗处理日常事物，在一般诗人甚至一些很优秀的诗人手上，似乎凑成五、七言的四句、八句，平平仄仄一番，就算大功告成了，故而如今写旧体诗的人远超写新诗的人。

日常事物要能进入新诗，诗人总要对它们有某种新的发现，给我们增加某种新的经验，而这种经验常常是独特的，后人无法重复的，譬如戴望舒的"雨巷"、徐志摩的"康桥"、舒婷的"橡树"等。而旧体诗的意象总是反复使用，其内涵基本是固定的。新诗必须要有"隐喻"。古人说："怀情不尽曰隐。"布鲁克斯说："我们可以用这样一句话来总结现代诗歌的技巧：重新发现隐喻并且充分运用隐喻。"新诗只能用隐喻来说话，不能自己去"讲话"或发议论。但格律诗很多是不讲隐喻的，包括某些大诗人的诗。第二是出题难。一首诗就那么十几句，要出5道题，用绞尽脑汁形容一点也不过分，编完这本练习册，我都有些怵阵了，但我还是觉得这本练习册质量很高。

我曾到长治某学校做高考专题报告，应校长邀请，顺便听了两位老师讲课并做了点评，其中一位老师讲的是舒婷的《祖国啊，我亲爱的祖国》。讲课的老师虽然年轻，但是语文素养很好，讲课时声情并茂，引导学生反复诵读，变着花样读，差不多花去20分钟的时间。然后解读诗歌文本，解读模式基本是先找出每段的意象，再分析意象的含义，分析意象所包含之情感，最后指导本段朗读时之情感特点。但在我看来，其解读文本始终不得要领，最基本的问题是欠缺现代诗方面的知识，故而，解读文本时总是按照解读古典诗歌的套路去削足适履地套现代诗歌。曹文轩在《思维论》中讲过："除了绝对知识之外，一般的知识也同一个人的生长一样，也有一个从诞生到走向青春走向壮年走向衰老乃至死亡的过程。"舒婷的诗虽然被专家称为"朦胧诗"，但在今天看来，大量散文语言渗透在新诗里面，已经没多少"朦胧"的意思了，还是比较容易理解的。可见，语文老师脑袋里存放着很多过时的乃至无用的知识，舍不得丢弃；并且因为没有吸收任何新知识，这些过时的无用的知识扔了之后，很可能就更没法讲课了。因为当时评课的时间有限，故而，我以《祖国啊，我亲爱的祖国》第一段为例，针对该老师所讲的内容，作了我的解读。

【我的评课】

讲课老师板书第一段：

意象	含义	诵读情感
水车、矿灯、稻穗	贫困	（低沉）
路基、驳船	落后	（悲痛）
花朵	痛苦、希望	（舒缓）
理想、胚芽、笑涡	希望、欣喜	（高昂）
起跑线、黎明	新生、激动	
我与祖国关系	养育、奉献	（深情、激越）

第一段原文：

> 我是你河边上破旧的老水车，
>
> 数百年来纺着疲惫的歌；
>
> 我是你额上熏黑的矿灯，
>
> 照你在历史的隧洞里蜗行摸索；
>
> 我是干瘪的稻穗；是失修的路基；
>
> 是淤滩上的驳船
>
> 把纤绳深深
>
> 勒进你的肩膊；
>
> ——祖国啊！

我以这首诗的第一段为例，做了点评。

《祖国啊，我亲爱的祖国（首节）》诗歌解读

舒婷的诗被专家称之为"朦胧诗"，不过，在今天看来，已经没半点儿朦胧的意思了。因为诗是用意象说话的，古典诗歌为了让有限的词句中蕴含无穷的意蕴，引发人无限的遐想，总是去掉一切"杂质"，省略掉一切可以省略的成分。什么是可以省略掉的成分呢？首先要省略掉主语"我"。譬如，"我是你河边上破

181

旧的老水车，//数百年来纺着疲惫的歌"中，如果是古典诗歌，"我"基本不会出现；古人很可能写成"河畔水车老，百年咿呀歌"。其次省略掉各种虚词。虚词会使句子之间的逻辑性更强，古典诗歌中很少使用虚词，但虚词越来越多地出现在朦胧诗里，如"从""被""以"等，让句子衔接得更紧密，诗的意脉和语序都显得贯通流动了。

老师尽管很注重朗诵，按理说应当很重视诗歌的节奏，但实际是并没有注重诗歌的节奏。诗歌有两大要素，就是节奏和意象，其中主导要素是节奏。节奏在诗歌中最重要，但因为考试不考所以老师们一般不太重视。节奏对诗歌的构成作用相当明显：一定的要素或成分，在诗歌中交替性、周期性地重复出现，往往会形成一种节拍倾向或节奏强制。老师之所以没有注重节奏，不是你朗读得没有节奏，而是因为没有理解了现代诗歌的节奏，没有把握了这首诗的节奏。这就是现代诗知识欠缺的问题。而且一首诗的节奏形式往往是第一个诗节中就定型化了的。

我就以这首诗的第一节为例和老师交流一下，不妥之处，敬请指正。

一、反复阅读后我们不难发现：其一，在这一节诗里，有两处成分是交替性、周期性地重复出现的，一个是"我是……"，另一个是"祖国啊"，而且恰恰出现在一首一尾的地方，形成一种节奏强制。其二，随着"我是……"的节奏强制，"我是……"之后的意象所指各不相同，但都有着彼此相似的语法结构。这些不同的意象，"破旧的老水车""熏黑的矿灯""干瘪的稻穗""失修的路基""淤滩上的驳船"，在这一节诗中语义功能相同，因为"我是……"的节奏作用，把这些意象统一在整个诗的意境中，使这些意象超离了各自的本意，指向同一内涵。其三，诗体的节奏一旦形成，就为整首诗的节奏模式奠定了基调。即使抽了诗的具体内容，变成"我是……我是……我是……祖国啊"的时候，诗的节奏依然进行着，整首诗情感的激荡都来自这一成不变的节奏。

二、"分行排列"是诗歌形式上区别于其他文体的特征，也是现代诗歌区别于古典诗歌的外部标志之一。《祖国啊，我亲爱的祖国》的分行显然打破了"句子"的概念，但它不是为分行而分行，而是兼顾了诗句内部语义语法的结构关系和诵读时情感节奏表达的需要。通过这种"解构"，内部的语义语法关系得到凸显，同时也提示了诵读的节奏。因为分行有利于突出诗的本质特征。在听觉上改变了节奏，在视觉上给人放大了的特写美。如"是淤滩上的驳船//把纤绳深深//勒进你的肩膊"，第一、二行不用标点，让句子跨行，也使词意得到强化作用，更加突出诗人的情绪特点。这三行诗尤其突出了第三行的"勒进"一词。

三、这首诗用了许多不同的意象，譬如破旧的老水车、熏黑的矿灯、干瘪的稻穗、失修的路基、淤滩上的驳船……从这些意象事物可以看出它们的相似性，如同长着差不多面孔的一条街上的邻居。诗歌的意识在这些意象之间挨个移动，其变化具有持续可感性。也可以说，这些意象事物是横向组合，具有排比的形式。在现代诗歌里可称之为转喻。转喻是指当甲事物同乙事物不相类似，但有密切关系时，可以利用这种关系，以乙事物的名称来取代甲事物的一种修辞手段。故而，转喻是有轨迹渐变的；转喻的重点不是在"相似"，而是在"联想"。

假如我要是解读这一节，"勒进"就是切入文本的角度，看到这个词，我们很容易联想起臧克家的《老马》："总得叫大车装个够，它横竖不说一句话，背上的压力往肉里扣，它把头沉重地垂下！这刻不知道下刻的命，它有泪只往心里咽，眼里飘来一道鞭影，它抬起头望望前面。"这个"扣"就是"勒进"。为什么会"勒进"呢？说明驳船"沉重"，那是几千年的历史重负（"驳"易联想到斑驳）。为什么会"勒进"呢？因为"艰难"，那是搁浅在淤泥上的驳船，阻力很大，有几百年传统观念的阻力，也有旧的体制的阻力等。也说明了拉船者的痛苦，拉船者的努力。拉船者为什么会这样痛苦并且这样努力呢？那是因为他们心中仍然有梦想、有憧憬。那花朵、胚芽、起跑线、黎明等意象正是希望的象征。由"勒进"这个"点"切入，就带起了整个文本，也对学生的智力进行了挑战。一个文本就像一座建筑，解读文本就需要找到一个门，才能进入建筑内部。而教学设计就像建筑设计一样，材料固然要先进，但巧妙的设计也一定要跟得上。巧妙的设计决定了功能和趣味，决定着总体效果。譬如奥体中心"鸟巢"这一建筑，钢材很先进，技术也很先进，但巧妙的设计才是入选的主要因素。

类似这样言语形式的问题颇多，譬如第二段"痛苦的希望啊"一句为什么缩回两格，不整齐排列？……

　　我为第一段设计了一个这样的板书：

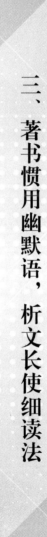

三、著书惯用幽默语，析文长使细读法

1. 我被评为"阳泉市十大藏书家"

◎ 买书不是为了装饰。我买书是为了读书，不是为了藏书。每当看到书橱里那一架架排满的书，我都由衷地感谢那些写书的人，给我们提供了这么好的精神食粮。我今生今世最大的愿望就是希望能写出一本书来，而且必须是一本人们读了感觉比较有意思的书。

因为不断买书，日积月累，不知不觉中我居然积攒了几千册书，蜗居显得书满为患。我在省教院中文系进修时的班主任张霞老师某次出差偶至我家，看到我的藏书，很感慨地说："这真不像教师看的书，倒像教授看的书！"也由此感悟：如果我书架上的每本书都可以轻易地在同仁的书架上发现，那证明我的阅读不太成功。我和同仁，因为读过共同的书，可以交流；因为读过不同的书，可以从交流中受到砥砺和启发。2001 年，阳泉市文化局、市图书馆与市新华书店联合评选"阳泉市十大藏书家"，我被城区推荐参与评选。图书馆长等评委们到参评选手家里实际考查有多少书、如何分类、放在什么地方……综合以上因素，我被评为"阳泉市十大藏书家"之首。我认为这个奖是我这辈子所获得的分量最重的一个奖。平心而论，我还远远够不上藏书家的资格，仅仅是个痴迷读书的读者而已。

在颁奖会上，我作为代表有个简短的发言："……尽管培根说过，书可以装饰，但我买书不是为了装饰，所以，我的书里面极少有精装本，更没有孤本、珍本之类的书。我买书是为了读书，不是为了藏书，更没想做'藏书家'。"发言的结尾是这样写的："如果说我在教学上还取得一点成绩的话，那首先应当归功于自己的几千册藏书。每当看到书橱里那一架架排满的书，我都由衷地感谢那些写书的人，给我们提供了这么好的精神食粮。不过，我今生今世最大的愿望并不是想收藏许多书，成为坐拥书城的'藏书家'，而是希望能写出一本书来，而且必须是一本人们读了感觉比较有意思的书。"

西方有句谚语，"人如其所读"。我觉得书就像人，说得极端一点书就是人，就是爱书的人的好朋友。我们当然不可能跟每个人交朋友，也不可能与每本书交朋友，故而，在书籍里我有两个最喜欢的朋友：一个是言语幽默的朋友，另一个是有思想见解的朋友。我为什么喜欢言语幽默的朋友？窃以为，言语幽默是作品中最值得玩味、最令人流连忘返的部分。用林语堂的话说，幽默就是幽幽地听，默默地想。爱屋及乌，我也非常喜欢写出幽默文章的作家。这类作家我首推梁实秋，其次钱锺书。梁实秋的文章是文字很幽默，任何鸡毛蒜皮的事儿都能写成一篇文章，读之令人忍俊不禁。钱锺书的文章是内容和文字都很幽默，他最幽默的作品还是长篇小说《围城》，其中诸多的比喻特别精彩。

20世纪80年代，我读到了几篇当代作家写得很幽默的小说，刘索拉的中篇小说《你别无选择》，徐星的小说《无主题变奏》，史铁生的《关于詹牧师的报告文学》，王蒙的《说客盈门》等。读得最多的是王朔的作品，王朔嬉笑怒骂皆成文章，幽默俏皮。李承鹏的幽默我也很喜欢，还购买过他的小说《寻人启事》，李承鹏说自己的小说不是小说，是段子；自己不是作家，只是个码字师傅。购买过孔庆东的《47楼207》，语言幽默，生动有趣，关键是敢于朝自己脑袋上拍砖；后来该书被传媒称之为"继钱锺书以来真正的幽默"，作者亦被学界誉之为"北大的马克·吐温"。

曾经购买过学者孙绍振一本专门讲幽默的书《幽默五十法》，后来又在《中国妇女报》拜读他写的讨论女性生活的文章，文笔幽默风趣，就购买了他的《美女危险论——孙绍振幽默散文选》。编辑李更写的《李更如是说》也很有意思，自称此书是"审视中国五十年文化特质"。作者被称为"文坛冷枪手",书中指名道姓评点了两百位作家学者,数百部作品。语言风格犀利辛辣,幽默调侃。无所顾忌地嬉笑怒骂、挥斥文坛,读后有一种酣畅淋漓的感觉。这种风格正合我口味,颇有相见恨晚、一见如故之亲切。再后来,购买过高军的散文集《世间的盐》《橄榄成渣》,高军是个画家,但他的文笔娴熟老道,他笔下的人物与故事充满智趣。他有敏锐的触觉,观察细致入微,将日常的所见所闻,描摹得生动有趣,很有些梁实秋的特点,任何吃喝玩乐,家长里短都可以拿来写,而且将世事百态描绘得生动有趣。

购买过冯唐的小说,他的文章既深刻又好玩,他的文章里最崇高的和最庸俗的,最雅的和最俗的都搅和在一起。特别令人意想不到的是,这家伙是协和医科大学临床医学博士,妇科肿瘤专业的,读了8年。让我由不得感慨。一般而言,女性常常拒绝与幽默牵手,但刘瑜、端木赐香、蒋方舟、胡紫薇等的文章都很幽默,这些作者多是大学学者,有深厚的专业背景,她们的文章喜欢在各种生活场景里穿插着很犀利的认识,或许有些偏激,但许多很真实,令我辈须眉刮目相看。

但对我影响明显的是王小波。王小波主张写文章要有趣,有趣是王小波笔下出现频率颇高的词,在他的观念里,人生、世界、小说、杂文都应当有趣。有幽默则有趣,为有趣则要幽默,有趣和幽默简直就是孪生兄弟。他富于睿智的幽默与尖刻令人喜欢。近朱者赤,近墨者黑,近幽默者则幽默。

或许,喜欢什么样的书,就属于什么样的人。我讲课比较幽默有趣,写文章也比较风趣幽默。

某年,我应西安教科所语文教研员贾玲老师邀请,为西安的高三老师们做作文专题报告,报告结束,贾玲老师评价我:郗老师看起来很严肃,但讲课很幽默。在我看来,幽默有一前提是敢于拿自己开涮,说雅一点儿,幽默就是敢于自嘲,也不大在乎别人的善意调侃。如果我都能拿自己的缺陷开玩笑的话,那么谁还能用嘲笑来伤害我呢?女老师讲课不容易幽默,症结就在既不敢自嘲,也不愿被别人调侃,那就只能走抒情的路子。我一直认为,没有乏味的课文,只有乏味的教师。有情趣的老师才能把课讲出情趣来,有学问的老师才能把文章讲出学问来。讲课是个手艺活儿，手艺活儿不好，就是懒惰造成的。只有不断地阅读，不断地写作，才能不断地提高手艺，别无捷径。

我喜欢的另一个朋友是有思想见解的书籍。关于"思想"，英国现代哲学家维特根斯坦有两个重要的命题。其一即"事实的逻辑形式就是思想"，其二即"思想是有意义的命题"。思想是我们理智洞见的成果，相对于"经验"而言，有更多抽象与概括的涵义，更着眼于逻辑的必然性。通俗地说，思想就是一种看法，一种与众不同的看法，或者说是与大多数人不太一样的看法。

我经常被同行称为"有思想"的老师，事实上，每个语文教师都希望自己"有思想"。但父母给了我们生命，却无法给我们思想。要想成为有思想的人，那肯定需要自己努力读书，尤其读有思想的书。一个思想丰富的语文教师，信息加工的能力比较强，从而就可以从所给的信息中生发出更多的新信息，能够从更多元的角度看问题，从更精微的层次揭示文本内涵。故而，一个教师的课讲得好，受学生欢迎，原因就是他能够在传授知识的过程中，不断地产生出"思想"，而"思想"对学生才有价值、才有感悟。从高中语文角度来说，给学生提供"思想"，远远要比提供"知识"高级。

我觉得，思想随笔是思想生长素的一种，可以加速我们思想的成熟度。我购买过不少思想随笔集。20世纪90年代，出版商贺雄飞推出"草原部落黑马文丛"，作者包括余杰、孔庆东、摩罗、谢泳、朱健国等。其中很多文字给我前所未有的震撼体验。最喜欢的是摩罗的《耻辱者手记》，这本思想随笔集确确实实是闯入我视野的一匹黑马。这是一个民间思想者的生命体验，一段孤独的灵魂觉醒之旅。书中《巨人何以成为巨人》《良知的弹性》《咀嚼耻辱》等文章，将真切的个人体验融入灵动的理性哲思中，触人灵魂，反复咀嚼。

另一印象深刻的作家是余杰，他的《冰与火》被称为"一位北大才子的抽屉文学"。余杰思维敏锐，思想活跃，每篇文章都能提出自己的观点与看法。他的文章给我的总的感觉是尖锐犀利。

这套丛书里，谢泳的《逝去的年代：中国自由知识分子的命运》，是研究中国自由主义知识分子如储安平等的文章，也为我打开了一扇关闭很久的窗户，看到了不一样的景色。

后来，我还购买过熊培云的《重新发现社会》《自由在高处》《西风东土：两个世界的挫折》等，刘瑜的《民主的细节》《观念的水位》《送你一颗子弹》，周濂的《你永远无法叫醒一个装睡的人》《正义的可能》等，这些青年学者就像林语堂给自己的评价一样，"两脚踏东西文化，一心评宇宙文章"。但他们的视野比林语堂更开阔，他们的思想比林语堂更深邃，他们的文章比林语堂更犀利。精神到处眼光锐，思想深时角度新。他们的作品都是接通社会，关注现实，为一些"民主""自由"之类苍白的名词补回了丰富的细节和鲜活的血肉，把人生的思考融化在生活的细节中。

我以为，这些作者是真正的思想者，其之所以有穿透生活的思想能力，就在于他们的阅读、思考、研究与他们的生活、经历、社会永远是融于一体的。他们的研究、他们的思想是他们生存的核心，也就是说，思想不是一个谋生的差事，那是另一种境界的东西。对思想者来说，那是跟他的生存完全一体的，甚至是他生存的核心。离社会生活远了，其实也就离思想远了。所以，一个语文教师的教学研究也必然不能离开自己的生活，离不开自己的阅读，就像天天要吃饭、喝水一样，教师也得天天备课、讲课；要天天备课、讲课，就需要天天读书，不读书就不存在思考。所以，读书和教学研究就是教师的正常的生活方式。一件事，如果成了一个人的生活方式，就成了他生命的一部分，也就无法放弃了。

读书不但有个"量"的问题，更重要的是还有个"质"的问题。我对智慧对思想有一种说不出的崇拜，原因就是自己是一个智力与思想都平平的普通教师，所以我喜欢读那种充满智慧和思想的书，喜欢读充满锐利思考、充满生活趣味的书。教学不是知识的传递，而是知识的转化与处理。教师的作用就是要引导学生从现有的知识经验中"生长出"新的知识经验、新的思想观念。有思想的书读多了，不同观点在脑中碰撞激荡，也就容易产生自己的看法了。有思想的课听多了，学生也会产生自己独特的看法。

在我看来，一个语文教师所谓"有思想"，不是能多背诵几句格言警句，而是在阅读中能结合自己的生活经验和阅读经验去感受文本，有思想的阅读其实就是个性化的阅读。语文教学的意义不是别人说什么就是什么，而是我可以通过我的思考赋予它某种意义，我可以按照自己的思考来塑造自己的世界。

语文老师解读文本也好，写作范文也罢，一定要高于学生的认识，才能赢得学生的尊敬乃至崇拜。而高于学生的认识就来源于理论书籍的阅读，读这些书籍就是和这个世界上所有聪明的人进行对话，我们可以透过字纸看见他们的真诚与渊博。我们要触摸到这些人的智慧，就也要付出他们前期付出的艰辛，才能读懂他们，触摸到他们智慧的边缘。他们教给我们的这些智慧，还要转化成行动，才可能会使人生有一点改变。

【我的论文】

语文老师最应当是"有思想"的老师

从小学读到中学，经常有语文老师鼓励我们要"有理想"，却没有老师倡导我们应当"有思想"；年龄渐长，才慢慢觉悟到"有思想"在国人脑袋中绝不是一个褒义词。说一个人"有思想"，就是说这个人有自己独立的见解，不轻易随波逐流、举手同意。但我们的教育是培养乖孩子的教育，我们一般是鼓励在自然科学领域开拓创新，但似乎并不鼓励在思想上标新立异。说一个人"思想复杂"，言外之意就是他考虑问题不那么简单了，看法不那么肤浅了，因为他有了自己的看法，就不轻信权威说的那一套，甚至时不时要挑战一下权威。

《苏菲的世界》中有一个段子我很喜欢，讲一个宇航员同脑科医生的对话。宇航员说："这世界上根本没有上帝，我去过地球外面，那里根本没有上帝。"脑科医生："嗯，是的，我给那么多人做过开颅手术，我也从没见过思想。"

是啊！思想究竟是什么？科学定义如是说：客观存在反映在人的意识中经过思维活动而产生的结果。通俗地讲，思想就是一种看法，或一种观点。既然思想是一种看法，那这天底下地上头的人谁没有自己的看法呢？那不就是人人都"有思想"了？非也。现实生活中，绝大部分人对事物是没有自己的看法的，他们虽然也在不断表达自己的看法，但那些看法都是受舆论的左右或主流看法的影响的，并不是经过自己独立思考、辨析后得出的判断。从广义上说，思想就是一种看法。但我们在说一个人"有思想"时，这个"思想"指的是与大多数人不太一样的看法。那如果就某一社会现象，大家说是鹿，我就要说它是马，这就与众不同了吗？这是不是就算有思想了？也不是。你可以说它是马，但你一定要说出"它是马"的道理来，一定要把这个道理分析透彻，讲得别人听了之后点头称是，这才算是有"与众不同的看法"，否则就叫思想的"抬杠"。

18世纪法国思想家卢梭曾经说过："无论就男性或女性来说，我认为实际上只能划分为两类人：有思想的人和没有思想的人。"按照卢梭这种划分，窃以为，语文老师应当属于"有思想的老师"一类。我之所以强调语文老师应当"有思想"，主要是因为语文这门学科有不同于其他学科的特殊性。当人们读到"如果三角形中任一角的角平分线和它所对边的中线重合，那么这个三角形是等腰三角形"，或"水分子由两个氢原子和一个氧原子构成"，或"由于地球的自转和公转，冬天过去是春天"之类句子时，都会有同样的理解。但是，如果人们读到"如果冬天来了，春天还会远吗"这种文学类的句子或文本时，就需要分析、解释和评论，那就会仁者智者，各有不同了。何况，文学是用形象说话的，而形象最大的特点就是丰富；一个文学形象越是多解，就越是成功，也就是说，无论你从哪个角度入、得出怎样的结论，都是可能的。"有一千个读者就有一千个哈姆雷特"，说的就是这个道理。不过，也要防止有语文老师没准儿一不留神把哈姆雷特看成哈利·波特。

有一位物理老师，经常在办公室半开玩笑半认真地与我们说："我对学生说，不会计算找数学老师，不会分析找语文老师。学生问，那物理是干啥呢？我告学生，物理就是套公式啊！"学习物理是否就是套公式，我不懂，不敢妄言；但他说学习语文的就是要学会"分析"，肯定是说对了。中学语文，基本上不是一门知识课。阅读一篇小说，有什么知识可教呢？学习语文本质上是学习思维方式的，可以说语文是一门思维之学。科学知识可以告诉我们，世界上的事物原来是如此这般的；而语文要告诉我们的是，我们能够这样看世界或者那样看世界。我们这样看世界会发现这样的问题，那样看世界会发现那样的问题。所以，数学可以有标准答案，物理可以有标准答案，但语文中的许多问题常常没有标准答案，仁者智者，各有所见，只要能自圆其说即可。古人早就说过：诗无达诂。

从这个角度说，教语文要有"平常心，异常思"。"平常心"，即语文所思考的问题都是来自生活的常识，所讲的道理也只是来自生活现实的常理；对这些"常识"和"常理"要"异常思"，即思维方式和思考角度要超凡脱俗，不同寻常，否则，老师就会像巴甫洛夫研究条件反射时用的那条狗一样，顺着思维的惯性单啃《教师参考用书》那根骨头。

理化老师领着学生在实验室一次次做实验，希望得出来的结果和教材上的一样。但语文的教材乃"材料"性质，语文老师指导学生一次次冲入文本里面，希望得出的是新的看法，新的意义。如果你的看法和《教师参考用书》甚至与作者原意不一样，那没有谁对谁错的问题，常常是角度不一样而已。譬如2019年上海春考作文题："在阳光里生活，需要有步入阳光的能力。"而且题目要求就告诉你："这句意蕴丰富的话引起了你怎样的思考？"这句话既然"意蕴丰富"，那对其的理解与解释就肯定是见仁见智的。所以，文本解读活动是从自己独到的理解出发，对文本进行"补充"甚至"改造"从而丰富文本的过程，也是一个融会了自己感受、体验和想象的审美过程。解读文学作品，说到底并不是去还原作者的意思，作者是文章的写作者，而不是文本意义的权威解释者。所以，解读文本就是要充分发挥老师的作用，从新的角度为文本有效地生成新的意义。也有年轻老师对我说，自己解读文本总是找不到一个新角度。窃以为，其缺的不是"角度"，而是"思想"罢。

事实上，没有一个语文老师不希望自己"有思想"，但父母给了我们生命，却无法给予我们思想。换句话说，思想并不能自然地、通过生理的方式延续到下一代人的头脑中，你的思想不可能直接从另一个人思想的结果开始。哲学家赵汀阳说过：成为有思想的人，"需要有思想的功夫，不然的话，就只能乱想，尽想些没用的事情，或者，即使想到了一些有用的事情，也想不出有用的结果，想了白想，没准想多了更糊涂……而哲学正是一门思想的功夫，按稍微正规的说法，哲学意味着一种思想方法"。也就是说，思考需要一些方法，而哲学就是帮人学会思考的方法。赵汀阳告诫我们："哲学虽然不能使人智慧，但能够让人见识思想的大世面。见没见过世面，这很重要。思想上见过世面就不会被那些貌似警句的废话所雷倒，就不会被长得像大师的骗子所忽悠。"

其实，语文也是一门智慧之学。什么是智慧呢？窃以为，智慧就是对所有人生经验与理性思考的整合。智慧止于思想，思想就是由智慧的珍珠连在一起而形成的。但智慧也是不能传授的，如果智慧能传授，老师真会觉得学生考上北大清华是自己的智慧，没准会把自己的家教做成"教学智慧"公司，其实那牌子挂出去却是"教学智慧有限公司"。实际上，我们都明白，思想是通过后天的读书和思考得来的。

首先，要想"有思想"就要多读书。有思想的语文老师，并不是说他有原创思想。说一个老师"有思想"，意味着他能不断地"拿来"思想家的"思想"，并能与自己的生命与生活产生强烈的共鸣，那种思想也将使他变得比较有见识，从而将自己作为独立的生命开始思考问题。所以，读书不但有个"量"的问题，更重要的是要有个"质"的问题。语文老师读书一定要提高读书的"质"，即多读有思想的书，让自己站在思想家的肩膀上获取更加深刻的思想认识，进而拥有思想穿透力并产生运用知识的能力。鲁迅在那个时代就倡导"拿来主义"，如今网络时代，"拿来"变得很方便了。可惜这么多年了，至少在语文教学领域，不用说"创新"了，我们连"拿来"也不易做到。鲁迅先生说："没有拿来的，人不能自成为新人；没有拿来的，文艺不能自成为新文艺。"我补充一句，没有拿来的，文本解读也不能自成为新意。

其次，要想"有思想"还要多思考。影响语文老师思考深浅的原因是多样的。其中最需要掌握的是逻辑。"有思想"的语文老师都具有较强的理性思维能力，所谓理性思维就是逻辑思维，逻辑的缺位就意味着理性的缺位。哲学教授陈嘉映曾讲，"理解"是语言交流的本质特点，说明阅读，尤其是阅读文科方面的书，最主要的是理解，最核心的是要有较强的逻辑思维能力。思维的正确形式是建立在概念上的。而语文老师最爱犯的逻辑错误，就是连讨论的基本概念是什么都没搞清楚，就敢下很大的结论。长期以来，我们的语文教学过于重视考试和复习，语文老师经年累月被淹没在海一样的重复和抄袭堆砌的试题里，缺少深刻的思维方法的熏陶，故而，解读文本时也只能是乱贴标签，教学越来越吃力自己也被淹没在大众之中，永远不可能成为真正在专业上出类拔萃的好老师。

多年行走于语文江湖，经常听到一些语文老师感慨：越教越不会教了，越讲越没内容讲了。我颇为纳闷，为什么会这样呢？记得曾与我搭档的多位数学老师，都觉得内容多得讲也讲不完，只要学生有点空隙，数学老师就会立即去讲课。为什么一些语文老师会觉得没内容可讲？后来我渐渐悟到：思想即内容。有思想才有讲的内容。所谓"思想"不是背诵几句格言警句，那是别人的思想；有思想的人是对生活有感受，对文本有感受。打个比方，一个文本就像一个多层瓣膜包裹着的葱头，而思想就像一双有力的手，能一层一层地剥开瓣膜。故而，有思想的语文老师，哪怕对一首绝句，也能层层解析，极尽深锐条理之能事，讲45分钟仍然觉得意犹未尽。如果要求老师一堂课只讲一首绝句或律诗，那些缺少思想的语文老师就会把中学生当作中文系的学子，将网络上下载的有关作者的介绍使劲给学生啰唆，真要解读文本时则没有内容可讲。

如今经常提到语文老师的"语文素养"问题。窃以为，语文素养是一个整体的东西，在一个老师的整体素养没有全面提高之前，永远不可能只提高其中一部分。而素养的根基就是逻辑思维。任何学科里真正专业上的尖子，一定是逻辑思维很强的老师，语文也不例外。所以，逻辑绝不是可有可无的，相反，它是语文老师提高素质的强有力的武器。

转引一句恩格斯的话："一个人要想获得哲学的修养，除了学习哲学史以外别无他法。"邓晓芒教授也说过："别的东西你可以看作是历史，唯独哲学史你不能仅仅把它看作历史，它更是哲学。这个在黑格尔的《哲学史讲演录》导言里面一直强调。哲学史就是哲学。"以为不读哲学史，不读哲人的著作，只凭自己绞尽脑汁冥思苦想就有了思想，乃痴人说梦。也不要想着读一两本有思想的书就能使自己变得有思想，凡是抱着这种想法读书的老师大多读不出来什么。只有读上几十乃至上百本有思想的书并保持思考，才能对自己的教学产生影响。

当然，时下的微博、朋友圈、知乎、新闻等阅读形式，对语文老师也有价值，但那些只是泛读，增长见闻而已，不是知识，不成体系，不能形成教学方面的竞争力。不要认为灌了一大堆浅阅读的东西，自己就是博览群书了，不是那回事儿。

思想的产生就像庄稼生长一样，最需要土壤。学校缺少思想生存的土壤，自然就不容易"生长"出"有思想"的语文老师来。窃以为，20世纪80年代，在各个中学里影响力最大的老师多数是语文老师，包括社会上人们一提"好老师"，也多是教语文的老师。曾日月之几何，而江山不可复识矣。进入2000年后，学校中"好老师"的风头逐渐被理科老师抢去了，如今人们提到各学校的"好老师"，首先想到的多为理科老师或英语老师，而语文老师的影响力日益式微，估摸根子就在"思想"上。

2. 很有田园观察研究的烙印

◎ "田野研究"是进行人类学、社会学、文化学等研究的标志性方法，而且也是当前教育科研的走向和方式的变革。

进入2000年，我对自己的作文教学也逐渐有了更清晰的认识。很多语文老师指导作文，顶多念两篇学生的好作文，但究竟"好"在何处却没有讲透。老师总是给个题目要学生去写，批语也总是那么几句套话，隔靴搔痒，无关痛处，学生的"作文"能力基本上处于一种自然生长的状态。常有语文老师推崇要多写，事实上，写得多未必就能写得好。还常有语文老师向学生提供写作文的"十大方法""八大秘籍"之类的东西，但这些东西其实是屠龙术，没什么用处。

我曾给学生总结过"话题作文使阅卷老师一见钟情八大绝招"：

1.取一个有诗意的好标题，或化用古诗名言、流行歌词，或借用经典广告语、俗语等。

2.开头结尾精心写作，思维要发散，想象要丰富，体现出你的文采。

3.开头结尾一定要点明话题，将话题和你要表达的理念紧密结合，要符合事理。

4.字数要写足，850字左右足够；内容要丰富，素材不够课文凑。

5.写出真情实感，将故事编得像真的一样；不要动不动就是死呀活呀的，违背常情常理。

6.语言明快一点。还要用一些整句、比喻等方法，使语言尽可能形象。

7.对社会阴暗面要有正确认识，不唱咏叹调。"文章合为时而著"，要高扬时代主旋律。

8.书写要工整，卷面要净洁，不要丢了印象分。

还有"话题作文使阅卷老师一见头晕的八大昏着儿"：

1.克隆优秀作文，照搬照套，穿靴戴帽，让阅卷老师有"似曾相识燕归来"的感觉。

2.入题太慢，书券三纸，未有驴字，尤其不当的结尾点题，让老师生"望尽天涯路"的烦躁。

3.字数严重不足；散文诗般的排列，偷工减料。老师想说"爱你"也不容易。

4.语言花哨，华而不实，没有实在的内容，给老师"绣花枕头"的印象。

5.偏离话题，全文像雨像雾又像风，老师一看就知道你满脑袋糨糊。

6.形式标新立异，反而画虎类犬，一看就知你内功不足却要争"天下第一武林高手"。

7.内容单薄，没有什么具体东西，编的故事过于简单，老师以为你是幼儿科。

8.材料陈旧，颠来倒去就是爱迪生、爱因斯坦等，写一次给老师增加一次不新鲜感。

我还曾尝试过结合语文课文的写作教学，也是语文教学界流行的"读写结合"。譬如，学习了《荷塘月色》，模仿"抑——扬——抑——扬——抑"的结构方式，写一篇"校园雪色"；学习了历史文化散文《道士塔》，模仿其"故事＋诗性语言＋文化思考"的写法，写一篇"火烧阿房宫"等。这种只有抽象要求，没有具体方法的作文教学，看起来读与写结合得似乎很紧密，但具体写作中学生仍然无从下笔。后来我渐渐认识到，自己对"读写结合"理解有些肤浅，故而，教学就比较功利化，似乎读一篇人物传记，为的就是仿写一篇人物传记；读一篇情文并茂的散文，为的就是仿写一篇抒情散文。这样的"读写结合"太过直接，把写作文等同于物理之套公式做题，反而会使讲课拘囿于狭小的空间。

写作能力是一种综合的能力，没有掌握全部，不可能掌握其中一部分。作文教学虽然不可能像学习数理化似的，按照严格的序列一个阶段一个阶段地学，但也需要一步一步地训练。这就像我在体育系学习跳高一样。跳高体现的是一种综合能力，无论采用俯卧式还是背越式，都需要逐一地操练助跑、起跳、过杆和落地等基本动作，甚至仅起跳一项，就分为摆腿、提肩、拔腰等分项训练。窃以为，作文训练也应该有一个完整的训练体系，一步一步地进行训练。故而，针对作文教学的无序化、随意化的现象，我开始有针对性地设计自己高中三年的作文教学体系：高一年级进行语言训练，分为10个单元；高二年级进行文体训练，分为记叙文与议论文两部分，共8个单元；高三年级进行应考训练，分为5个单元。几年的教学实践证明，这样的训练效果颇佳。我将其整理编撰为阳泉三中的校本教材《初中作文实用教程23讲》，后经山西省教科院评选获"山西省校本教材一等奖"。

某次在省城开研讨会，我送深圳市语文教学研究专家唐建新老师一本《初中作文实用教程23讲》，唐老师在他的博客"渐新堂"中大力推荐此书，称"很有田园观察研究的烙印、很实际，很能够解决作文教学中的一些实践问题"。我特别认可唐老师用"田园研究"四个字来概括我这本书的特点，而且唐老师用了三个"很"字来评价，很实在，也很中肯。其实，"田园研究"四个字很好地概括了我教学研究的特点。我很喜欢"田园"这个词语。其实，就像阿Q嘲讽城里人把"长凳"叫作"条凳"一样，"田野"也好，"田园"也罢，无非是"现场"的代名词，指的是真实的甚至是原始的研究，因而，这种"研究"是实打实的。

所以，一种新的理论的生成点，不是在书本里，也不在书斋里，而是在"田园"即教育教学的实践中。真正的研究必定建筑在个人的体验之上，没听说科学家离开具体的实验室，只待在屋子里写论文，就能获得诺贝尔奖。

【我的作文教程目录】

作文实用教程23讲

第一部分：语言训练

第一讲：口吻——找到自己说话的口吻

第二讲：感受——文句中写出自己的感受来

3. 第八次感悟：语文本质上是提供思维方式的

◎ 不仅仅是语文学科，对任何学科而言，知识信息的获取永远只是手段，而不是目标；学习的目标是培养学生良好的思维习惯。

20世纪90年代后期，语文教学经常受到口诛笔伐，最严厉的一次是1999年北大教授钱理群等发起的批判，《羊城晚报》率先登载一篇题为《误尽苍生是语文》的文章，一石激起千层浪，语文教学顿时成过街老鼠，人人喊打。我记得清楚，那天课间操时，董怀庆老师（董老师退休于市二中，彼时正聘为三中补习班的语文老师）拿着登载此文的报纸，阅览室门口遇见我说："小郜，你看看这篇文章，'误尽苍生'，这说法够厉害啊！"这文章大有棒杀语文教学的愤激。随后还有《拯救语文》《语文，我为你流泪》等。其实，这种过头话就像那种骂人祖宗八辈的话一样，是没有力量的，真正有力量的话是有分寸的话。

当时，"草原部落黑马文丛"还有一本社会影响巨大的书《审视中学语文教育》，由孔庆东、摩罗、余杰主编。后来我购买了此书，编者义正词严慷慨激昂地说：这是一本批判的书，但批判的对象不是老师，批判的方式不是谩骂；这是一本控诉的书，但控诉的被告不是作家，控诉的结果不是宰杀。其实，这本书在舆论界翻江倒海，在学校里却古井微澜。但对我还是有些触动的，语文究竟是一门什么样的学科？语文课究竟应该怎样上？这些问题时不时地骚扰一下我，我无法明确回答。

　　真正在思想上给我很大震撼的是南京师大教授徐江的《中学语文教学"无效劳动"批判》一文，此文发表在《人民教育》2005年第9期。我一直保存着这期杂志。徐教授讲得有理有据有分寸。他指出我们的语文课教了太多的无效知识，有太多的无效劳动。这确实是我们语文教学的残酷现实，行走在语文江湖里，我们自己对现实感受更加真切，也有人真切得已近乎麻木了。语文老师在学生眼中经常像天津的包子——狗不理，就是因为语文课上不上对成绩的影响很微弱。语文课多学三个月也没长进，少学三个月也没损失，这就需要我们认真研究语文课堂究竟发生了什么？语文老师究竟在教些什么？提高学生的语文能力，语文教师的作用究竟有没有？没准儿成了反智行为？20多年来，高中语文教学从承受否定走到主动否定，从学生的"学不学一个样儿"一路高歌行进到教师的"教不教一个样儿"。

　　荫营中学校长王胜曾给我讲一实例，荫中有一个在高三借读的学绘画的学生，其高一高二都在阳泉市工业学校学习，高三到荫中借读，第一学期在外地学专业课，也就是高考前回荫中学了三个月基础课。结果高考时该生语文考了118分。王胜校长问我，那么多高中学了三年语文的学生，没几个人考过该生。你们语文学了三年究竟有什么用？还不如人家学了三个月的。这个问题我也很难笼统回答。是啊！语文学三年的学生为何分数还不如没学高中语文的考得高呢？语文教学不就是无效劳动吗！那些高考满分作文难道是我们连写一篇范文都捉襟见肘的语文老师教出来的吗？江苏黄厚江老师曾经讲现在语文教学有很多"三不"语文课：不知道这是否是语文课，不知道语文老师为什么这样讲课，不知道学生上这样的语文课有什么收获。这些没有任何实质性内容的语文教学渐渐地将高中语文教学推到绝路。

　　此期间，我阅读了美国著名文学批评家希利斯·米勒的理论著作《文学死了吗?》（2007年版），他说：

　　教人阅读是吃力活。教人阅读似乎也是不必要的。会读就是会读，谁还需要什么帮助？一个人究竟是怎么从不识字到识字，从基本识字到成为"读书人"，这还是个谜。比如，对讽刺的敏感在人群中似乎分布得很不均匀。讽刺感并不完全等同于智力。你要么有，要么没有。当一个人"学会了阅读"，并阅读某一书页时，在他的头脑和感情中实际发生的情况，大概人与人之间差别很大，其差别程度超过了我们的希望或预期。教师，就是恶劣条件下的不可救药的乐观主义者。他们常常以为，当所有的学生都遵照指示，"到下星期二看完《荒凉之屋》"，或"为星期五上课看叶芝下面这些诗"时，所有学生发生的情况都是一样的。按照我的经验，当学生们如此照办，令人沮丧的多样性就出现了。

自己是不是也是这种"不可救药的乐观主义者"，总以为教得还较有成效，其实未必。黄厚江说过，学生的文学素养从来就不是老师教出来的。太原五中特级教师郭蕴璧也经常说，人家学生的好作文可不是我教出来的。譬如余华就是一个奇迹，没读过什么书，还当过牙医，但从《18岁出门远行》开始，就在文坛名声大噪，其作于《18岁出门远行》被选入苏教版教材。还有韩寒，高一就退学，《三重门》一鸣惊人，写作此书时才初二。用解释学的观点说，即人类的认识与理解，总是受时代的局限的，也总是受环境影响的，我们一般人的认识不但不可能超越时代，还总是落后时代一两拍。故而，在大环境的影响下，我也开始追求语文的"有效教学"或曰"高效教学"，即怎么样教语文才能让学生实实在在感觉到有效果。

阅读过历史学者傅国涌很多文章，他有段话特别给我启迪：

语文本质上是提供思维方式的。是要解决一个人对宇宙人生根本看法的，它不光融会哲学、历史等人文学科，而且也为探索自然界的奥秘提供了最初的动力和永久的滋养。语文的内核是语言，语言不仅仅是表达的符号，在表达的背后，是思考，是思想，是思维，是想象力，是一整套方法……人们通常说，数学最能训练一个人的逻辑思维。好像语文只提供形象思维，其实，这是一个很大的误解。一个人如果没有真正掌握语文，他的逻辑思维也是不可能过关的。我相信，古往今来许多有成就的科学家都可以证明这一点。语言的最内在的一个特征就是它的准确性，能抓住万事万物的本质，抓住世界发生的一切。

"语文本质上是提供思维方式的。"但我们的语文教学恰恰忽略的就是思维习惯的培养、思维能力的提升。在很多人眼里，语文学科只是需要背诵东西的学科，只要记忆力好，就能学好语文。所以在高中分科时，很多学生不愿意学文科。在很多中国人看来，学好理科是聪明的表现，学好文科则不过是死记硬背的结果。中国人之所以对语文有这种死板的印象，多数也都是语文老师们教出来的。多年来，高中语文教学的主要任务已经不再是教学，而是复习，而且不知是在什么时候被人们"创造性"地设置为一轮复习、二轮复习和三轮复习。说是复习，不如说就是进行着海量的练习和考试，从高一新生开始就周周练、月月考，目的就是将学生成功地训练成为考试的熟手、应试的机器。学生们已经没有审题和思考的习惯了，只忙于拿到题目就写，就算根本没有看清作文的材料和要求，也能将800字凑足了。

窃以为，英国哲学家怀特海有句名言："什么是教育？教育就是把你在课堂上学的东西全部忘记而剩下来的东西。"学生学过的知识会忘记，背过的诗文会忘记，做过的试题会忘记……剩下什么东西呢？还是用怀特海的话说："最重要的就是智力活动的习惯和融入身心的基本原理。"至于具体的知识，如果不用，很快就会忘记，但用时查查即可。通过系统的知识学习培养起来的良好的思维习惯，永远忘不了。对语文而言，只有重视学生的阅读和写作，才能培养学生良好的思维习惯，才能提升学生的思维能力。但我们有一个错误的认识就是：理科比文科更有利于培养学生的抽象逻辑思维。这种认识很普遍，很多人认为文科多用形象思维，理科才用抽象逻辑思维。这种误解常常是把男女之间思维方式的差别等同于理科与文科之间的差别，把文科与理科两种不同背景的学生放在一起讨论问题时，总倾向于把人的思维的差别归结在文理的差别上。

我们语文教学的问题在于：老师和学生的阅读太少。大量的文学阅读能带来什么好处？简单地说，读得越多，理解力越好；理解力越好，就越喜欢读，就读得越多。所谓智力，就是阅读能力，因为阅读能力的核心就是理解能力；智力的核心是思维，阅读是开拓思维极为重要的条件。所谓教育，就是教人去思维。就像康德所言：我不是教人哲学，而是教人如何哲学地去思考。大量阅读能使人接触到各种各样的观点，这使得人的思维更加全面。据说，英国常举办一种有关阅读的考试，考试结束后便会宣布有多少人"不能阅读"。什么是"不能阅读"呢？这与不识字的"不能阅读"不一样，它的意思是说，当我们给他一本书或一篇文章时，他看过之后，却弄不太明白这本书或这篇文章说的是什么意思，这就叫"不能阅读"。我们学生的阅读能力很有退化趋势，你给他一篇文章或一段材料看，如果没有提示的话，很多学生看过之后弄不清楚这篇文章或这则材料说的是什么意思。

经常有别的学校的学生找我辅导，问同样的问题：一、老师讲一篇文章有什么用？潜台词是没有用；二、学习一篇文章和高考有什么关系？潜台词是没有关系。这倒还是其次，最严重的问题是我们不少语文老师也总是把课堂教学和高考割裂开来，即使没有明说，潜意识也是认为自己天天在课堂上解读文本与高考没有关系，因为老师们用天天做题的实际行动否定了课堂教学。我觉得学生的语文能力就是在日常的课堂教学中慢慢地培养出来的，只有在语文课本基础上培养起来的语感和审美感觉才是最重要的，这种感觉最终反映到高考试卷上才是最重要的。没有这个前提和基础，后面的大量做题不能说是无用之功，也是舍本求末，作用不大。语文能力的培养就体现在文本的阅读中。培养语文能力必须依托文本，而解读一个文本，所有的能力都包含在其中了。

我们大多数的学生解读文本的能力很差，原因主要是从初中到高中很少自己独立阅读一个文本，都是老师在那儿讲解。很多老师其实也很少独立阅读一个文本，讲解也就是复述参考书，为讲解而讲解，为进度而讲解。着眼点都不在提升学生的"语文能力"上，不在培养学生的思维习惯上。很多老师通常的做法是把那几篇文章匆匆过一遍，然后就开始做练兵题，而且对练兵卷子上的四篇文章也是不求甚解，照葫芦画瓢和学生对对答案；然后再做一份练兵题，一天到晚忙得焦头烂额，自己其实也很难说有没有效果。学生如果没有高一高二解读文本能力的培养，高三做那么多卷子能起多少作用？而且做卷子能不能起到培养学生语文能力的作用，核心还得取决于语文老师的个人素养，如果不是以语文能力为着眼点来指导学生，那就弄成东施效颦了。

几十年的作文教学过程中，我逐渐认识到学生作文核心问题是思维品质不高，思辨能力不足。学生的作文有的丰富而深刻，有的局促而肤浅，这多是学生的思维品质和思想深度不同造成的。而思维品质和思想深度的决定因素，则是读书的多少以及人生阅历的多少。培养学生的思维品质要从小开始，在这方面我们做得很不好。我们过于重视知识的记忆和解题的能力，郎咸平说过："中国教育培养的是解题高手，而不是有思辨力和创造力的人才。"但语文不是一门仅靠做题就能提高素养与能力的课。

故而，我在2005年之后，在省里为老师们做了《关于语文教研、高三复习与理性思维之间关系的一些想法》《高三复习与课堂教学关系的思考》等专题报告，重点都在讲：语文课堂教学也好，高三复习也罢，目的都是要培养学生的思维习惯。

2012年，《语文教学通讯》将我作为封面人物，需要我写一则600字的"教学感悟"，我最大的感悟即语文是一门问题之学，语文是一门思维之学，语文是一门智慧之学。其中关于"语文是一门思维之学"如是说：

语文是一门思维之学。思就是想，维就是联系，思维即在两个事物之间寻找并把握其相互关系。语文本质上是提供思维方式的。教语文要有"平常心，异常思"。"平常心"即语文所思考的问题都是来自现实生活的常识，所讲的道理也只是来自生活现实的常理，但对这些"常识"和"常理"却要"异常思"，即思维方式和思考角度要超凡脱俗，不同寻常；否则，教师就会像巴甫洛夫研究条件反射时用的那条狗一样，顺着思维的惯性单啃教学参考书那根骨头。

4. 第九次感悟：你不能说出来，但你可以"显示"

◎ 语文教师要首先分清哪些是可以教的技术部分，哪些是不可教的艺术部分。可教的技术一定要能让学生具体操作，学了就会，会了就能见效；不可教的艺术部分，就需要老师去"显示"。

事实上，写文章是一件很复杂也很难彻底说清楚的事，从根子上讲，写作和学生的阅读有关系，和精神成长有关系，"一个人的阅读史就是他的精神成长史"。王小波提倡"思维的乐趣"，事实上，只有写自己感兴趣的东西才能体会到思维的乐趣。写文章是一种运用智慧的行为，当你把现实的事情变成"文章"的时候，这个"文章"就使那个事情黯淡无光了。写文章不仅仅是一件技巧性的工作，而且是一件学识性的工作，好文章都包含着对人对事很深刻独到的认识。一个学生认知成熟的过程就是写文章时逐渐脱离集体的情感表达方式，走向个人化的过程。

全国高考语文命题组组长张伟明教授说："作文就是用语言表达思维的活动。"这句话简洁而正确地帮助我们理解写作，尤其是高考作文的两个重点：一是思维，二是文字。我们看到，优秀作文往往是文字与思维比翼双飞。长期以来，由于作文教学的随意性，往往让语文老师忽略了它的技术性质。高中语文教师纵然有通天本事，短时间内也解决不了学生思维质量的问题，所以需要在技术上多琢磨。技术的东西就像武功里的一些招数，招数练好了，也会弥补一些思维质量的不足。

我们常说文章是"语言的艺术"，其实，学生的写作在成为艺术之前，首先要有一定的技术支撑，然后才能谈技术的艺术化追求。语文老师可以也只能教写作技术，因为技术才是可以操作的东西。而艺术的部分是不能教的，需要语文老师自己展示，这就是下水作文。

现代的《知识论》同样提出知识分为两大类：言传知识和意会知识。而且，我们古人写文章也总是强调一种"只可意会，不可言传"的道理，这"意会"是什么意思呢？所谓的"意会"是指我们没有用一种准确的语言来把它表达出来，或者是不能用一种准确的语言来把它表达出来，故而，只能通过其他的方式来把它表达出来，让别人去体悟，让别人去心领神会。这"其他的方式"就是"显示"。这些经典都是古人写的，前人讲的，但经验是我们自己正在发生的，所以，它们一定要融合起来、互相验证，才能使经典不脱离实践。

言传的知识和意会的知识互为补充，相得益彰，教学才会有效。语文老师不要总是喋喋不休地讲解作文应当这样写或不应当那样写，写文章经常是心手不相应的事，心里想得很好，但一下笔就容易走样。

故而，学生的语文素养是老师在"潜移默化"中熏出来的，这其实就是老子所说的"不言之教"。"不言之教"是一种非常有效的教育。我一直认为，"下水作文"是最好的作文教学方法。范文第一个作用是示范，就是将老师所讲的各种技术自然糅合于文章中，让学生清楚作文应当这样写，要掌握这样的技术。范文的第二个作用是"显示"，老师的范文就是把自己最有才华的一面充分表现出来，赢得学生的击节赞赏，在与自己的作文对比之下就会有所感悟，有所体会，甚至心有灵犀，豁然开悟，形成对老师的信赖感、崇拜感。学生喜欢老师，信赖老师，爱屋及乌，就会喜欢写作文，因为有趣，更因为有效。

对写作而言，语文教师是一种双重身份，既是军事著作家，又是军事家。写文章和讲写文章是两码事，这和军事家和军事著作家有点类似，赵括、马谡这些军事理论著作学得很好的人，带兵打仗却败得一塌糊涂，贻笑大方。因为语文教师既要教学生写作，就不能不在写作理论上加强修养，如果学生尝出盐是咸的，语文教师就得写出氯化钠的分子式。语文教师又应当能写一手漂亮文章，至少能给学生"下水"示范，这就不能不经常练笔，提高自己的写作能力。自己写篇文章都感到很吃力，甚至写出来还远不如学生的文章，如何能示人以范呢？

虽然语文教师不必是一位作家，然而，他一定是拥有良好写作习惯的人，必须是尝试过各种文体、各种风格的写作者，能够为学生提供各种各样的示范动作，让学生能够具体模仿、具体操练。我的作文教学也是针对学生的问题布置作文题目，和学生一起下水，每次作文都要讲评，都要发一张B4纸（正反面）的作文单子，三篇学生作文，一篇我的文章。几十年都如此，学校语文老师人人都知道，但没有老师这样去仿效。2002年，我曾被阳泉市一中聘请为其特优班代课。我刚接手的一周，正逢月考，作文题目如是——

阅读下面文字，根据要求作文。

有一个智者旅行经过一片森林，天气非常热。他觉得口渴，于是对弟子说："回去，在刚才我们跨过的小溪那儿取点水来。"弟子去了，一会儿空手而返，说那条小溪太小了，有一些车子经过，把溪水弄脏了，不能喝了。智者说："不，你再回那条小溪那儿。"弟子只好再去，回来还是说不能喝。智者要求弟子再去。弟子第三次去到那条小溪时，泥沙已经流走了，溪水果然变得清澈了。这时，弟子笑了。回来对智者说：您给我上了伟大的一课——没有什么东西是永恒的，只需要耐心。

请以"永恒与耐心"为话题，自定立意，自选文体，自拟标题，写一篇不少于800字的文章。所写内容必须在话题范围之内。

讲评完学生的作文后，我说，老师写了一篇范文《耐心的苏月与永恒的生命》，给同学们读一读。同学们都很兴奋，翘首以待。我诵读完之后，教室里的情境就是活脱脱的现实版"东船西舫悄无言，唯见江心秋月白"。估摸从来没有语文老师给学生写一篇范文，骤听之下，学生完全被震惊了，久久地沉浸在文章里。我调侃一句："这么精彩的文章，怎么一点儿反应也没有啊？"瞬间爆发出热烈的掌声……班主任吕丽莉老师是教化学的，后来她多次颇为不解地和我说，郗老师，你这讲课有什么好办法呢？让学生这么崇拜你啊！我说，我没有什么好办法，只是文字符号永远比化学符号有感情！

【我的范文】

耐心的苏月与永恒的生命

翻开《赤壁赋》，我轻轻地走进了那段历史，我似乎听到了长江畔那轮明月在吟唱：轻轻地我走了，正如我轻轻地来。年复一年它留恋在一个叫赤壁的地方，耐心地等待。唐代诗人张若虚也曾感到迷惘地询问："不知江月待何人，但见长江送流水。"我想，明月耐着性子年年月月轻轻地等待在江边，那样平和、那样安详，不在乎云遮雾挡，不惧怕风霜雨雪，怕是在等待一位不平凡的生命到来吧。

千年等一回。赤壁的月亮终于等来了它的主人，背负着绝世才华的落魄文人苏轼。公元 1080 年，苏轼别了生死之交，别了娇妻爱子，别了淡妆浓抹的西湖，一路颠簸至黄州。这是孤独的漂泊，也是诗魂的流浪，从此，一个文人的灵魂悄悄地匍匐在这社会的最底层。但是，赤壁的月亮知道，它的耐心绝对不会白白浪费，最终会成就历史上永恒的生命。

壬戌之秋，七月既望，本来不是一个特殊的日子。但是有朋自远方来，自然是不亦乐乎。朋友想安慰东坡，谁能想象当年写下"西北望，射天狼"的豪迈青年如今渔樵于江渚之上，混迹于百姓之中？没想到东坡居然那样神情怡然，那样胸襟旷达，正如荷尔德林诗句所言，"诗意地栖居在大地上"。他热情地邀请朋友到江上一游。月白风清，江平浪静，开怀畅饮、放声歌唱，好不惬意。然而朋友却很伤感，幽幽地吹起了洞箫，如怨如慕，如泣如诉，诠释着一种名为伤感的情调。东坡也不免受了感染，于是问道：老兄为何这么伤感？

朋友憋不住终于要说了，不过说出来的也就是些人生如梦自我渺小一类的套话。而东坡呢，笑了。一种对朋友真诚的笑，一种对生活洒脱的笑，一种对未来坦荡的笑。他提出了另一种衡量人生的尺度。他以江水与明月作比，以水的逝去而又长流、月的盈亏而又永生的现象，阐发变与不变、瞬间与永恒的关系，表达出一种悠然从容冲淡旷达的人生态度，"清风明月不用一钱买"，而又永远"取之不尽，用之不竭"，沉湎于其中，浩浩乎飘飘乎，何等惬意。人生最高的境界并不在于羽扇纶巾运筹帷幄，也不在于酾酒临江横槊赋诗，陶然于清风明月之中，这是人类走向永恒的最佳途径。

朋友也笑了，此时他才明白：坐在他面前的人，早已超越了生死荣辱诸多考验，超越了时空对生命的限定。他将和今夜耐心地等到他的明月一样照亮夜空，这是一轮苏月，永恒地抚慰天下所有痛苦的心灵。壬戌之秋，七月既望，注定是个特殊的日子，这是东坡点化朋友的一天，也是东坡永远地启迪后人的一天。一千年的时光过去了，东坡的灵魂依然遗世独立冯虚御风，在望日向千百万愁眉不展的面庞仁慈地微笑着。

你想知道生命永恒的真谛吗？去朝拜那一轮耐心的苏月吧。

5. 写几本有意思的书

◎ 对语文教师而言，写作是必须具备的一种基本"生存方式"。只有写才可能产生真正的思考，才能触及思考的本质；如果不写那只是比较肤浅地想想而已。

书读得多了，必然会产生写的冲动，就像小河水满了情不自禁要溢出一点儿似的。毕飞宇说过："没有阅读哪里有写作呢，写作是阅读的儿子。"在现代社会里，写作早已不再是某些职业才需要掌握的"专利"，它是每一个适应社会需要的合格人才都应该掌握的技能，许多语文教师闲聊瞎扯的时候头头是道，纵横捭阖，一动笔就意识到自己知识的捉襟见肘，见识的苍白无力，语言的贫乏枯燥。写不出或许有许多因素，但最根本原因是书读得少，"劳于读书，逸于作文"。曹文轩说过："阅读和写作的关系，就是弓和箭的关系。写作是一支箭，阅读是把弓。弓拉满了，箭自然就射得远！"有无比稳定的弓，才能有一直飞翔的箭。

大凡写文章的人都希望自己的文字变成铅字，放在抽屉里的文章总觉得不是商品，没多少价值。一般人也没有司马迁那样的底气，写书要"藏之名山，传之其人"。2000年以来，我笔耕更加勤奋了，在《语文教学之友》《中学语文教学参考》《语文教学通讯》《考试》《教育教学管理》《教材教法研究》《山西教育》《学习报》等杂志发表了60余篇教学论文，如《浅谈〈胡同文化〉的文化意蕴》

《浅论说谏》《陌生的卡夫卡——〈变形记〉的解读及教学思路》《一个无法诗意地栖居的诗人》《从汉语的特点谈诗歌教学》《我曲解，所以我多解》《个性化写作有规律而无模式》《〈百年孤独〉备教策略》《语言与文采——魅力之源》等。看着自己的文章不断变成铅字，内心还是有一些成就感的。不过，我最大的心愿还是写一本书，一本比较有意思的书，一本能被正规出版社出版的有意思的书。

从2000年秋季开始，《中学语文教学参考》编辑部为配合第一轮新课改，开了专栏"高中语文新教材写作教学设计ABC"，我应邀为新教材的写作部分撰稿，从2000年第7期开始，一直到2003年第2期，一共连载了我30篇高中写作课教学设计。《中学语文教学参考》（初中版）又从2003年第3期开始，连载了我写的10篇写作指导论文。二者合起来足以编成一本不薄的书了。某日，常到我们学校推销辅导材料的河北书商小卫，拿一本作文辅导资料书让我给学生推销。我翻开看看，怎么这么眼熟呢？又随意翻看几页，我的天啊，完全是把《中学语文教学参考》上我写的"写作教学设计"整体搬运过来，然后穿靴戴帽，真弄成一本书了！但这本书却与我没有任何关系。

2002年，省教科院的张春莲老师与太原外国语学校的刘补明老师主编了一套中学生课外阅读丛书，名曰"天天读写"丛书，宗旨是"每天读篇好文章，每天写篇小作文。"由山西省教育出版社出版。张老师邀我编写高三的一册，我很高兴有出书的机会，夙兴夜寐，殚精竭虑，反复修改，几易其稿，编写出30万字的《天天读写（高三）》。内容分为"第一学期"与"第二学期"两部分，"第一学期"21周，"第二学期"20周，每周5篇小文章。编写此书关键有二：一是选文章，二是撰写"天天读"的阅读提示与"天天写"的写作提示。我力求将之写得有意思、有启迪。譬如，"第一周"的第一篇短文是远江的《故事新解》，是从经济法的角度来分析黄世仁与杨白劳之间的借贷关系。阅读提示如是说："同样一道数学题，会有不同的解法；同样一个故事，会有不同的解释。新时代需要新的看问题的方法。创新其实就是在合理的范围内稍稍偏离一下原先的角度而已。"写作提示如是说："如果我们假设杨白劳借钱的时候还不是赤贫，以后发生了意外情况，以至于无力偿还债务，对这种问题社会应当如何解决？谈谈你自己设想的解决思路。"

2004年春，我第一次主编的一套"高考作文高分策略"丛书由远方出版社出版了。这套丛书共有三册：《高考作文高分策略》《中考作文高分策略》《话题作文高分策略》。其中我编撰了《高考作文高分策略》（20万字）。编撰这本书前，我阅读了好几本著名出版社的同类书，那满分作文后面的评点都是大同小异，你中有我，我中有你。第一个人写成什么样，后来者基本照套，千篇一律。我使用高考的满分作文但绝不抄袭他人的评点。编撰这套书用了我将近半年的大部分业余时间，编完后感觉就像跑完一场马拉松似的。乔树雄编辑讲，这套丛书原计划2005年5月出版，但文字编辑审了一遍，说我这本书的"名师点评"太精彩了，推荐给主编，主编拍板立刻编发。结果2004年9月编写完，11月就出版了。后来乔树雄编辑还和我通电话，说：学生要是好好读读你的评语，细心揣摩，肯定会很有收获的。

《高考作文高分策略》分为四部分：基础等级、发展等级、一般文体、特殊文体。共有28个单元，每个单元5篇作文，共选入140篇近两三年的高考佳作。这是我认真阅读了300多篇高考佳作从中选出来的。譬如，"基础等级"部分共有8个单元，分别为：酒香还须招牌亮——自拟标题的策略；看准兔子再放鹰——审题立意的策略；随心所欲不逾矩——符合文体的策略；一枝一叶总关情——感情真挚的策略；泥多捏得佛爷大——内容充实的策略；要学蜡烛一条心——中心明确的策略；文章就是一幢建筑——结构完整的策略；是真佛只说家常话——语言通顺的策略。每个单元又分为3个板块："技法点拨""佳作点击"（包括5篇高考佳作）"名师点评"。"佳作点击"板块所选的5篇高考佳作，我都是从5个不同的角度进行点评，绝不重复，绝不套话，有感而发，语言鲜活。

如果把每个单元的"名师点评"归纳起来，就是一篇将近2000字的高考写作专题指导文章。每单元的"技法点拨"板块约1500字。也就是说，这本编撰的书我写了9万字左右，也算一本比较有意思的书。

后来我又主编了《中学生作文超级辅导王》，并参与了《中国高中生一题多体作文大全》《中学生作文学》，以及好几本《语文读本》的编写工作。虽然我主编或编写的几本书也很好，但毕竟这是编撰的内容，而不是纯粹我的著作。2008年，我自费印刷了一本比较有思想的书《涓滴集——语文教学手记》。全书分为三部分：讲课手记，听课手记，作文手记。这本书所写的内容都是一些片段，有长有短，准确地说，这本书的内容是将自己读书时的一些点滴感受与教学中的一些感悟联系起来而随手写的，因为很零散，构建不起一个体系，故而名之曰"涓滴集"。有个平定的老师，某次给我发短信，说我这本"教学手记"质量很高，是他床头必备书，经常翻阅，多受启迪。

业余时间，我依然读书不倦、笔耕不辍，终于在2006年，由山西人民出版社出版了我的一本教育教学随笔集《臭臭教师》（18万字），在这本书银灰色的封面右上角，醒目地有了"郗晓波著"这四个字。我在扉页自我介绍里如是形容自己"郗晓波：一座小城市里的小市民，一所普通中学中的普通教师"。全书一共有34篇文章，题目皆用了叠词，譬如"臭臭教师""冷冷名师""说说校长""骂骂家长""讲讲评课""笑笑文凭"等。这本书对当下教育教学中的一些不正常现象予以揭示，并用幽默的笔调加以冷嘲热讽。因为自己置身这样的环境，故而感受真切，不免发出一些有点儿刺耳的声音。但我写文章还是颇有分寸的，我只调侃"类"，绝不涉及"个"。

我们知道，现代文学史上鲁迅与林语堂两人经常针锋相对，甚至水火不容。因为这本书的二三篇文章，有人觉得我有鲁迅文笔之辛辣，但我以为自己的文笔更多林语堂之幽默。或许，我的文章兼有鲁迅的辛辣讽刺与林语堂的幽默诙谐，将这水火不容的两种风格自然地搅和在一起，分不清彼此了。如此形容自己恐怕两大文豪都会嗤之以鼻的。阳泉著名语文教师董怀庆老师读了《臭臭教师》后如是评价："首先是其内容的丰富，举凡学校日常所见，无一不被作者网罗在内。其次是体裁的新颖，熔杂文小品为一炉，亦庄亦谐，风趣幽默。更令人叹服的是语言的高明：有的娓娓道来，如话家常；有的纵横捭阖，议论风生；有的锋芒毕露，针砭时弊；有的嬉笑怒骂，皆成文章。体现了作者高超的语言驾驭能力。"

6. 语文教学遵循专业比遵循常识更重要

◎ 说教师的专业素质就想到当下提倡的"工匠精神",工匠精神的精髓,就是主动做事、精益求精、追求卓越的精神。教师之间的竞争,说到底最终靠的就是专业素养。

韩愈老先生说过:"闻道有先后,术业有专攻。"按理说现在的中学语文教师都是中文系毕业,都受过相当的专业训练,但是阅读文学作品和常常没有受过专业训练的一般读者没有什么不同,语文课成了任何外行都能评论的课。语文教师读文学作品当然有和一般读者相同的一面,一般读者更关心在阅读故事情节中获得一种阅读的快感,这无可厚非,因为文学作品很重要的功能就是消遣,一个普通的读者完全不必为"如何解读文本"这样的问题伤脑筋。然而,对一个语文教师来说就不那么简单了,他必须有一套解读文本的规则和方法才行,否则他只能谈一些体会,一些纯粹个人的表面化的社会经验,和学生的理解半斤八两,无法给学生一种淋漓透彻的清晰感。

专业和不够专业有多大区别呢?韩寒在《我也曾对这种力量一无所知》一文中讲,他读高中时,他们上海高中各个校队的优秀足球球员组成联队,与上海一支职业球队的儿童预备队(都是五年级左右的学生),进行了一场比赛。上半场20分钟,高中联队就被灌了将近20个球。对方教练终止了比赛,说不能和这样的对手踢球，会影响小队员们的心智健康。我还看过一篇文章，说CBA几支职业球队的几个青年队队员，在CBA赛场连当替补的资格都不够，却在大学联赛中如入无人之境，每场比赛都得70～80分。体育运动的区别是显而易见的，教学活动的区别似乎看不见，实际上区别也不小，只是体力上的区别人们容易承认，智力上的区别不那么容易被认可，所以我们爱用"文无第一，武无第二"来搪塞罢。

现在整个国际上的趋势，就是认为评价一个教师更多的应该从教师的专业地位上思考，把教师当成一种专业，当成一种职业来看待。如今至少在理论界，大家对教师的评价渐渐地更多地用专业素质这个词来形容。譬如说美国NBA的球员都是职业球员，那他们就必须具有专业素质，讲究职业道德。姚明当年，为了提高自己的专业素质，就是在回国休假的时候都自费带着职业体能教练，保证每天都进行专业素质的训练，甚至在脚伤期间都不会停止对身体其他部位的训练，这就是职业球员的一种职业道德。由于对专业知识的孜孜追求，窃以为自己的教学渐渐形成幽默、思想、实用的风格。当然，说"风格"有点高富帅，通俗理解无非就是"习惯"而已，日久天长的阅读积累，使自己的讲课形成这么一种比较好的习惯吧。

对于阅读教学，我一直不懈地琢磨。后来因为常做各种类型的评委，听过许多语文课，我觉得当前语文教学问题之一就是语文教师缺少专业的眼光和专业的方式来阅读文学作品。2006年，我在安泽中学给语文教师做报告，报告结束，我刚刚迈出报告厅的门，后面有一老师声音很大地说："听这老师一讲，咱们都不会讲语文课了。"不知是他自己真诚的反省，还是对我善意的嘲讽。但愿他是真诚地反省自己。2003年之后，我对教学研究有了更加明确的认识。教学研究基本上有两个层面：教学理论研究和教学实践研究。我们一线教书的老师，没有条件搞教学理论研究，因为没有一些必需的教研条件，如大量的教育理论书籍、最前沿的理论刊物、学术交流活动、学术考察，还有充分的读书研究写作的时间等，所以只能搞教学实践层面的研究。

对语文教学而言，教学实践层面的研究主要是文本研究，因为语文是以文本解读为核心的阅读教学。明白教研的方向很重要，虽然我读书比较杂，但大体是围绕着这个方向去买书、去阅读的。语文教师的学问不是空穴来风，都是学有所本，渊源有自，逐步积累起来的。就学有所本而言，读书为学问根基。我 2000 年后常阅读西方的阅读理论书籍，伽达默尔的《真理与方法》、洪堡特的《洪堡特语言哲学文集》、阐释学、英美新批评派、结构主义、解构主义、建构主义等理论方法，还阅读中国许多著名教授相关的阅读理论著作，譬如冉永平编著的《语用学概论》《语用学：现象与分析》等。我们现在新课程改革的所谓新理念、新方法，不少是套搬西方的阅读学理论。读这些理论书籍，让我的语文教学有相对坚实的学理支撑，变得有根基了，不会哪边风大往那边倒。

我们不少语文教师解读文本基本就是孟子所言的"知人论世"的解读方法。传统的"知人论世"重在研究文本和现实事件之间显性的或者是隐形的联系。换句话说，就是解读一个文本，先要了解作者是个什么样的人，他在写这篇文章时是什么样的心态，是要抒发忧国忧民的情怀呢，还是要表达自己内心的郁闷呢，或者是寄托着对美好理想的向往之情呢？还要了解作者写作时所处的社会环境是怎样的，他是活得逍遥自在，抑或是过得穷愁潦倒。"知人论世"的解读方法，重点落在"人"与"世"上，即作者和时代背景上。如果说文本是个堡垒，整个课堂设计基本都在堡垒之外打得乌烟瘴气，就是攻不进堡垒之中。

2013 年，我作为评委参加了第九届"金钥匙"语文课堂大赛。参赛者解读文本的方法都是"知人论世"的解读方法。讲《赤壁赋》者，板书多为"乐——悲——喜"；讲《江南的冬天》者，板书多为"曝背谈天图——江南山野图——微雨寒村图——江南雪景图——旱冬闲步图"……这让一天听 8 节课的我很感慨：不少老师和教学参考书的关系就如一只羊和一株树的关系。一只羊被拴在一株叫"教学参考书"的树上，在以绳索长度为半径的圆圈里吃很不新鲜的草，找到这株树，就找到这只羊了。也有参赛的教师抱怨自己抽的这个文本不易解读，言外之意是运气不佳，不是能力不行，尤其使用人教版教材的老师，冷不丁去解读苏教版一篇陌生的文章。以我拙见，一个陌生文本，你读了三遍还跳不出教学参考书的泥坑，估摸再给你三天时间也不易爬出来。解读文本，个人的见解很重要，如果对一个文本没有自己的言说，不是因为老师言语表达的局限，而只是证明了思考和想象的贫弱。

我于2012年在我们学校给语文老师做过一个专题报告《文本解读的几种基本方法的运用》。"文本"其实不是一个很时髦的词，却是一个很专业的词。是结构主义文学批评的术语，大意是指由语言符号按照一定的规则组成的多层次结构的能指系统。从语文教师的角度而言，语文教学的问题是语文教师缺少专业的眼光和专业的方式来阅读文学作品。一般读者的阅读是把握作者意图或者文本原意的阅读过程，那是无法解读文本的。专业的文本解读活动是从自己独到的理解出发，对文本进行"补充"甚至"改造"从而丰富文本的过程，也是一个融会了自己感受、体验和想象的审美过程。所以解读文本需要一定的艺术推想力。这是解读文本的语文教师应具备的重要的思维能力。不要"宁信度，不自信"，但自信源自专业。

中学语文教学核心是阅读教学，学校的教学基本都是高考考什么，老师就教什么。新课改之前阅读文本考的都是散文，语文教师总是用"形散神不散"这样的话来概括散文的特点，也就是说明散文这种文体没有明显的外部特征，属于"无特征的特征"。那么它的外部特征显然不是学习的重点。既然它没有明显的外部特征，那么，阅读一篇散文的重点是什么呢？重点就是理解赏鉴它的语言，鉴赏它语言的意味、意蕴、意趣等，也就是内在的蕴含应当是重点之一。所以，散文阅读必不可少的一道题就是"根据上下文，解释文中画线句子（或加点词语）的含义"。当然，散文要考的是言语义。

我们现在都知道，语文主要学习的是言语义而不是语言义，高考考题主要考的也是言语义，而非语言义。所谓言语义就是在具体环境中的意义，而不是词典上的意义。言语义通常有三种：语境义、修辞义、联想义。最主要的就是语境意义。语文全部问题都是语境问题。什么是语境呢？西方学者燕卜逊讲："语境就是与我们诠释某个词语有关的一切事情。"语言学家石安石的《语境与语义》也说："任何词语、句子都是在一定语境中运用的。语境与语义有十分密切的关系。任何语义都必须在一定语境中才能得到实现；从不在任何语境中出现的'语义'是一种虚构。"所谓阅读，直接的对象是言语作品，实际指向的是语境的意义。

新课标对阅读的要求，亦是"根据语境揣摩语义，体会精彩语句的表现力"。在阅读优秀散文作品时，精确的用词本身既使人欢愉，又富于启示。实际上，散文是一种透明的文体。可以浅，浅得像谈话；也可以深，深得像骈文。但都直话直说，作者要说的都明白地放在那里，学生只要智力没问题，大致都能理解。但问题恰恰是学生大致都能理解的文章，一做试卷却总是溃不成军，而且错得最多的就是根据语境来理解散文句子或者句子中的加点词语。为什么呢？苏联塔图符号学派的主要理论家洛特曼曾指出：诗的特性就在于它激活了词语的全部潜能，迫使它携带远多于其在日常语言中所携带的丰富含义。那么，怎样才算是"激活了词语的全部潜能"呢？不外乎打破语言的恒常模式的组合规则，实现词语的重组、结构的变形和语境的创造，换句话说，创造文学语言是一种"反语法""反逻辑"的过程。

一般语言的运用，交际双方存在一种"合作原则"，也就是说，双方都必须遵循一些"常规"，归纳起来有三点：一是句子成分必须齐全。也就是说要给足必须给的信息量，既不能太多，也不能太少。二是词句要遵循一般语法上的语序，即要注意给出信息的关联性和逻辑性。三是词语的指谓性要明确、稳定，避免模棱两可。而文学语言传达的是审美信息，为了情感表达的需要，它有时故意含糊词语的指谓性，任意增加或删减普通语言所规定的信息。实际上，文学语言和一般语言所使用的字词都是一样的，只是因为内部语言因子排列组合的形式和意象的设置不同、叠加不同，二者才发生变化，才携带不同信息、能量，发挥出不同的功能。如"太阳嘎吱嘎吱升起来了""今天得到了校长的表扬"等。可见，文学语言是对普通语言的反叛，是它的变形。

我一亲戚的孩子，在太原志达中学初中就读。某次找我辅导，问她有什么问题，她感觉问题最大的是阅读，阅读中错得最多的就是理解散文句子或者句子中的加点词语。譬如中考散文阅读《春韵》，要求"结合语境，品析语言"。原文命题的段落：

春的脚步踏足农村时更加轻盈流畅，撩人心魄，田地经春的挑逗，生命力也蓬勃起来。农人们再也等待不得，纷纷而起融入漫天春色，开始去耕耘又一个希望的春天。寂静了一冬的村庄活了，田野很快热闹起来，犁牛遍地，机声隆隆，孩子们在田间奔跑，狗儿在地里追逐，四处人影绰绰，满耳欢声笑语。

试题如是问："'田地经春的挑逗，生命力也蓬勃起来。'说说加点词语的表达效果。"答案："挑逗"一词，运用了拟人手法，生动形象地写出了春的顽皮可爱的情态，表达出作者对春的喜爱之情。

我如是分析——这个答案很有问题。题干问的是"挑逗"一词的表达效果，可答案给出的"顽皮可爱"是"春"的特点。"挑逗"即挑动逗引，有贬义，在这儿贬词褒用。"挑逗"之"挑"有向上拨弄的意思，如挑起门帘。根据语境，前句讲"春"到了农村，后句说"生命力也蓬勃起来"，显然是指田地的生命力，而且"蓬勃"词典解释为繁荣、旺盛的意思，其潜在意义有"向上、发展、发达"等意思。这句话紧跟着说农民们"耕耘""犁牛遍地，机声隆隆"，所以，"挑逗"的意思在这儿发生了转移，成了解冻、松软的意思。答案应是：生动形象地写出了春风吹来，气候变暖，土地解冻了，松软了。

因为语境具有生成功能，也即词语与语境组合更具有无限的创造性。语境不但可以生成新的意义，而且还能生成新的言语形式。它在特定的语境中可以创造新词，可以创造新的表达方式，这种表达方式既可以是词的，也可以是句的。还可以创造新的意义。就是使一个词语或句子组成的话语产生一般情况下没有的意义。只是因为有的老师不明白，所以总是凭感觉笼统地理解词语或句子，错误率特别高。我给学生讲明道理，继续指导说，譬如这段文章中的句子，"根据语境，理解句子含意"："农人们……开始去耕耘又一个希望的春天。""春天"的意思在这个特定语境中也发生了转移，实现的不是它原来的意义，转而表示"田地"，且"春天"一词还隐含着生机、希望、欢乐、开始等意思，所以，句子含意就可以这样写，或者说标准答案就要这样拟：生动形象地写出了农民们在春天的田地里忙碌地翻耕土地的情景，表达了农民对美好未来的憧憬之情，抒发了作者对农村春耕的喜爱之情。

接着布置一道题，再譬如这段文章的句子："寂静了一冬的村庄活了。"如果考试要求你结合语境理解，你觉得哪些词语发生了转移？答案应当如何写？其实，词语或句子在语境中的这种转移、补充意义以至于潜在意义等比比皆是，很多语文老师不懂言语义的特点，觉得中考这篇散文的考题简单，其实，那是因为你不懂；如果懂了，你就会觉得不但不简单，简直就是很复杂。也正因为其中复杂的道理老师弄不懂，所以，才会死搬照套所谓标准答案。老子说："知者不言，言者不知。"意思是说真知之人不执着于"言"，而执着于"言"的人不是真知。老子批评"言"的局限，意在指明，语言相对于生动活泼、复杂万变的现实事物，永远是枯槁的、滞固的、片段的，永远不能完满表达，所以，思想不可拘囿于"言"中。为了把握纷纭复杂、流动无常的世界整体，必须有"言"而又离"言"，必须借助语言领悟远比语言所能表达的更为丰富的内容和更为深刻的道理。

譬如诗歌阅读。我为"三优工程竞赛"写的论文《鸳鸯绣了从君看，且把金针度与人——浅论古典诗歌鉴赏的教学》中，第一条就是"落实紧要字词"。我在指导学生阅读诗歌时，一直强调坚守诗的字面意思。中国古典诗歌的文字是一种非常紧凑，紧凑到最高限度的文字，是诗人把繁复的生活现象加以高度精练的东西。曹文轩在《中国八十年代文学现象研究》说，古汉语是浓缩，现代汉语是稀释。如"秋暮"，翻译为现代汉语就是"秋天的傍晚"，稀释了之后容易理解。所以鉴赏一首诗歌，先不要忙着回答试卷上的问题，先要问问自己：这首诗大致说的是什么意思？字面意思读懂了没有？换句话说，就是先把浓缩的诗用现代汉语稀释一下，看看这首诗到底说的是什么事情，如果连字面意思都没能弄懂，就很难准确把握诗歌的内容及情感，所谓鉴赏也就成了雾里看花，一片混沌。所以，字义的诠释与典故的理解是鉴赏诗歌最基础的层面，是诗歌鉴赏的第一步工作。

高考曾以杜牧的《旅宿》为阅读材料：

旅馆无良伴，凝情自悄然。寒灯思旧事，断雁警愁眠。远梦归侵晓，家书到隔年。沧江好烟月，门系钓鱼船。

这诗里的常用词语，看似简单，其实不然。我要求学生准确理解"凝情""悄然""寒灯""断雁""侵晓""烟月"等词的意义。实际上，难得有几个学生能回答准确。"凝情"即凝神沉思的表情；"悄然"即忧伤的样子；"寒灯"即昏暗的灯光；"断雁"即失群之雁，此为失群孤雁的鸣叫声；"侵晓"即破晓，天色渐明；"烟月"即云雾笼罩的月亮，朦胧的月色。而我们诗歌阅读教学最容易被忽略的问题就是：没有理解了一首诗的字面意思，就急着去鉴赏其深层含义。古人用字，言简意赅，且字精而隐，读者自己应细细体悟。一首诗常常有言外之意，分析鉴赏的任务无非是揭示这个言外之意，但前提是坚守诗的字面意思，不可曲解字面意思。

人类认识世界（包括认识自己）的方法有三种，一是哲学，二是科学，三是诗歌（艺术）。哲学是用抽象的方法认识世界，科学是用验证的方法认识世界，诗歌是用隐喻的方法认识世界。什么叫隐喻？"隐"，古曰"怀情不尽曰隐"；"喻"，《辞海》中为"晓喻；开导"。可见，隐喻不是其他，就是"将不尽之情晓谕世人"。文言也叫"能近取譬"。子曰："能近取譬，可谓仁之方也已。"连孔子都承认隐喻的方法非常高明。诗歌对人的影响不是其他，就是那些伟大而巧妙的隐喻。"关关雎鸠，在河之洲""所谓伊人，在水一方"这是爱的隐喻；"粉身碎骨浑不怕，要留清白在人间""荷尽已无擎雨盖，菊残犹有傲霜枝"这是做人的隐喻；"洛阳亲友如相问，一片冰心在玉壶""露从今夜白，月是故乡明"这是亲情、乡情的隐喻；"大江东去，浪淘尽，千古风流人物"这是历史的隐喻。

人们似乎公认，诗是高度浓缩的句子，文学作品分析的工作相应地就应该是把这个浓缩加以稀释。实际上，杰出的诗不是浓缩的句子，而是神奇的句子，对杰作的分析不是去稀释，而是揭示"神奇"的具体内容。高考模拟卷有一题是阅读清代诗人黎简的《小园》："水影动深树，山光窥短墙。秋村黄叶满，一半入斜阳。幽竹如人静，寒花为我芳。小园宜小立，新月似新霜。"题干如是问："你认为诗的首联中哪个字用得最好？为什么？请简要赏析。"如果要"稀释"一下句子，即倒映在水中的树微微晃动，夕阳的余光照在低矮的园墙上。这种"稀释"还算不上分析。命题老师给出的答案是："'窥'字。化静为动，以物拟人，不说小园里的人越过短墙能看见墙外山光，却说'山光窥短墙'，好像那山光探头进入短墙，在窥视这小园中的景物，想一睹其真容，生动地突出了小园景物的美丽动人，富有魅力。"这种分析也是"稀释"，但真正的分析就是要能从"隐"象中挖掘出更多更妙的东西，揭示诗句的神奇之处，所谓闻一知百。

作家毕飞宇对读古诗有一段很精彩的说法：

小说的计量单位是章节，你读小说想读出意思来，起码要读一章，否则你都不知道小说写的是什么。散文的计量单位是句子，我们所读到的格言或者金句，大多来自散文。诗歌的计量单位则苛刻，是字。要想真正领会一首诗，第一要素是小学的功夫，每一个字都要落实。所谓"吟安一个字，捻断数茎须"。这是诗歌的艰辛，也是诗歌的乐趣。作为一个写作的人，我常说，要想真正理解语言，最好的办法是去读诗，它可以帮助你激活每一个字。诗歌是由字组成的，反过来，也只有诗歌才能最大范围地体现字的价值，彻底地解放每一个字。请注意，我用了一个很有分量的词：解放。这是我个人的感受，当一个字遇上好的诗句时，它会亢奋，载歌载舞，流芳千古。

古诗是用文言写的，而文言就是最典型的字思维，特别需要字字落实。优秀诗歌的语言运作是一种高超的技艺，让一个词，或一句诗，或一个意象，同时在不同层面展开，融合复杂的含义。

我如是分析。"窥"字用得好。（1）化静为动，赋予"山光"以人的动作，增加了诗句的形象感。（形式）（2）"窥"有偷看之意，悄无声息，而山光也悄无声息，形象地写出小园寂静的特点。（内容）（下句有"幽竹如人静"）（3）山光越过短墙而"窥"，写出黄昏时分太阳余光将落下短墙时小园温馨的特点。（内容）（下句有"一半入斜阳"，"黄昏"意象有二义："夕阳西下，断肠人在天涯"，有伤感之意；"夕阳无限好，只是近黄昏"，有温馨之意）（4）"窥"也暗示小园景色美丽宜人，表达诗人喜爱之情；否则不值得山光将别时仍然忍不住再"窥"一眼。（主题）古人用字，言简意赅，且字精而隐，特别需要读者自己细细体悟。读诗就应当如叶嘉莹所说，使学生从诗歌中一生二，二生三，生生不已，"产生丰富的联想的生命"。一个语词放在民族语言的土壤中，你不断品味，它就不断生长，不断产生新的意思。但它无论怎样生长，都不能离开生长环境，即"语境"，就像"窥"字，无论怎样生长，都得长在"小园"中。"难懂"是人们对一些古诗常有的抱怨或指责。白话文的产生，虽然方便了阅读和理解，但却使我们的思想迟钝了，这就是所谓"一看就明白的话"所导致的。

有一重点中学的名师某次与我交流，很得意地说他自己假期就把下学期的课都备好了，那点东西教多少遍了，早驾轻就熟了。其实，语文教学最不该说的一句话就是"驾轻就熟"。譬如化学实验，化学教师指导学生一次次的实验，结果一定是和书上的结果一样，如果不一样，一定是你错了，而不是书错了！但语文教师指导学生一次次冲入一个文本，为的是一种新的开垦与发现，希望解读的结果与参考书上的不一样。这里没有谁对谁错之分，只是分析的角度不同而已。从正面看《狼来了》的故事可以得到"不可说谎"的教训，从反面看《狼来了》的故事则会得到"谎话不宜重复"的教训。转换角度就是转换一种思维方式，而语文就是要培养学生富有弹性的思维。郑板桥有诗云："四十年来画竹枝，日间挥写夜间思。冗繁削尽留清瘦，画到生时是熟时。"一个语文教师研究文本，也应当不断有"生时"，不断发现从未发现的"生"的东西，也就是新的东西，这大约正是走向"熟时"必不可少的环节。但一个语文老师如果不读书，不读专业理论性的书，没有相应的学理作为支撑，在教学中就不可能转换一种思维方式，也就不可能发现"生时"。

【我的论文】

语文教学：遵循专业比遵循常识更重要

有位哲人说过："时间是什么？如果无人问我，我就知道；如果我要对发问者说明，我就不知道。"其实，不光是时间，世界上很多东西都如此。譬如"教育的本质是什么？"大凡理论性书籍的第一句话总喜欢这样说。这种追问又像哲学家在追问"人是什么"，"我是谁"一样，这些看似简单的问题常常搞得人茫然无措，难以找到一个终极的标准答案。

近年研讨会上总听老师重复专家的话：教育的本质就是遵循常识。我百度一下，蹦出许多唱法，美声唱法是"教育的本质是促进人类生命个体健康成长，实现生命个体由自然人向社会人的高度转化"；通俗唱法是"教育的本质是让人学会做人"。雅尔贝斯是原生态唱法："教育的本质是唤醒。教育，意味着一棵树摇动另一棵树，一朵云追逐另一朵云，一个灵魂唤醒另一个灵魂。"关于教育的本质，至少近百年来就一直有人在探索、探讨、争辩，至今未有定论，都是盲人摸象，各人看到各人的教育本质。

我有时候颇奇怪一种现象：只要某专家说个什么观点，后面总有一大群人跟着起哄。比如说王栋生老师说，语文教学要遵循常识。大伙儿就都说要遵循常识，遵循常识，遵循常识！但这儿的"常识"具体指的是什么？即"常识"的内涵是什么？这个语文教学的"常识"与教育本质所追求的"常识"是否是一回事？没有老师给我们具体说个子丑寅卯，反正是遵循常识。著名女作家伍尔夫在《墙上的斑点》一文中说过："我们的思维是多么容易一哄而上，簇拥着一件新鲜事物，像一群蚂蚁狂热地抬着一根稻草一样，抬了一会儿，又把它扔在那里……"

对经常在嘴边挂着"教育本质""遵循常识"的老师，我有点不以为然。譬如，我们常见语文老师在讲台上侃侃而谈，不少学生在下面睡觉。连自己教的学生都唤不醒，奢谈教育本质、遵循常识，有什么用啊！当然，我们也可以说学生在装睡，哲学教授周濂写过一本书《你永远无法叫醒一个装睡的人》，但我们想一想学生为什么装睡呢？应该是不愿面对他需要面对的东西，才会装睡的；那是他不想理睬老师，所以才装睡的；老师之所以唤不醒，是因为他压根就没睡。

　　我想说的意思是教育和教学不是一回事，教学和培养人更不是一回事。什么是培养？培养即成长，换句话说任何人从出生到现在，包括未来，每一天都在接受教育，读书学习是教育，吃饭走路是教育，言谈举止都是教育，只是教育作用不一样而已，但都伴随着人的成长。而现在社会上大多数人似乎不能正视这个问题，认为教育只是限于学校，或是具体学习了什么。我们教师也经常把教育和教学混淆在一起，其实，我们的教学活动距离"培养"还相差甚远。

　　我倒是觉得，一个语文教师真正有价值的地方，不在于他懂不懂教学常识，而在于他的教学是不是专业。按理说我们语文教师都是中文系毕业，都受过相当的专业训练，但解读课文缺少的恰恰是专业的眼光和专业的方式，经常和没有受过专业训练的一般人没什么不同，任何外行都能点评语文课；如果任何一个外行都能评点语文教师的课，那我们读四年中文系有什么意义呢？

　　其实，教学常识语文老师们都知道，不知道的常常是教学的专业知识，故而，我以为，语文教学遵循专业比遵循常识更重要。

7. 又一轮的新课改

◎ 一个人的观念就像一株树一样，是慢慢地在脑袋里生根发芽长大的，不是喊几句口号就能改变的。

进入2007年，又一轮新课改来袭，这一次课改的动静远大于以往。我忝列在"山西省学科指导组"的名单里，实际上够不上指导别人的资格。这个"学科指导组"有七位老师：省教研员张春莲老师、程淑贞老师，太原师范学院傅书华教授，临汾市教研室主任张淑华老师，昔阳中学的张同兰老师，太原外国语学校的李江渊老师和我。我参与了《山西省新课程语文学科指导意见》文件的编写修订，也在阳泉市为老师们做过《领悟语文课标精神，解读语文课程特点》的专题报告，帮助老师们解读并理解《语文课程标准》。这次新课改照例推出很多新概念，最主要的一组概念是"知识和能力""过程和方法""情感、态度和价值观"，它们被新鲜地称为"三维目标"。最核心的一组概念是：自主、合作、探究。还有诸如对话、模块……总感觉不提出几个新说法就不像改革似的。当然，那些新概念往往是一个新的定义，而那些定义后头则往往是一系列的价值判断，接受并使用这些新概念，就意味着教师的思维认同并接受了这些概念。但事实上，大多数老师根本没心思去理解这些新概念的内涵与外延，遑论接受，仅是被动搬用并滥用新概念。

新课改照例也推出一些新典型。全国最具风头的新课改示范校即山东的杜郎口中学，山西省最耀眼的课改示范校即晋城市的泽州一中。我们阳泉三中也组织全体教师远赴杜郎口中学，近趋泽州一中学习取经。两所学校的做法都是首先向课堂挥刀，拆掉讲台、搬开讲桌，逼着教师把学习还给学生；并且把课桌围起来设置小组，教室三面环绕黑板，学校还严格规定教师的课堂讲授时间：不能超过10分钟。学生的学习方式都是自主、合作、探究。每一次课改领导都要强调"解放思想""转变观念"，其实，窃以为，根本不需要"解放""转变"之类的口号，领导只要不给思想、观念强加种种条条框框，这些东西自然会蓬勃发展起来。哪一次课改不是按照上面布置的既定的条条框框来"解放思想""转变观念"的。而且，只要一搞改革，就有层出不穷的学习、检查、评比、展示、汇报、总结、成果……把教师们忙得焦头烂额、疲于奔命，真正需要研究的教材，反而没时间研究了。作为身处最基层的一线教师，最能感受到新课改的理念并没有在我们的教学中扎下根来，看起来很热闹，但这种热闹多半是虚的。

窃以为，一切改革都是先从形式开始，因为形式的改变最明显也最容易；但这也让改革特别容易流于形式。这些课改示范学校一说改革就摆出与传统彻底决裂的激进姿态，实在让我不好理解。就像当年"五四"的白话文运动，要彻底抛弃文言文，结果今天专家又说，"一定要打一打文言的底子"。任何"新"，都是脱胎于"旧"，而所谓的"全新"，也无非是旧的痕迹保留得比较少而已。有时候，所谓"新"和"旧"的界限是模糊的，由"旧"而"新"的变化也是渐进的、缓慢的，甚至在不知不觉中发生的。世界上没有突变的事物，都是渐变的，只是我们很多时候没有发现那个缓慢变化的过程而已。教学走到现在，也是渐渐变化的，想要彻底颠覆传统，大刀阔斧锐意改革的设想常常是过于理想化的模式。很多设想，虽然专家们在理论上能够自圆其说，其实很可能是闭门造车，在实际中未必行得通。

语文教学是教师综合素质和经验技能的体现，一个教师在课改前不善于教，难道课改后就会教了？无论新课改还是旧教材，作为"语文课"必然有许多共同遵守的规则，不会因为新课改而带来翻天覆地的变化。所以，即使有新内容的生成，也并不意味着它们自然地指向课程目标的有效达成。我们一说课改就喜欢革新各种教学方法，其实，教学方法不是一个孤立静止的东西，我早在20世纪80年代写的论文《教学艺术散论》就说："什么是教学方法？教学方法就是你想的办法能够解决了学生的实际问题，就是最好的教学方法。"教学方法不是由教材本身决定的，也不是由教学理论决定的，而是教师和学生在课堂互动的关系中决定的。所以说教无定法，法无定规。新课改无论将教师的角色说成是学习的组织者或学习的引导者，还是美化成生命的点燃者与共同成长的人。我顽固地认为课堂教学归根到底还得是以老师讲授为主，学生讨论只能是辅助。我的课堂上一直是以我讲授为主，以我提问为主，我的课堂我做主，绝少学生自主讨论。我曾在太原做了《语文课堂教学之我见》的专题报告，由于报告太长，为节省篇幅起见，节选其中三段作为例证：

【我的报告】

我们现在学习杜郎口中学，学习泽州一中等课改先进学校，从形式上作了较大的改变，都让学生团团坐，吃果果。但课堂教学改革的悖论就在于：如果一个改革方案没有给人们许诺过分美好的事情，它就没有吸引力；如果它许诺人们过分美好的事情但无法实现，它最终会失去吸引力。而且，中国的改革特色是：任何改革首先要从形式开始，但最终常常流于形式。为什么要这样团团坐呢？首先是形式上的变化最容易引起人关注了；其次学生之间讨论方便，对话方便。似乎符合新课改"对话教学"的新理念。新课标在"教学建议"中特别指出："阅读教学是学生、教师、教科书编者、文本之间的多重对话，是思想碰撞和心灵交流的动态过程。"但这儿的"对话"不是指学生围成一圈你一言我一语的讨论，指的是处在"思想碰撞和心灵交流"的相互作用的状态中，这种状态主要指深度思考。没有深度思考的讨论，在我看来，基本上是浪费时间。实际上，语文课堂教学中困难的不是师生之间的对话或生生之间的对话，困难的是和文本之间的对话。最困难的不是学生和文本的对话，而是老师和文本的对话。因为老师的责任是去理解学生的问题，引导学生去运用知识。

今天我在这儿为老师们做报告，虽然是"一言堂"，但其实也是和老师们"对话"，关键在于我讲的东西是否能激发起大家的思考。古人有一句话："听君一席话，胜读十年书"，这其实就是今日批判的老师"满堂灌"。"满堂灌"是最基本的讲授法，这种方法不是简单，而是很难，对教师个人素质要求极高，能连续讲好几个小时不重复，让别人有"胜读十年书"的感觉。因此，老师必须要有深厚的文化底蕴，清晰的知识体系，高超的讲授艺术。让你连续"灌"上几个小时，连灌上三天，看看如何？我最近在盂县进修校就为初中语文老师们连灌三天，老师们还觉得我"灌"得很有意思，听得意犹未尽。我的体会，"满堂灌"特别适合求知欲强、自主性高的优秀学生群体，越是尖子生，越适合满堂灌。现在一对一辅导全都是满堂灌。如果我们的语文老师都有能力"灌"得学生有"听君一节课，胜读十年书"的快感，那正是语文教学的成功之处。

新课改也有人提出这样的观点：认为传统的提问方式是由教师根据教学要求，向学生设置疑问，这样的提问方式是消极的、被动的。应当变教师提问式为学生发现式。学生发现式肯定好，老师的功能之一就是韩愈说的"解惑"。问题是教师讲课而要使学生处在一种主动求知的状态，是相当不容易的，满座的学生其实没几个是为了思索而来听课的，让学生在有限的课堂时间里发现并提出一些有思考价值的问题来，这是高估学生的能力了。何况有价值的问题不是每节课都可以灵机一动就冒出来的，那都是经过很费力的阅读才可能产生的，那是有相当丰厚的联合知识才可能产生的，就是教师也不容易在文本中经常发现有价值的问题。阅读鉴赏是一种智力活动，由于各人的悟性和天分不一样，悟性高的人也许读一遍就抓住了文章的要害、本质，一般人要读几遍才能达到一定的理解。我们应当把学生定位在"一般"的水平上，所以重要的文章、章节要反复读才能有所得。但多读并不是读书唯一的办法，也不是最好的办法。背得滚瓜烂熟的文章，不一定就理解了。所以，黑格尔有"熟知不是真知"的观点。再加之课堂上时间有限，不可能总是"听取蛙声一片"。要获得真知，还要靠老师巧妙的设问和细微入理的分析、引导，我无法想象完全学生"自主"的课堂。

　　配合着新课改，不少弄潮的专家经常提出一些新概念，端的是"课改多有英雄出，各领风骚三五年"。譬如，刚刚有专家高调提出"有效教学"，我们一线教师还没弄清教学如何就会"有效"，立马又有专家用更高的嗓门喊出"高效课堂"来。"高效"究竟指的是什么？课堂教学如何才能"高效"？说实话，我真没有研究过，自然也就说不出什么子丑寅卯。但从各种课改新经验看，似乎都是规定出了"教师的教"和"学生的学"用时各占的比例，反对教师"满堂灌"，属于教师讲的时间只有"10分钟"或"不超过15分钟"，好像学生"自由活动35分钟"，学习效率就高了。语文课堂教学是以课文为教学载体的，不同课文的难易程度也是各不相同的，即便是同样的一篇课文，对于不同层次的学生其难易度也是各不相同的，事实上很难用同一把时间的标尺来规定"教师的教"。窃以为，不用把"高效"搞得那么神秘兮兮的，世上一切高效的事，都因人乐在其中，忘乎所以，恨不得将时间全部投注下去；如果自己不能沉浸书中，带着某种任务读书教学，很难有什么高效。

　　还譬如不知何许人提出的"堂堂清、日日清、周周清"，令人费解。某次我在太原做报告，饭桌上与一课改的专家讨论"堂堂清、日日清、周周清"之类方法。我的观点是语文学习不同于数理化，没有谁能一次把文本问题解决得干干净净，只要读，就会生发出新问题；也没有谁能把学生的问题彻底解决掉，只要学生在学，就会有新问题。文本的意思是无限的，学生的问题是无限的，你凭什么就能"堂堂清"呢？再者，徐根宝说过："足球绝不是完全踢出来的。"那么，我说：语文也不是完全教出来的。语文能力的增长是渐进的，看不见摸不着的；语文课很讲悟性，有悟性才可以举一反三，才可以触类旁通，有悟性才可以延伸老师的思维，才可以建立自己创造性的思维方式。能力也好，悟性也罢，都是和语文知识拖泥带水、连筋带骨地搅和在一起的，都不是谁想"清"就可以"清"的。譬如高考一道"判断成语使用正误"的题，成语都是习见常用的，意思学生都明白，按理说课堂都"清"了，学生应该都会了，可一考试还是一大片不得分。就因为语境是无限的，考试说到底就是知识迁移，学生如果不具有弹性思维，哪怕你做了1000道题，做第1001道题时还可能错。专家说，照你的意思这些"堂堂清"不好，你有好的方法啊！我懒得争辩，说，我也没有什么好方法，我的方法就是"满堂灌"。

实施新课改以来，老师们最关心的其实不是语文课要怎样教，文本要怎样解读，课堂如何高效；真正关心的是高考要怎样考，能不能摸准高考的脉络以图考一个好成绩。有感于新课改之颠覆性的课堂改革，我写了一篇博文《请看今日之课堂，竟是谁家之主体》，表达了我"一肚皮不合时宜"的看法，挂在我的博客上。

8. 你比冠军更努力，但永远拿不了冠军

◎ 要想树立起一个专业上非常优秀的形象，教师就必须努力摆脱环境对自身素质的强力制约和决定，努力超越所处的困窘境况。

在阳泉三中我供职21年，教学生涯的后半辈子都花在这儿了。这也是我教学水平已日臻成熟的时期。我的教学水平越来越高，但三中的生源却越来越差。林语堂曾得意地说他读过最上流的书，也读过最下流的书。我自豪地说，我教过山西省最厉害的"学霸"，也教过最生猛的"学渣"，而且赢得了所有学生的尊敬。是不是有点像苏东坡"上至皇帝老儿，下至路边乞丐，都能相与言欢"的意味？尽管有人振振有词说"语文无差生"，但这句话是就三年的全过程来说的，是鼓励教师不放弃任何一位学生。再说，高考的目的就是进行选拔，教学的目的也是要让学生变得不差。更有所谓"没有教不好的学生，只有不会教的老师"的说法，医生有治不好的病，教师就有教不好的学生。孔子一直主张有教无类，不去挑剔学生的富贵贫贱、阶级出身；但他也声言"朽木不可雕也，粪土之墙不可圬也"。这就是说面对早晨上课就睡大觉的宰予一类的学生，孔老师也无计可施。

近20年来，我们各种课改的口号太多了，我们的"改革"和"研究"太多了，我们的形式花样太多了，但我们的教育理论常建立在一个假命题上，即认为所有学生都喜欢学习，只是没有好的方法；然后不厌其烦地推广这样的教法那样

的模式。其实，普通学校的学生厌学才是最主要的问题。孔子说："不愤不启，不悱不发。举一隅不以三隅反，则不复也。"即不到学生努力想弄明白而不得的程度不要去开导他，不到学生心里明白却不能完善表达出来的程度不要去启发他。如果他不能举一反三，就不要反复地给他举例了。孔老师说得明明白白，如若学生一方没有"愤、悱、举一反三"，那么，老师一方的"启、发、复"就统统是无用功。有人说，成功的教育不在于做成好饭菜而在于养成好胃口。大部分学习成绩差的学生无心向学，有些是因为家庭经济因素，但大多数是因为自己不想学，因为学不懂，而且感受不到学习的乐趣，看不到学习的希望，觉得学了也没用。这或许是智商发育迟缓带来的直接后果，因为"每个人的时间表是不一样的"。

如果成绩差的学生成了群、结了伙，课堂管理就成为首要问题。学生之间的差距是永远没有办法缩小的，何况学习也存在"马太效应"，学习优秀和学习后进的同学之间的差距只能越拉越大，不会越缩越小。如果要以学生成绩论英雄的话，那普通中学的教师都是"狗熊"了。尽管你比冠军更努力，但永远拿不了冠军，这可能就是事实。某次，上海华东师大附中著名特级教师郑桂华老师在太原做报告，我与其交流，并送其一本《臭臭教师》。我说，我其实并没有准备送你这本书，但听报告感觉华东师大附中的学生太优秀了，你享受的是孟子所说的"得天下英才而教之"的乐趣，体会不到我们普通中学教师的艰难困窘，所以送你这本书读读。生存于阳泉三中这样的三类普通学校，是需要付出巨大代价的。每一位教师，若不活出自己的境界，那么不是被自己淹没，就是被所处的环境掩埋，没有例外。

尽管教育部门多年来推行了各种各样的改革措施，但都无法改变应试导向和题海风貌，就因为现实中教育突出的是选拔功能，而选拔就要掐尖，各个阶段的重点学校层层掐尖，结果必是生源决定高考，得学生者得天下。每一年龄段的学生中的优秀生数量基本都是固定的，谁招回了这些学生，谁就会在教育教学中遥遥领先，谁就有了可以向别人介绍的"先进的教育理念"。但是这样的学生几乎不是教出来的，是生出来的。状元状元，可以说是"撞"上去的，好教师的作用仅仅是"开发学生既有智商中所蕴含的潜能",但没有证据表明教育教学可以提高学生的智商。这也是现在到处争夺"生源"而不是争夺"师源"之原因。

我们都知道,教学的本质就是提高学生的思维质量,这是一种创造性的劳动,其价值是很难量化的。而学校行政化的管理体制,很难判断教学活动的质量高低,所以必然是以数量多少作为评价标准,这样做的结果就是只以考试成绩论英雄。由于阳泉一中、二中这类重点学校不断扩招,不断掐尖,导致阳泉三中的生源越来越差,市区内从小就不爱学习的学生,或者虽然努力学习但天赋实在有限、基础确实太差的学生,就如同水往低处流一样汇聚到了三中。阳泉三中从2000年始,生源质量一年不如一年,高考成绩自然也一年不如一年。

2000年四、五月间,李乃贵校长与《阳泉日报》编辑部联系好,要我写一篇为三中招生摇旗呐喊的文章,用的是化名。《阳泉日报》刊登后,校长很满意,对我说,你文章写得不错啊。我说,不知哪位编辑改的,文章已经改动得彻底违背了我的本意啦。校长问为什么,我说,我的题目是"赢家通吃",编辑凭空添了两个字,成了"赢家未必通吃"。李校长说,照你的意思是说咱学校高考没希望了?我说,赢家通吃是这个世界上各行各业的基本规律,教育行业自然也不例外,没什么办法。不是有句话叫"打不赢他们就投降他们"?希望只有一个,那就是通过行政手段把阳泉三中变成阳泉一中的分校。2005年,阳泉三中的初中因为扩招,八轨变为十轨,故而,将高中的一个年级临时安排在租借的阳钢小学里,远离了三中本校,社会影响亦每况愈下。

作家张爱玲说过:"人生就是一袭华美的绣袍,里面爬满了虱子。"我说,教育亦如此。

【我的杂文】

没意思的争论

去年回郊区老家参加亲戚家的丧事,中午被招待进憋屈嘈杂的小饭店里。斯是陋室,唯闻觥筹交错,议论风生。邻桌热议孩子高中择校的问题,一个很有文化的男人,是和我之间大约绕了五至六个弯的亲戚的亲戚,故而彼此不认识。后来知其家居平坦垴，自然属于见多识广的城里人，俨然以"择校顾问"自居。他一脸正气，绝不偷工减料，激昂地说：千万不能去三中，尤其不能去阳钢那边的校区，老师尽滥竽充数，素质太差了，去了也考不上大学。我这把"竽"恰巧就在三中阳钢校区"充数"，闻之不免愤愤，举一例子驳之：一个危重病人被送到医院去抢救，医生给病人注射了一针，结果病人死了。病人的家属不答应了，骂医院是黑心医院，骂医生是庸医。问题是你送到医院的病人就是危重病人，有那一针和没那一针都一样，但就因为你打了这一针，你就"被庸医"了。由于应试教育长期以来在招生上偏重重点中学，如采取重点中学可以提前招生等措施，一起步就把普通中学甩开了，使处于弱势地位的三中这类普通中学的生源环境，一直像中东局势一样稳步恶化，而且社会也越来越夸大了普通中学教师"素质差"的个别现象，催生了学校竞争的"马太效应"。

　　文化男人很不屑于我的观点，说，你们竞争不过一中，还不承认你们老师素质不行，难道你们比一中还强？我说：我认为三中教师素质不差，并不意味着高于一中，而是说决定高考最终结果的不是师资，而是生源。你上网查查，我们用实际数字说话。今年阳泉一中首批统招生最高分数625分，最低分数580分；阳泉二中首批统招生最高分数564分，最低分数525分；阳泉三中首批统招生最高分数500分，最低分数低到434分了。阳泉一中每年招大约800名学生，阳泉二中招大约600名学生，这两个学校合起来1400名左右学生，这些学生中考分数绝大多数都比阳泉三中第一名学生的分数高，而阳泉市去年达二本线的考生总共才有1200人左右。三中收上来的是玉茭面，凭什么就得蒸成精粉馒头了？三中网罗的学生从初中甚至从小学开始，就在课堂睡觉，但因为你三中老师教了他们，就好像医生给危重病人打了一针一样，你就被社会指责为"素质不行"，被人们强行戴上了一顶"误人子弟"的帽子。冤枉就冤枉在，这不是我"误人子弟"，这是实实在在的"子弟误我"。可没有人给我平反昭雪。

　　他也反驳说：一中也有考不上的，那为什么老百姓就不说一中的老师素质差呢？我说，这很好理解。我们还用医院打比方：一个危重病人送到李家庄乡医院，你打了一针他死了，病人家属要和你闹事，因为乡镇医院处于弱势地位，病人家属不相信你的水平；如果这个病人送到北京协和医院，也打了同样的一针，病人也死了，病人家属就不会闹事，反而很可能是心平气和地接受，因为北京协和医院是中国最高级别的医院，连协和医院都治不了的病，那肯定就没治了。同样的道理，一个学生在一中学了三年没有考上，家长没有多少意见，其余家长还是哭着喊着，想让孩子上一中，那潜意识就是如果在一中还考不上，那去三中就更考不上了。假如学生在三中没有考上，那家长就不一样了，他就会觉得我那小孩要是去了一中说不定就考上了。任何学校的师资都有优有劣，因为三中的弱势地位，所以三中的老师就都"被素质差"了。

或许文化男人觉得我脸上密布的正气比他凛冽，脸上马上堆起了热气腾腾的笑容：喝酒喝酒，争那些事儿没意思。

从教育传播学上讲，一个学生至少要影响7个人，而这7个人又将影响50个人，依此类推，影响的人群会像滚雪球一样越滚越大。一群学习力差的学生组成的班级，给学校造成多大的负面影响，无论你怎样高估都不为过。当然，对学生来讲，他们主观上并没有要败坏学校声誉的想法，但客观上起到了这样的作用。

如今社会，在什么学校教书非常重要，故而，所有教师都争着想进入重点学校，我们习惯的说法是"水往低处流，人向高处走"，因为重点学校的平台很高，获得各种荣誉的机会比普通中学多了很多，故而，成名成家也比普通中学容易多了。如果极端地问一句，一个智力水平排在学校前10%的好学生，有几个是教师教出来的？我们一线教师，又有几个可以自豪地声称，自己在高中阶段，是这10%的学生之一？当然，教学相长是教育规律，一辈子教弱校的学生，自己的能力也有可能被削弱。长期在普通中学执教，因为很少有人为这块贫瘠的土地输入各种营养，教师如果没有强大的自我提升能力，慢慢也容易泯然众人；教了一辈子书还经常被人在背后指指点点不会教书的老师，最怕的是自己还安慰自己，平凡最可贵。事实上，不管是黄土红土，还是黑土白土，都可以长出大树，关键是土里要有树木成长需要的营养。空空的脑袋里是长不出思想的。我的观点是：三类学校不是三流学校，但三类学校应该也很难产生一流教师。我骄傲，我和几乎所有名师的最大区别即，我一直在普通中学教书。这也证明我有很强大的自学能力与自我提升能力。

9. 原来我一直用的就是"细读"法

◎ "细读"的根本含义是立足于文本的"充分阅读",就是要对文本所蕴含的丰富内涵进行充分的发掘。要尊重文本,从文本出发,进行细致的阅读和反复的阅读,注重细节的解读和结构的分析,对文本所蕴含的深厚意蕴做出"丰沛的阐释"。

进入 2000 年以来,广西师范大学出版社有《大学名师讲课实录》丛书问世。我购买了王一川的《文学理论讲演录》,郭英德的《中国四大名著讲演录》,王先需的《文学文本细读讲演录》,孙绍振的《文学性讲演录》,王平的《古典小说与古代文化讲演录》,樊星的《当代文学新视野讲演录》,陈嘉明的《新哲学讲演录(第二版)》《现代西方哲学方法论讲演录》等。在当下的中国,学术著作往往呈现出严肃的面孔,经常给人冷峻的感觉,因此,学术著作总是很难理想地实现自身的被接受过程,学术的普及因之受到相当大的负面影响。《大学名师讲课实录》这套丛书是在学术普及上做出的一些积极的探索与尝试,采用的是"讲课实录"的方式。但我以为,理论就是理论,有时候很难真正通俗化,何况,理论书籍就不是为一般读者准备的。拜伦在《唐璜》中借魔鬼之口说:理论家是吃干草长大的。读这些好书,如行走在山阴道上,新奇事物令人应接不暇。在这些理论著作中,我更喜欢王先需的《文学文本细读讲演录》,其与我的阅读教学关联最直接。作者功底扎实，援例丰富，所论六朝印象主义的细读、明清评点家的细读、英美新批评派的细读的方法，都值得借鉴。

"细读"是英美新批评派的一种封闭的解读文本的方法。他们最伟大的贡献就是将文学研究转向了文本分析。其特点可概括为三：一是以文本为中心的"向心式批评"；二是只讨论作品，不涉文类的"个体批评"；三是以语言技巧分析为核心的语言批评。说白了，"细读法"就是"细致的诠释"，就是要咬文嚼字。这是最实用、最有效率的解读方法。在细读的三个特征中，"以文本为解读的落脚点，以语言技巧的字斟句酌为解读核心"，是细读最基本的原则。

其实，我1988年从省教育学院毕业后，分析课文基本用的就是"细读法"，只是那时候还不流行"细读"的概念。德国哲学家海德格尔有句名言："语言是存在之家（语言是存在的家园）。"意思是，世界上任何事物只有进入语言，才能进入世界。没有进入语言的事物，就会永远淹没在黑暗中。语言凭借给存在物首次命名，第一次把存在物带入词语，进行显像。包括像恐龙这些已经消失的事物，包括像原子、细胞等肉眼看不到的事物，包括像思想、道德等抽象的事物，只要进入语言，它们就存在于我们的生活世界中了。原先"细读"没有进入语言，所以，它就一直躲在黑暗中，尽管我一直在使用它，但一直不知道它究竟姓甚名谁。端的是人永远是以语言的方式拥有世界，世界也必须通过语言向我们呈现出来。说到底，人的存在就是一种语言性的存在。

我很喜欢阅读文学理论的书籍。我们文学理论界长期盛行文本的宏观研究，文本细读与微观分析相当匮乏。我在山西省教育学院中文系读书时，深感能细读文本的课少之又少，多为一些宏观的粗糙的文学史常识的梳理。黄子平在《二十世纪文学三人谈》中举过一个例子：

有一西班牙留学生在北大学中文，但汉语不太过关，不过一学期记下了不少笔记。考试前问她怎么办，她说："不难不难。思想内容有两条：第一条是反封建，《诗经》反封建，《离骚》反封建，《孔雀东南飞》反封建……第二条是同情劳动人民，《诗经》同情劳动人民，《离骚》同情劳动人民，《孔雀东南飞》同情劳动人民……艺术特色也有两条：小说是"白描"，诗歌是"情景交融"。

这话多多少少击中了我们语文教学的要害。我们把爱情作品一律冠之于"反封建"，也未免太省事了。至于同情劳动人民，那时候当领导的都写过几首"悯农诗"，连乾隆皇帝都写过好几首悯农诗呢，难道能以此来分析判断乾隆皇帝"同情劳动人民"？

大学的文学课通常喜欢先把文学作品、文学现象孤立起来看，然后用一两个通用的标签把它们分类、排队，这就使中文系的学生常常显得知识结构老化。孙绍振教授曾批评大学中文系这种大而无当的宏观分析：

有多少人能进入文本内部结构？用王朔的话说大学文科教育是引导学生从知识化走向概念化。揭示深层的话语的、艺术的奥秘呢？就是硬撑着进入，无效重复者有之，顾左右而言他者有之，滑行于表层者有之。捉襟见肘者有之，张口结舌者有之，顾左右言他者有之，洋相百出者有之，装腔作势，借古典文论和西方文论术语以吓人，以其昏昏使人昭昭者更有之。

这也导致中文系毕业的学生当了教师，对经典文本缺乏深入细致的阐发，总是架空文本，进行一些大而无当的分析，实际上就是贴标签；讲课多为粗线条的勾勒，过多地依赖于对作品的时代背景以及作者的有效交代。

还是在1986年省教育学院读书期间，我购买了林兴宅的《艺术魅力的探寻》一书，属于"走向未来丛书"之一。因刚刚阅读过林兴宅的论文《论阿Q性格系统》，对这个作者有了兴趣。《艺术魅力的探寻》前面的理论部分我印象不深，印象最深刻的是最后的分析作品，尤其是分析李白的《早发白帝城》、宋之问的《渡汉江》，还有诗经的《蒹葭》《将仲子》，令我钦佩不已。譬如《渡汉江》仅仅20个字，明白如话，作者居然能写出几千字的分析文章，而且很充实，没有废话，真是了不起！这几篇分析文章我是反复阅读、反复揣摩，但那时候还不知道什么叫"细读"，只是觉得要分析得如此细腻入微，必须要有他山之石，才可以攻玉，只有一点儿语文知识是不行的。语文教师备课首先要让脑袋里有大量的东西，然后才可能和教材内容触类旁通。自己的脑袋空空如也，备课时匆匆忙忙网上一查，搜点直接的资料，讲完课后早就忘了。另外，没有丰富的生活体验也是不行的。我也渐渐明白解读一个文本不是仅仅靠方法就能解决问题的，"功夫在诗外"，这句话就是真理。

鲍鹏山是我很喜欢的学者，最先知道他是因购买了他的《后生小子——诸子百家新九章》，此书论述了老子、孔子、孟子、墨子、庄子、韩非子等先秦诸子，觉得文笔很好。后来高中教材选入他的文章《庄子，在我们走投无路的时候》，之后他也与易中天一样，在央视"百家讲坛"评说《水浒传》而名声大噪，而后我购买了他的《鲍鹏山新说〈水浒〉》（一、二），诙谐幽默，充满哲思，富有真知灼见，读之让人拍案。那也是经典的文本细读的范例。这段时间还购买了他的《中国人的心灵：三千年理智与情感》，这本书通过对中国文学史上自《诗经》以来众多名家名作的新异解读和诗意感怀，试图深入中华民族的内在心灵与思想，力求展示这个民族三千年的理智与情感。鲍鹏山引用胡文英评价庄子的话："眼极冷，心极热。"这句话也可以用在他自己身上，他用冷眼旁观这个世界的种种不公，然后付诸文字，才有了这本书。这本书可以当作文学史来读，也可以当作一本文学评论来读。

后来阅读孙绍振教授解读李清照的《声声慢》，毕飞宇解读蒲松龄的《促织》与李商隐的《夜雨寄北》，都使我非常有认同感。孙绍振教授说：微观分析才是过硬工夫，其特点就是细微处见精神，越是细微越是尖端，越是有学术水平。我觉得"细读法"尤其擅长解读小说文本、诗歌文本。小说有故事，有情节，所以最容易被粗读，匆匆一翻就过去了，只留下一个故事梗概。运用"细读法"对医治语文老师解读文本只在文本外围转悠，或贴标签式的分析最对症下药。对培养学生的灵活的思维能力，精细的语言感知能力都很有效。阅读需要一种专业素养，专业的素养不是自发的，而是要循序渐进、不畏艰难地习得的。因为语言的深层含义是隐藏在表层意义之下的，如果不能对语言的深层含义及其生成机制有所认识，即使读再多的文章、做再多的试卷，也未必自动形成语文能力。细读文本，就是和文本做深度对话，这是要有文学专业素养做本钱的。

解读文本使用"细读法"，就要从微观入手，"注意力持续集中在文本上，集中在文本的语义和修辞的多层次相互关系上"，要针对语言、结构、内容、修辞、音韵等文本内部的问题，发掘词句之间精微的联系，发现词语之间的选择、搭配、隐显程度、言外之意等；要着力引导学生分析"语义"，特别是那些意义含蓄或深刻的词句的丰富内涵，进而达到对作品内涵的理解。在教学实践中，如果不通过文本细读，是不会找到并打开语言的细微的缝隙的。但需要明白的是文本细读是个解读手段，并不是目的。语文教师就是在学习细读文本的过程中成长起来，将功力和素养，渐渐领略内化。语文教师在课堂上不敢细读语言，不敢品味语言，本质上是他不知道哪是好的语言，哪是不好的语言，一言以蔽之，是语文的功底不够的典型表现。

【我的论文】

《〈林黛玉进贾府〉首段解读》

2010年11月7日，我作为评委去太原晋机宾馆参加"省教学能手评选"的活动。这次参评的老师要做"片段教学"，即将你抽到的文章选择一个片段来设计解读，讲20分钟。省教研室的张春莲老师、程淑贞老师和我一起听课，选手讲完课后，我们觉得较为优秀的老师我根据他所讲的内容问一两个问题，或许多少指点一下，讲得不怎么样的就不问了。运城某中学S老师有过几面之交，比较熟悉，前一天晚饭时碰上他，告诉我明天他要讲课，要我给他点评一下。我说这课不存在点评，我不会给你点评的。

第二天上午他抽到《林黛玉进贾府》，讲了开头一个片段。 板书：

总借俊眼传出来——

与别处不同 { 建筑：宏伟
吃穿用度：排场
人物：详略得当
礼节：等级分明

讲完后S老师一定要我点评，我再三拒绝，他再四要求，很诚恳。后来张春莲老师说：你就给点评点评吧。我问S老师："你是想让我客气几句，还是希望我实话实说？""实话实说！""实话实说你得做好心理准备。"我大致这样说的：有很好的文学素养但缺少语文素养。单看看板书就缺少逻辑性，缺乏理性思考。（1）把"人物"放在"与别处不同"这个总括语之下，属种不同类。"别处"讲的是地方，不是讲"别的人"。（2）讲"建筑"时讲的是建筑物本身的特点，而讲"人物"时讲"详略得当"，却是写作的特点。（3）重要的问题是解读文本没能找到一个文本内在的意义核心，就是没能找到文本的"缝隙"，对文本只有"读"，没能"解"。（4）最大的问题是解读一个片段，仅仅当作一个片段来孤立地理解，没有能够从艺术整体的结构关联上来解读这个片段，破坏了人物形象的整体感。

我在1991年买过一本书，《宇宙全息统一论与中国传统文化》，这本书的基本观点就是讲：宇宙中任何一个存在物，都和整个宇宙具有全息对应和全能对应的关系。就是说，一棵小树、一块顽石，也蕴含了宇宙的全部信息。如《林黛玉进贾府》中，王熙凤一句"我来迟了"，看起来平平常常，仔细分析其中包含了凤辣子的全部信息。解读一篇文章，不是某一项知识的单纯的运用，而是网状的全息性知识的整体性运用。一篇文章中任何一句话、任何一段，都和全文具有全息对应和全能对应的关系，文本是前后关联的句子、段落生成的，这种生成必然在文本的言语形式上留下相应的蛛丝马迹，就看老师有没有能力发现它。你既然要解读这个片段，先要把握这个片段的整体结构。什么叫把握结构？把握结构就是把握事物之间是怎样相互关联的。任何一个文本的结构都有两个层面，第一个结构层面是形式结构，是表层的叙述结构，它是外显的，可以直接看到明显的起承转合的结构线。对语文教师而言，最重要的结构层面是意义结构。表层结构已经在叙述意义了，但那是字面意义，字面意义并不是文章要传达的真正意义，真正的意义存在于文章语词和事件的组合中。

这篇文章的表层结构采用的是"移步换景"的结构方法，从"弃舟登岸"——"进入城中"——"街市石狮"——"宁国府"——"荣国府"——"垂花门"——"五间上房"，有明显的起承转合的结构线，问题是老师连这样外显的叙述结构也没注意到。然后再考虑文本深层的意义结构。S老师解读文本仍然是语文老师的通病：过于粗疏，太笼统。所有地方都用一句大而无当的话概括一下，就算是解读了文本了，什么建筑宏伟，什么用度排场，都是陈词滥调，根本没有进到文本的深处。换句话说，就是老师在解读文本时，找不到"缝隙"，下不进刀子去。解读之"解"，上面是一把"刀"，下面是一头"牛"，解读文本应当如庖丁解牛，"目无全牛"，因为庖丁是"以神遇而不以目视"，他是用"神"看，这才会看出"彼节者有间"，牛身上的骨节是有空隙的。因和S老师比较熟悉，我半开玩笑半认真地说，你解读文本的水平也就是个农村的石匠，凿个村里五道庙门口石佛的水平，成不了玉匠，缺少精雕细刻的内功。一个文本，哪怕一个片段，本身的"缝隙"很多，关键在于老师只是"目视"而没有"神遇"。

"与别处不同"是一个总提式的句子，也是文本的切入点。哪些地方不同呢？这不同之中包含什么意思？这是老师揣摩的地方。黛玉登岸之前，见"几个三等仆妇，吃穿用度，已是不凡了"。"不凡"是个笼统说法，但后面说宁国府门前坐着的十几个人，估摸属于保安一类，这些保安都"华冠丽服"，反观"三等仆妇穿戴"，也必然个个华冠丽服，特点乃一"丽"字，暗含一个"富"字。登岸之后，黛玉眼中所见荣宁二府建筑外观，突出一个"大"字：大石狮子、兽头大门、门上大匾、匾上大书五个大字"敕造宁国府"，重点在"敕"字，暗含一个"贵"字。贾府乃是一个既富且贵的大户人家。进得荣府，院内布局则是院中有院，房后有房，进了荣国府，先是"垂花门"——"穿堂"——绕过"插屏"——"三间厅"——"五间上房"。真是曲径通幽，幽深之院落给黛玉这个小家碧玉"森森"之感。特点是一个"曲"字，暗含一个"森"（幽深可怕）字。而这个钟鸣鼎食的大家族规矩繁多，连抬轿子进门这样的细节都有明确规矩，先是"轿夫"——"小厮"——"婆子"——"丫头"。特点是一个"繁"字，暗含一个"严"字，规矩严格。这都是从林黛玉这个小家碧玉的眼睛中看出来的，写这个场景中的所有东西无非是写林黛玉这个人物。

林黛玉在曹雪芹心中不会是一个孤零零的贵族小姐，她离不开贾府，离不开潇湘馆，离不开与宝玉的情感纠葛。林黛玉就是一个网结，无数的网络集于一身，"牵一发而动全身"。该老师"牵一发"但没有能"动全身"。林黛玉进了

"富贵森严"的姥姥家，被吓得"步步留心，时时在意，不肯轻易多说一句话，多行一步路"。所以，林黛玉是"进"声势显赫的贾府，不是去姥姥家，这个题目正说明黛玉和姥姥家比较"隔"，比较生分。这个"隔"就是我找到的意义结构，"与别处不同"只是人人可见的叙述结构。你如果说曹雪芹在这个片段是不是讲这样的意思，我的回答是"作者带来文字，读者带来意义"。语文老师要给学生带来的不是文字，而是意义。这意义是你是从文本的"缝隙"之中看出来的，是你从文本言语形式中挖掘出来的，这就是你的教学内容，它融合了你精神探索的广阔视野，融合了你社会人生的深刻体验。再一次强调："理解语言"和"理解世界"是联系在一起的。这个片段好像很"没意思"，老师都集中在讲很"有意思"的人物出场、人物形象、宝黛爱情上了，常常是有意思的东西不容易讲好，没意思的地方发现不了意思。

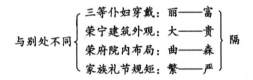

我们老师没有养成从艺术整体的结构关联上来解读"片段"的思维习惯，也没有养成把"语言"和"世界"联系起来思考的思维习惯。解读场景、解读人物，只从片段看片段，只从语言看语言，没能从片段看到一个完整的世界，这样不但无视人物的真正意蕴，还会破坏人物形象的整体感。

平心而论，S老师应当算是讲得还不错的。但我点评之后，造成比较严重的后果就是该老师紧张得冒了一头汗，不断说：郗老师说得对、说得对。估计也不敢对评委说"不！"没想到自己认真准备的课居然让我这个评委批得有点体无完肤了，退场时东西也忘拿了。结果也给张老师找了不少麻烦，该老师走了之后，估摸慌了手脚，想着这下可完了，"省教学能手"泡汤了，关键是评不上回去丢面子啊！托这个找那个，不断地给张老师发短信、打电话来询问、说情。唉！我早说过：不要让我点评嘛，白白给自己增加心理负担。

10. 第十次感悟：课堂教学过程的基本设计方法

◎ 在讲课中，充分发挥一字之帅、牵制全篇的艺术作用，会使整个文章的分析过程，因一字的制约和驾驭，更好地表现了文章的意思，使讲课的目的更明确，对文章立意的理解更深刻，也更鲜明。

2006年，是我在教学思想上的又一次觉悟。这年秋季我去临汾市参与了山西省教科院中语会组织的山西省"第七届金钥匙奖"的评奖活动。某日午休，我去山西师大校门口书店翻书，买了两本书。一本是哲学教授陈嘉映的《从感觉开始》，翻开此书，第一句话如是说："我们的确要从感觉开始。要是对所讨论的没有感觉，说来说去不都成了耳旁风？"大受触动！薄薄一册，20元。另一本是美国哲学家郝大维写的《通过孔子而思》，翻看时有几句话像闪电一般突然划亮我的思维，蓦然回首，觉悟到语文课应该如何设计了，花46元买下此书。这恐怕就是所谓的"灵感袭来"吧！然后，我急忙回到宾馆客房，将自己的感悟写下来，即"所谓课堂教学过程的基本设计方法，即以主要教学任务为纲，次要任务为目。寻找一个最佳的切入角度，这既是切点也是支点，并从文本中找出一条思想或思维的线索，以串联组织起整个内容，并在这一线索上设置问题，以'出言有章'的方式，展开对有关对象的思考、解释和剖析，去透视其内部的关联与外显的意义"。吊诡的是后来我重新翻阅这本书，想找到触动我灵感的那几句话，从头看到尾，从尾翻到头，也没发现是哪几句话。评课结束后，我仔细梳理了自己的想法，整理了听课的笔记，写了一篇文章。课堂教学过程设计有没有一种具体方法呢？也不能说没有，也不能说有。借用金代王若虚之言："大体须有，定体则无。"教学过程是一个动态的过程，怎样设计教学，那要看对象。这"对象"一是指学生；二是指文本。所以，课堂教学设计方法也是一个动态的过程，但也还是有基本方法可掌握的。

相比较数理化，语文的阅读理解可以说是比较困难的，因为一个文本留给语文教师处理的空间是非常大的，理解就是对意义的重新认识和重新构造，所以，不同的教师有可能完全把同一个文本处理成截然不同的东西。譬如《药》一文，读了之后觉得这小说讲的是一个迷信的老头买了一个粘着人血的馒头给儿子治病却没有治好的故事，这也不能说没有读懂，"文章千古事，用意寸心知"。但上述的观点也不好说读懂了。为什么作者写革命者夏瑜的献身？华老栓假若买了张三的血、李四的血给儿子治病，和买了为民众献身的夏瑜的血给儿子治病一比较，就感觉有了更深的寓意了。所以，人文理论永远有无数个答案，对同一事件，每个人都有一个答案，每个人都可以主动加给人文社会一个看法。

语文教材虽然留给老师处理的空间很大，但不是老师想教什么就教什么、老师能教什么就教什么。关键是要能够不断地调整自己的视角，只要不断地调整自己的视角，就会不断有美好的东西和新意义的产生。

我早在1985年写的第一篇教学论文《投石冲开水底天——浅论"课眼"及设置》，就感知到了设计教学、分析文章的"角度"问题，只是那时候仅仅拘囿于比较机械的"课眼"的理解上。"课眼"的设置有时并不是文中的某句话或某个词，有时作品丰富的内蕴并没有凝结成一句关键的话埋伏在要处，而是渗透于全文之中，并未特别言明。这就需要教师另设"课眼"，借"他山之石而攻玉"。"课眼"的理解源自晋代文学家陆机《文赋》的名言："立片言而居要，乃一篇之警策。"这是散文创作值得总结的一条美学经验。如今我更理性地认识到，一般来说，散文中所用的某一个特定的字，往往是从立意方面选定的。作家在艺术构思中把全文的主旨做了高度的艺术概括，凝铸、升华而为一个字，由这一个字生发，放纵开去，借助叙事、写景、抒情和议论，一层又一层地剖析，从而又由这一个字回归，挽合全文。

这条创作经验，也正是教师设计课的方法。所以，好文章中一定有着至少这样一个"片言"，居于要处。它是整个文章的灵魂。语文老师需要用自己的情感、自己的思想，细细品味，才可能品出和生命连在一起的那种神秘的味道。

譬如，我讲《离骚》，就从一个"怨"字切入，分析屈原是如何抒发自己的哀怨之情的。我设置的问题是："屈原在本文中表达的最主要的情感是什么？为什么会产生这样的情感？""怨灵修之浩荡兮，终不察夫民心。"总结即一个"怨"字。司马迁在《屈原列传》中说得很清楚："信而见疑，忠而被谤，能无怨乎？屈平之作《离骚》，盖自怨生也。"乃是一个"怨"字。如果说诗经是老百姓的大联唱的话，楚辞基本是是屈原的独唱，是屈原的幽怨之歌。这"怨"的来处，就是一个"忠"。屈原在"怨"谁？你是怎样理解这个"怨"字的？中国文学里特有一个"怨"字，孟子说："诗可以怨，小弁之怨，亲亲也。"这种怨是自己感伤自己的努力、自己的心血付出不被亲人所知、所理解的幽怨之心。所以，我的理解，这种怨不是专家学者们分析的在封建制度的压迫下才产生的，这种怨在家庭朋友之间随时可见。亲亲之怨中最令人感动的就是《离骚》。屈原"怨恨"谁呢？怨恨楚怀王。而楚怀王也是他最亲近的人，最觉得可信赖的人，但楚怀王受小人的挑拨疏远了他，流放了他，使屈原满怀怨恨，在汨罗江畔抒发了自己的怨苦。

【板书设计】

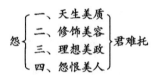

怨 { 一、天生美质　二、修饰美容　三、理想美政　四、怨恨美人 } 君难托

有的文章丰富的内蕴并没有凝结成一句关键的话埋伏在要处，而是渗透于全文之中，并未特别言明，教师要根据教材内容与教学内容，提炼并确立一个"居

要"之"片言"，以制约和驾驭整篇文章。譬如，我解读贾谊的《过秦论》，即提炼出一"片言"：野蛮。使之居于要处。《过秦论》就是指出秦国过失，那么，秦国最大的过失是什么呢？一言以蔽之：野蛮。历史上野蛮战胜文明，邪恶战胜正义，谬误战胜真理之事很多。刘济生教授认为：秦用中国历史上最野蛮的集权暴君制度，把当时代表先进生产力和先进文化的中原诸国重新拉回到野蛮的统治中。因为当时代表先进生产力和先进文化的是中原诸国，即以河南为中心的诸侯国。秦在陕西，属于"戎"；楚在南方，属于"蛮"，仅看字面就不是好称呼。"戎"是象形字，中间左侧的"十"是"盾牌"形象，右边是"戈"，一种兵器。一看就是好战民族。现在"戎首"指发动战争的祸首。所以此时落后民族秦特羡慕中原之地。从"野蛮"的角度切入，我们可以把全文分为两大部分：野蛮的扩张战争和野蛮的政治统治。

【板书设计】

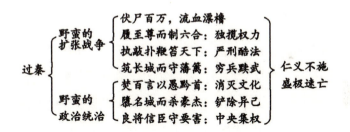

11. 我在中语会的一次多角度解读文本的专题报告

◎ 语文课堂教学的设计很重要。一个文本就像一座建筑，而教学设计就像建筑设计一样，材料固然要先进，但巧妙的设计也一定要跟得上。巧妙的设计决定了功能和趣味，决定着总体效果。

我以为：语文教学在成为艺术之前，首先应该有一定的技术支撑。它首先是一门科学，思维科学，然后才能谈技术的艺术化追求。一般而言，任何一篇文章的结构都有两个层面：第一个结构层面的形式结构，是表层的叙述结构，它是外显的，它的起承转合的结构线索可以直接观察到。第二个结构层面是意义结构，表层结构已经在叙述意义了，但那是字面意义；字面意义常常不是文章所要传达的真正意义，真正意义存在于语词、意象或事件的组合关系中。结构这种东西，打个比方说，它就如同一个葱头，是多层包膜同时长出，不像甘蔗似的一节一节长出。语文教师解读文本或设计教学，关键在于能不能找到最富意义的那个意义结构。

我在设计教学上明确了两个核心理念：一是重视解读文章的开头。万事开头难，写一篇文章是这样，解读一个文本也是这样。好的文章，从来没有不好的开头，有的只是我们没有读好。读一篇文章的所有收获，常常跟你在开头读到什么有关系。文章的开头是设置在现实世界和想象世界中的一道门槛，开头的作用就是把读者拉到门里去。二是特别重视切入角度。从不同的角度切入解读，就会有不同的意义。不少老师解读文本没有找到一个很好切入角度，讲课很像下雨之后雨水四处乱流，思路比较乱；或是几个小的教学目标不在一条线上，设置随意，教学中心游移不定，教学过程缺乏逻辑性。

解读文学作品，说到底并不是去还原作者的意思，所以，用不着老想着作者本来要告诉我们什么，作者的功能是写文章，而不是文本意义的权威解释者，作者带来文字，读者带来意义，谁也不可能垄断文本的意义，有一千个读者就有一千个哈姆雷特。文本的意义，是在每一次阅读中，在读者的体验中产生的。解读文本就是要充分发挥老师的作用，为作品有效地生成新的意义。将解读出来的新的意义参与到与学生的交流之中。我的经验是：从人们认为最没意思的那句话或那个词切入，从学生思维的最短板处切入，效果最好，让学生有一定的"惊奇感"。语文教学设计的物化形式就是板书结构。板书很重要，它是解读文本思考的结果，是抽空内容的逻辑概括。它反映了一个语文教师解读文本的角度是不是独到，思路是不是清晰，见解是不是尖锐。

当然，理解文章的开头，需要以理解该文章的整体意义为前提；为了理解文章的整体，就需要以局部解读为前提。这就是"阐释循环"。一般来说，阅读欣赏应当从解释字词句开始，通过字词句理解全篇的结构、主旨；再通过结构、主旨理解具体的字词句，这个相互来回往返的过程就是循环阐释。解读一篇文章，不是某一项知识的单纯的运用，而是网状的全息性知识的整体性运用。一篇文章中任何一句话，都和全文具有全息对应和全能对应的关系，要理解文章中的任何一段或一句，都必须细读前面的每一段或每一句。因为文本在生成过程中，文本前面的信息支配并生成了后面的信息，这种支配和生成必然在文本的言语形式上留下相应的蛛丝马迹。不过，语言是不自足的，它不可能完美地传达作者的意思，所以，在交流沟通中也会形成障碍，这就需要在解读中有一种"猜读"的想象能力。

2007年山西省中语会上，我做了一堂示范课，用"细读法"解读《祝福》的第一段，充分挖掘词句之间精微的联系，以及词语的选择与搭配中隐含的言外之意。我从这篇文章的第一句话切入文本。"旧历的年底毕竟最像年底。"似乎没人注意过开头这句话。从表面看，这话好像有语病，就像说"刘德华毕竟最像刘德华""卓别林毕竟最像卓别林"，同义重复。这句话本来可以说成"旧历的年底，村镇上不必说……"，这也很通畅，但鲁迅却加一个"毕竟最像年底"，确实有点啰唆。作者为什么如是说呢？那是说辛亥革命之后从表面看，封建王朝已被推翻变成了民国，但现在的鲁镇"星星还是那颗星星，月亮还是那个月亮；鲁镇还是那个鲁镇，祝福还是那样祝福"。也就是说鲁镇社会在性质上没有发生任何变化，还是那个礼教氛围浓厚的环境。而这一点，往往是在旧历的年底显示得最充分、最集中。所以这句话其实说白了就是：今年旧历的年底毕竟还是最像那些过去的旧历年底。

好小说就是作者与读者捉迷藏。作者总是把重要的东西藏起来，要读者动脑筋去寻找，语文课本质上就是思维课。譬如，第一段中"新年的气象"之景物描写，这是老师们经常讲析的内容。我如是设问：作者描写了"新年的气象"，是从哪些角度写的？从视觉、听觉、嗅觉。视觉：灰白色沉重的晚云；听觉：钝响、震耳大音；嗅觉：幽微的火药香。追问：写出"我"什么样的感觉？新年应当是快乐的，但"我"的感觉是"沉重"的；新年应当是红色喜庆的，而"我"的感觉是"灰白色""黑色"的；新年应当是舒畅的，而"我"的感觉是"沉闷"的；新年应当是热烈的，而"我"的感觉是阴冷的（"幽"有阴冷的感觉，如幽宫。写出"我"的沉重感、压抑感）。可见，一个词语从民族语言的大地中生长出来，你只要不断地品味，它就会不断地生长。继而以《祝福》为例，做了《语文课堂教学基本设计方法》的专题报告，从八个不同角度去解读文本，多一种诠释，文本则多一分生命力。语文教学总是"挂一漏万"的，因为任何解说的角度都是以牺牲其他角度为代价的。

解读《祝福》可以有八个角度，似乎超出了听课老师们的预料，反响特别热烈。当然，八个角度也远不能完全看清《祝福》这头"大象"的全貌。事实上，一切课堂上巧妙的设计，生动的讲述，都来自最普通的广义的读书学习过程，千万不要以为只凭诸如"微格技术"之类，只凭听别人几节课就能够讲好课。我的多角度解读文本的课堂教学设计，不是凭空生出来的。我购买过《文学作品的多重解读》一书，这是美国一个叫迈克尔·莱恩的专家写的。这本书列举了八九种解读文本的方法，诸如形式主义、结构主义、精神分析、解构主义、历史主义、女性主义、马克思主义等，而且对所列举的每一个经典文本都做了"多重解读"，如莎士比亚的悲剧《李尔王》就有形式主义解读、新批评派解读、结构主义解读等。

【我的解读】

《祝福》教学设计的八种视角

我以为，一篇文章就是一个空心圆，有360个角度，从任何角度都可以切入进去。所谓创新，就是在合理的范围内稍稍偏离一下人们习以为常的角度而已。转换角度就是转换一种看问题的眼光，就是转换一种思维的方式，对文章的解读关键是有没有一个新鲜的切入角度。新鲜的角度才会带来新鲜的认知，才会培养思维的弹性。解读鲁迅先生的《祝福》，可以从各种不同的角度出发。小说看起来是通俗的，但骨子里的精神却并不俗，很多地方还很高远。解读文本就是要挖掘这些东西。所以，文本是个可以无穷解读的东西，教学也是个可以无穷设计的东西。当然，关键取决于语文教师有没有这样的素养与能力。

1. 从情节入手是最常见最基本的切入文本的角度。假如你要写小说的话，第一敌人是语言；第二敌人是叙事；第三敌人就是结构，情节结构。而结构和时间关系很大。叙述的圈套就是一个关于时间的游戏。创造一个时间，以及由时间构成的空间。萨特说过："小说家的技巧，就在于他把哪一个时间选定为现在，便由此开始叙述过去。"即先找到现在时间的一个"点"，然后把过去的事情嫁接到这个现在时间的"点"上。如《祝福》先选定现在的时间：旧历年底祝福的时候，并由此叙述祥林嫂的过去。从情节的角度看，这篇小说全文分为七部分：祝福景象、寂然死去、初到鲁镇、再到鲁镇、遭人唾弃、沦为乞丐、依旧祝福。

板书设计之一：

以故事情节为切入文本的角度。

$$
祝福\begin{cases} 序幕：祝福景象 \quad 所见 \\ 结局：寂然死去 \quad 所闻 \\ 开端：初到鲁镇 \quad 所闻 \\ 发展：再到鲁镇 \quad 所忆 \\ 高潮：遭人唾弃 \quad 所忆 \\ 结局：沦为乞丐 \quad 所忆 \\ 尾声：依旧祝福 \quad 所感 \end{cases} 礼教吃人
$$

2. 以"春天"作为切入文本的角度，这也是一个令人意想不到的视角。以"一个没有春天的女人"作为主要话题来解读文本。这个角度也是按照情节的顺序来解读文本的，也是一个时间的设计，但这条线索比之单纯的情节结构，增加了许多意义，因为运用了象征的表现手法。设问：春天是什么？春天是幸福、生机、希望的象征。古人说，春女善怀。设问：为什么说祥林嫂没有春天？从祥林嫂的悲惨遭遇可得出这样的结论。设问：谁剥夺了祥林嫂的"春天"？探讨祥林嫂的死因，也就是社会环境对人物命运的影响。

板书设计二：

以"春天"为切入文本的角度。

设问：你怎样理解祥林嫂是一个没有春天的女人？

$$
\begin{cases} 序幕：祝福景象与鲁四老爷 \\ 结局：祥林嫂寂然死去——迎春之时，一命归天 \\ 开端：祥林嫂初到鲁镇——春日之时，丈夫死亡 \\ 发展：祥林嫂被卖改嫁——孟春之时，被卖改嫁 \\ 高潮：祥林嫂再到鲁镇——暮春之时，痛失爱子 \\ 尾声：祝福景象与"我"的感受 \end{cases}
$$

3. 从人物的肖像描写也是比较好的切入角度。而肖像最重要的就是眼睛。鲁迅先生说："要极俭省地画一个人的特点，最好是画他的眼睛。倘若画了全副头发，即使细得逼真，也毫无意义。"而"画眼睛"可以这样理解：传神地描绘出人物的眼睛，这是开掘人物内心世界的很好的方法。《祝福》在刻画人物眼睛方面的特点突出，祥林嫂"顺着眼""直着眼""黑着眼""间或一轮"等。设问：作者"画"祥林嫂的眼睛多少次？重点画了眼睛的什么特点？譬如眼形、眼光、眼色、眼神……《祝福》紧紧围绕人物性格的发展，至少有10次描写了祥林嫂的眼睛，鲜明地表现了人物的遭遇和内心世界的变化。

板书设计三：

作者"画"祥林嫂的眼睛多少次？重点画了眼睛的什么特点？

> 第一次肖像：两颊红的，顺着眼（能干之人）
> 第二次肖像：眼角泪痕，眼光无神（有罪之人）
> 第三次肖像：脸色灰黑，眼睛窈陷（无用之人）
> 第四次肖像：脸色黄中带黑，眼珠间或一轮（濒死之人）

4. 从"凶手"的角度切入文本。设计的主要问题是"谁是杀害祥林嫂的凶手"。然后具体分析鲁四、四婶、卫老婆子、柳妈……过去的文本解读习惯于把祥林嫂的死归结于以鲁四为代表的封建礼教的迫害上。其实，在文本中我们看到的事实是鲁四对待祥林嫂比祥林嫂的婆婆更仁慈。鲁四最多"皱了皱眉"，瞧不起祥林嫂。这不能说鲁四有什么不对。他是一个读书人，一个书香门第的小地主，瞧不起祥林嫂这样来自老农村的文盲寡妇很正常。但她婆婆对她至少犯了三重罪：虐待罪、绑架罪、拐卖妇女罪。至于和她同命运的其他群众在一介弱女子的悲剧面前，居然没有一个人表示同情。鲁迅先生并没有按照社会的经济地位简单比附阶级对立而把人分为好人和坏人。这是他的深刻之处。

板书设计四：

设问：谁是谋害祥林嫂的凶手？

> 凶手？ {
> 鲁四：讲理学的读书人
> 婆婆：性刻薄的女强人
> 四婶：重实用的大户人
> 卫婆：唯图利的中间人
> 柳妈：嚼舌头的善女人
> 村民：赏悲剧的看戏人
> } 祥林嫂：受唾弃的木偶人（病态社会集体无意识杀人）

5. 海明威说过："一个故事讲到一定程度的时候，你就会发现只有死亡是最好的结局。"《祝福》如果不写祥林嫂风雪夜之死，而写她在鲁四家平平安安干活，最后老死或病死，这个故事肯定挺没劲的。但这个故事写祥林嫂在婆婆家历尽艰辛最终在鲁镇获得生命的意义，但曾经救活她的鲁镇最终又在瞬间毁灭了她，这生命之死就有了特殊意义，这篇小说就有了不一般的价值意义。从"祥林嫂之死"切入。设问：祥林嫂是否穷死的？为什么？有"经济谋杀"，如婆婆对她的虐待、绑架、贩卖，但如果不在精神上进一步摧残她，凭祥林嫂的体格和勤快，她肯定不会穷死。她的死是一种"文化谋杀"，她被拒祭，被唾弃，被嘲讽，她孤立于鲁镇这个社会之外。她是被"精神虐待"而死的。

板书设计五：

设问：祥林嫂是否穷死的？为什么？

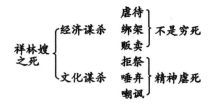

6. 以"倾诉"作为切入文本的角度。这是从人性辨析的角度分析，鲁迅先生这篇名著最可贵之处，可能就在于表达了人性中一种最强烈的需求——倾诉。祥林嫂并不是一个喜欢说话的人，初到鲁镇的她"只是顺着眼，不开一句口"，而后来再嫁再寡，夫死子亡，变成神经质地唠叨，总是喋喋不休反反复复向别人倾诉关于她爱子在冬天里竟被狼叼走了一事是如何"真没想到"，他们不但不愿承接这一倾诉，而且觉得那是一个人完全不中用了的症状，所以导致祥林嫂沦为乞丐，并在寒冬里，以"天问"式的自言自语，倒毙在了荒街野巷。人生的大悲苦，在于其倾诉的欲望，竟不能获得哪怕仅仅一个"他者"的承接。不承接祥林嫂倾诉的，岂止是鲁四老爷和太太，就是跟祥林嫂社会地位差不多的那些人，也无人愿意持久地承接。更恐怖的是，有一些人假意承接来戏弄倾诉者，以为消遣；那在倾诉者心上划下的伤痕，更深更痛。

板书设计六：

设问：祥林嫂倾诉了几次？鲁镇的人们态度发生了什么变化？

倾诉 ｛
第一次倾诉：我真傻，真的……
　　　　四婶——眼圈红了
第二次倾诉：我真傻，真的……
　　　　鲁镇人——叹息、满足、评论
第三次倾诉：我真傻，真的。
　　　　鲁镇人——打断、厌烦、唾弃
第四次倾诉：唉唉，我真傻。
　　　　柳妈、鲁镇人——嘲笑、奚落

7. 以"玩物"作为切入文本的角度。在鲁镇活得有滋有味的人眼里，祥林嫂是个什么东西？是一个看得厌倦了的玩物。她的初寡，小寡妇的身份，她的出逃，她的再嫁，她的再寡，她的丧子，她的伤疤甚至她的捐门槛等，都是人们赏玩的话题。譬如她那块标志着耻辱的伤疤，就像霍桑《红字》中海丝特钉在胸前的红A字标志。封建礼教封建迷信盛行，物质和精神生活的极度贫困，使人们失去了应有的同情心，有的只是无聊、庸俗、愚昧、残酷。尤其那些长舌妇人，特别热衷于无聊而且残忍地揭别人的短处。鲁镇的人们把别人的痛苦"咀嚼赏鉴"殆尽时，成为"渣滓"后，立即"唾弃"，显示了一种人性的残酷。米兰·昆德拉说："这是一种毫无意义的残酷。"

板书设计七：

设问：在鲁镇活得有滋有味的人眼里，祥林嫂是个什么东西？

玩物 ｛
初寡：四叔皱眉，四婶观相
出逃：婆婆绑架，卫婆合谋
被卖：围观婚礼，嚎骂撞礼
再寡：众人招呼，音容冷冷
丧子：叹息评论，厌烦唾弃
疤痕：柳妈打趣，众人嘲笑
乞丐：弃为垃圾，倒毙雪夜
看客：麻木残忍
｝ 咀嚼赏鉴
看得厌倦

8. 以"祝福"作为切入文本的角度。文章一共写了几次祝福？小说起于祝福，终于祝福，中间一共写了四次祝福。这四次"祝福"活动祥林嫂有什么变化？一个用人为什么如此热心参与主人家的祭祀准备活动呢？从文中可以看到别的用人"非懒即馋，或者馋而且懒"，都不会把主人家祭祖的事当成自家的事一样积极主动地做。但不让祥林嫂参与她还十分较真，一副失魂落魄的样子，最终为此不明不白地死去。"祝福"的场景是一个"有意味的形式"，一种沉闷压抑的氛围意味着一种礼教迷信习俗形成的"集体无意识"杀人氛围。这儿不是一般意义上的统治者和被统治者，富人和穷人，坏人和好人，而是鲁镇所有的人都认为祥林嫂寡妇再嫁是不对的，是不应该的。所有的人都认为有个阴间存在，其道德标准和阳间一样。这就形成了集体无意识的"舆论杀人"。所以祥林嫂是死于"精神虐杀"，而这种精神虐杀主要是她自己自找的。再嫁的身份使她失去了参与祭祀的资格，但她坚持要找回这种资格，可鲁镇的人们死活不认她这个资格，这就形成了张力，难以解决。而祥林嫂又是极端认真的人，所以最后失常而死。

板书设计八：

设问：什么是"祝福"？小说一共写了几次"祝福"？其间祥林嫂有什么变化？

```
         ┌ 开端：祝福景象
         │ 第一次祝福：忙碌——满足、笑影、白胖
         │ 第二次祝福：清闲——讪讪、疑惑、痛苦  ┐
祝福 ────┤ 第三次祝福：闲着——坐着、叹息、恐怖  ├ 精神虐杀
         │ 第四次祝福：闲着——坦然、失神、惴惴  ┘
         └ 结尾：祝福景象
```

后来我读过王开东老师写的一篇文章《重构语文教学体系》，所讲的观点和我大同小异，只是表述的语言不一样，英雄所见略同罢。后来我还做过《语文文本解读的几种基本方法》等专题报告。我们经常讨论"教学艺术"，其实，语文教学在成为艺术之前，首先要有一定的技术支撑，换句话说，它首先是一门科学，思维科学，然后才能谈技术的艺术化追求，这就如下围棋，先要懂得定式、布局、收官、打劫等基本技术，并能熟练地运用于实战中，才可能升华到艺术层

面。技、艺、道，乃由低而高的三个层面。我每一轮教学，都从新的角度研究课文，因为通过三年的阅读和教研，我的视野不断扩大，我的思想不断更新，每一个文本我都希望常读常新。

12. 我在杂志上发表的最后一篇教学论文

◎ 因为这一年，我在新浪网建了一个博客，感觉博客就是一个很好的"网络札记"。

2007年，晋城教研室的语文教研员马何义老师邀请我去晋城市，分别在阳城一中、晋城一中、晋城二中做了三天《高中语文经典文本多角度解读》的专题报告，我对高中课本1~6册（旧版本）的近60篇课文做了多角度解读。我之所以能够对每一个文本都进行多角度解读，一是取决于读书多，譬如当代翻译家辜正坤提出中西诗歌鉴赏的十个角度：时间角度、空间角度、作者角度、作品角度、读者角度、年龄角度、性别角度、社会文化角度、阐释者角度和译者角度。这些角度都可供语文教师学习鉴赏时参考。二是平时的努力钻研。对一个文本，我有我的看法。专家原来是那样解读的，我现在可以这样解读，材料都是旧的，但是解读时有了一种新的眼光。这样的语文教学就全新了，这是我创造的全新的世界。所以，我每一轮教学，都从新的角度研究课文，解读文本，聚沙成塔，集腋成裘，才能够从容应对这种专题报告，临时抱佛脚肯定做不了这类报告。

但我在晋城给老师们做专题报告时，还是诚恳地告诉老师们：马老师要求我帮助老师们解读教材上每一篇经典文本。那意思是以后所有的语文老师按照我设计的教案，就可以轻轻松松讲好语文课了。这是一个很实际的想法，或者说很功利的想法，但不是一个很科学的方法。没听过谁学了钱梦龙，成了钱梦龙；学了魏书生，成了魏书生；自然，你学了郗晓波，也成不了郗晓波。如果这是一条成功之路的话，我们每个教师手中都有《教学参考书》，书店里编写得更为详尽的教案学案之类的书汗牛充栋，我们多买几本，照搬着上课就行了。而且网络上的教案更多，鼠标一点，拿来主义。事实上未必有效。为什么呢？中国有句老话，授之以鱼不如授之以渔。不在理论上下功夫，不在自身积累上下功夫，只是照搬别人的方法，总归是邯郸学步，最终自己都不会走路了。

老师们追求获得他人较好的教学设计背后的逻辑，说到底就是试图用最小的成本，最低的风险，期待瞬间获得难以置信的回报。一味追求这些干货，看似勤奋努力，其实是让我们知其然却不知其所以然，更不用说合理利用，融会贯通了。不少语文教师一是不明白语文学科的特点，不知道一篇文章要教什么；二是缺乏相应的文化素养功底。就是说你即使明白了语文是一门什么样的课，你也不会立刻就脱胎换骨，对文本的解读运用自如，因为你还缺少相应的文化积淀。所以，"教学"对老师来讲就是在"教"中"学"，要慢慢学，坚持学，对在座的老师们来讲，不要企图三天就彻底搞定。一个教师走向成熟的任何一个生长阶段都不可能缺少，文凭可以速成，但学问、素养、能力都不会速成，速成的东西常常速朽。教师作为一个成年人，其应该学习的最重要的已经不是简单获取信息了，而是看世界的不同角度。有见识的人讲的或写的东西，天然会把这个世界的不同角度展示给我们看。

《维摩经》有这样的警句："佛以一音演说法，众生随处各得解。"如果把教师和学生比作众生，把文本喻之为佛之"一音"，那么对一音的理解就应当独立思考，"随处各得解"，不要把解读搞成一种仰人鼻息的精神活动。月亮只有一个，但是窗户可以有千万个，从任何一扇窗中，都可以看见千古不变的明月。当然，多角度解读文本还要注意"过度诠释"的问题，但这个"度"不在作者，不在读者，而在于文本本身，在文本语言本身所能接受的程度、所能承受的范围。过了度就是过度诠释。如上海学者朱大可阅读《记念刘和珍君》，说鲁迅写得悲痛欲绝，实际上鲁迅真正爱的女人并不是许广平，而是刘和珍。所以她的被杀令鲁迅心如刀割。这显然是一种严重的歪读，可一笑了之。美国学者多尔提出文本解读应当是"多元而有界限"，既要肯定个体体验的差异性，文本阐释的多元性，又要防止"过度阐释"和"感情用事的唯我论"，有一千个读者就有一千个王熙凤，但一千个王熙凤还是王熙凤，绝对不是林黛玉。不过，在细读是否过度的问题上，我们实际的教学中，总是不及大于过，故而，我主张宁可"过"，也不要"不及"，矫枉过正罢。本来解读文本，就没有标准答案。张三的解读，很可能李四觉得精彩，王五认为过度了，即便专家们也常各执己见，难分对错。

意义的存在方式如同人的生活方式一样，在发生之前都充满了无限可能，不用说一百个读者就有一百个王熙凤，就是一个读者，也可能有几十上百个王熙凤。所以，真理对科学是重要的，对于文化却不重要，文化的方法不是为了发现文化产品的原义，而是为了显示人们不断创新的理解。那些互相关联而又互相不同的理解，积累形成了文化传统和价值，形成了精神的交叉路径。比方说，你听音乐时，你听到的并不是作品本身的意图，而是你自己的理解。故而，理解一个作品就是按照你的观点去解释这个作品，而每个人的观点都是一种"成见"或者说是偏见，因此，阅读就是误读，理解就是误解，"一切诠释都是错误的诠释"，阅读和理解只不过是读者进行的另一种写作，它增加了写作的丰富性。2008年，我在《中学语文教学参考》第11期发表了论文《我曲解，所以我多解》，自此以后，我就不再主动为杂志写文章了，也不再在笔记本上写札记了。

【我的论文】

我曲解，所以我多解

——对于《狼》的多角度解读

苏轼在《题西林壁》中写道："横看成岭侧成峰，远近高低各不同。不识庐山真面目，只缘身在此山中。"诗人从不同的角度观察山姿，进入视野的庐山形象也就各不相同。而语文学科的非科学性特征决定了语文学科的教学追求多元化目标，可以从多个角度去解读文本。所以，新的《语文课程标准》就提出："学习多角度多层次地阅读，对优秀作品能够常读常新，获得新的体验和发现。学习用历史的眼光和现代观念审视古代作品的内容和思想倾向，提出自己的看法。"多角度解读课文，既可以为学生解读文本找到一种变式，有利于学生重组课文信息，更深刻、更有创意地理解课文；又可以培养学生发散思维的能力，培养学生的联想和想象能力。

可是我们只要随便听听中学语文教师的课，大多数教师的语文课都是《教师教学用书》的转述，甚至更多的是《中学语文教材详解》之类参考书的复印件。所以，新课程改革面临最大的瓶颈其实就是教师的素质问题，而教师的素质最直接最具体的体现就是对每一个文本的个性化的解读，对每一节课的创造性的设计。那么，语文课堂教学过程的设计有没有一种方法呢？不能说没有，也不能说有。借用金代王若虚之言："大体须有，定体则无。"教学过程是一个动态的过程，怎样设计教学，那要看对象。这"对象"一是指学生，二是指文本。所以，课堂教学设计方法也是一个动态的过程。

我以为，所谓课堂教学过程的基本设计方法，即以主要教学任务为纲，次要任务为目。寻找一个最佳的切入角度，并从文本中找出一条思想或思维的线索，以串联组织起整个内容，并在这一线索上设置问题，以"出言有章"的方式，展开对有关对象的思考、解释和剖析，去透视其内部的关联与外显的意义。

以某老师讲公开课《狼》为例：先是学生诵读文章，然后教师指导学生分层次分角度进行情节概括。从屠夫的角度概括为：遇狼、惧狼、御狼、杀狼。从狼的角度概括：两狼跟踪、两狼穷追、两狼谋划、两狼被杀。然后又放动画性质的课件，将这个故事又重新演绎了一遍，做了一些简单的释疑解惑。然后又请三个学生装扮成屠夫和两狼，进行课本剧表演，又将这个故事第三次演绎了一遍。最后是一个所谓的"拓展"，讨论一个问题：读后你觉得人类对狼是猎杀好呢，还是保护好？（让初中生讨论这样的问题有点幼儿化）我觉得现在很多语文教师上公开课时，将精力基本上都放在课件的制作上，有点舍本逐末，买椟还珠。因为语言的抽象是想象力发展的必要手段，将一切词语都化为画面会严重影响学生智力的发育。课件表示的这种图像方式和语言表达的方式存在着重大差别。图像是抽掉了语言文字深度的平面，它的本质是反语言的，而文学恰恰是语言的艺术。

这样的语文课，只见"课"，不见"语文"。语文教师真正需要解读的文本基本没什么解读，只是在文章表层情节上用不同手段重复了三次，基本上属于无效劳动。

而且板书设计一如教学参考书：

1. 开端：屠户遇狼，点明时间、地点和矛盾的双方。
2. 发展：屠户惧狼，表现屠户的迁就退让和狼的凶恶贪婪。
3. 高潮：屠户御狼，表现屠户的果断抉择和狼的不甘罢休。
4. 结局：屠户杀狼，表现屠户的勇敢警觉和狼的狡诈阴险。

这样的板书设计几乎没有教师匠心独运的设计，教师只要写了"开端"二字，学生不用动脑子就能想出来下面肯定是发展、高潮、结局。教师啰里啰唆写了一黑板，可就是没有对一个具体的文本来换一个新鲜的角度来解读。那么，如何换一个新鲜的角度呢？下面我结合《狼》这篇小说来谈谈多角度解读文本的具体设计方法。

一、一般情况，我们对小说习惯于从情节的角度来设计。但如果篇篇都是开端、发展、高潮、结局，会给学生形成一种比较僵化的思维方式，以为小说就是这"八字宪法"。然而，重新换一个角度从整体上把握小说，常常是语文教师解读文本的软肋。譬如，《狼》这篇小说如果从"摆脱"的角度设计就比较新鲜。中国传统文学作品经常用"三"的模式来概括情节。如"三打白骨精""三打祝家庄""三请诸葛亮""三气周瑜""三笑点秋香""三哭殿"……这是用重复来衬托不重复的模式。那么，我们从"摆脱"的角度来把握小说的情节，可做如下设计：

屠夫遇狼 ┤ 第一次摆脱：逃跑（惊恐万分）
第二次摆脱：投骨（心存侥幸）
第三次摆脱：杀狼（绝处逢生）

二、如果要增加学生思维的难度，我们再换一个角度，从文章立意的角度来设计课堂教学。那么，可以从兵家文化入手解读文本，写狼的"狡诈"。

<pre>
              ┌缀行甚远——尾随跟踪，寻找机会┐
              │交替缀行——不为诱惑，随机应变│
狼以诈立┤瞵瞵相向——互相对峙，琢磨对策├徒增笑尔
              │正面假寐——明修栈道，欲擒故纵│
              └背后偷袭——攻其不备，直捣黄龙┘
</pre>

这两头狼就像是谋略大师，从尾随跟踪，寻找下嘴的机会；到屠夫投骨时随机应变，交替追击；再到屠夫背靠积薪，双方互相对峙，狼琢磨寻找新的对策；再到一狼正面装睡，明修栈道，以图麻痹屠夫，欲擒故纵；另一狼背后袭击，欲攻其不备，直捣黄龙。这两头狼整个就是孙膑转世、张良再生。

当然，转换一个角度解读文本不是一件很容易的事，前提是你必须有那个角度所需要的相应的知识。一篇文章就如一个篮子，它只是一个盛放教师知识积淀、思想积淀的容器，你如果没有东西往里面放，那你只能指着一只篮子告诉学生说：这是一个篮子。就像你告诉学生说走路要抬腿，吃饭要张嘴一样，都是无比正确的废话。

三、无论是从情节还是从立意的角度来设计课堂教学，其实都是从文学作品内容的角度上着眼的；比较有难度的教学设计是从文学作品的形式上进行的教学设计。如果从语言的角度切入。将这篇文言小说略加改动，就是一首四言诗。读来上口，音韵有致。

一屠晚归，信步悠然。担中肉尽，止有剩骨。途中两狼，缀行甚远。

屠户惧之，投之以骨。一狼食骨，一狼仍从。屠复投之，后狼止骨。

前狼又至，骨已尽矣。两狼缀行，并驱如故。屠户大窘，恐受夹击。

顾盼之余，野有麦场。积薪其中，苫蔽成丘。奔倚其下，弛担持刀。

狼不敢前，瞵瞵相向。一狼径去，其一犬坐。久而久之，目瞑意暇。

屠户暴起，刀劈狼首。数刀毙之，方欲前行。转视薪后，一狼洞之。

意将隧入，以攻其后。身已半入，止露尻尾。自后断股，后狼亦毙。

267

前狼假寐，盖以诱敌。狼亦黠矣，顷刻两毙。变诈几何？止增笑耳。

文言文一直被认为是一种诗性的语言，它有三个主要特点：音节整齐、语义凝练、句式灵活。这三个特点都和诗歌非常匹配，这种语言简直就是专门为诗歌设计的一种语言。当然，这个推理也可以反过来说，即文言正是数千年来中国文人在作诗中"作"出来的一种语言，因为诗人一直用诗的要求来塑造它，结果它就成了一种诗的语言。

文言以单音节词语为主，崇尚整句，句子一整齐，就有了节奏，有了节奏就有了韵律，读来抑扬顿挫，适于诵读。文言以单音词为主，一个字就是一个词，也就是说往往一个字就可以表达一个完整的意思，所以，这种构词方式很容易把语义集中、凝练，用少数音节表达尽可能多的意思。文言句子很少使用关联词，没有形态，句式灵活。它的一个个词语就像一个个粒子，自由碰撞，以意而合。所以，文言文自身就是一门艺术，具有艺术所具有的不确定性。因为文言文内在有一种形式主义的倾向。现代白话文完全不能创造出文言那种晶莹、凝练的审美效果。

板书设计：

$$\text{诗性语言}\begin{cases}\text{音节整齐}\\\text{语义凝练}\\\text{句式灵活}\end{cases}\text{浓缩}$$

四、我们如果还从形式上考虑解读《狼》这篇小说，可从叙事的角度切入，做如是设计——

$$\text{尚简}\begin{cases}\text{叙事方式}\begin{cases}\text{概述式：高度概括，粗线勾勒——篇幅简短}\\\text{动态式：偏重动词，偏好动景——叙事简略}\end{cases}\\\text{描写手法}\quad\text{白描：抓住特征，表现神韵——文笔简约}\end{cases}$$

文言叙事的主要特点就是"尚简"，即能省就省，可略则略。但容易出现信息的遗漏、缺损，导致表意的模糊、含混。

语言"尚简"的影响表现在两个方面：

一是叙事方式。从叙事方式上讲有两个特点：1. 概述式。所谓"概述"即高度概括，粗线勾勒。就是用少量文字对事件作粗线条的描述，以叙为主，没有给描写留下足够的空间。而现代白话叙事是精雕细刻，力求丰满。叙事的过程就是添枝加叶的过程，力求枝繁叶茂。如《狼》一文，这个屠户的面目、衣着、年龄都没有写，客观的情况，除了一个"晚"字，全部省略了。能否省略的原则是对后面文章的进展有无作用。有则多写，无则省略。2. 动态式。文言叙事偏重使用动词，偏好动态式描述，不喜欢静态式描述，一篇小说就是一个动词的"集结号"。这是文言造句的倾向。如："一屠晚归，担中肉尽，止有剩骨。途中两狼，缀行甚远。屠惧，投以骨。一狼得骨止，一狼仍从。复投之，后狼止而前狼又至。骨已尽矣，而两狼之并驱如故。"作者叙事的语言像急速的流水从事物的表面上滑过，只动态性地捕捉最重要的信息；那些本来归入描写名下的细部信息，基本上是被省略掉了。

二是描写手法。从描写手法上讲，就是"白描"。抓住特征，表现神韵。即抓住人或事物最有特征的部分，用最俭省的笔墨突出它的神韵。不要以为白描很容易，我们不能把一个人或一件事，事无巨细统统罗列出来，只能写一部分，因此，白描就存在一个选择细节的问题。白描的功夫，就在"选择"二字上，公式化的描写的问题就在于不知道如何选择上。文言叙事为突出特征常常用一些渲染夸张手法，而且文言的修辞渗透在语法之中，不可分离。

文言叙事由于采用"概述式"，故而表现出来的特点就是篇幅简短；由于采用"动态式"，故而表现出来的特点就是叙事简略；由于采用白描的手法，故而表现出来的特点就是文笔简约。如果把现代白话叙事比成油画，那文言就是速写。它只是粗线条地勾勒出轮廓，留下大量空白由读者自己去填写。所以文言小说是一种叙事的小说，不是一种描写的小说。

我们新课标的观念强调：阅读文学作品的过程，是发现和建构作品意义的过程，作品的文学价值是由读者在阅读过程中得以实现的。以往的知识教育和文学理念使语文教师形成了顽固的思想定式，限制了很多语文教师的教学，也扼杀了很多教师的才华。使得语文教学的一切程序都是机械的、没有生气的，这样机械地教下去的结果是找不到工作的乐趣，也找不到教学的意义。乐趣总是和新鲜有关联。对一个文本越是多解，课堂教学就可能越是成功，相反，一个文本一旦有着固定的解释，它就死亡了。伟大的文学总是多解的、无解的，就是说，无论你从哪个角度进入，得出怎样的结论，都是可能的，恰如德里达所言："我曲解，所以我多解。"语文课堂教学设计旨在丰富现有的结论，改写现有的结论，发展现在的结论。这就需要语文教师在进行课堂教学设计时能够经常变换角度，用"第三只眼睛"看文本。

四、精神到处文章老，功夫深时教学高

1. 重要的是功力，而不全是招式

◎ 一线教师教书，真的不需要那么多的模式，更不需要那么新奇的方法，需要的是教师们在教学中长时间进行点滴经验的积累，需要的是教师们一辈子不懈怠地读书学习。

2010年4月，我在太原为高中教师做了题为《关于语文教研、高三复习与理性思维之间关系的一些想法》的专题报告，同年10月，在山西省"高三研讨会"做了《关于高三复习和语文基本能力之间关系的思考》的专题报告。在做这些报告之前，我购买并阅读过一些关于逻辑的书，譬如布鲁克·诺埃尔·摩尔和理查德·帕克所合著的《批判性思维——带你走出思维的误区》和楚渔的《中国人的思维批判》等，引发我的思考。因为经常听课、评课，我看到，老师们讲课中概念模糊、不证而论、偷换概念、转移话题、滥用类比的现象很是普遍。我们的思维缺少逻辑性和求证性，这对出题和做题都是最大的障碍。但我们思维最致命的弱点是概念模糊、混乱。我们语文教学中，许多概念都模糊不清，譬如什么是表现手法？为什么叫表现手法？它包括哪些具体内容？它和修辞方法、表达方式有什么区别？还有什么艺术手法、写作手法……没有一本权威的理论书给教师明确这些概念的内涵和外延。我们似乎在任何场合下都不会用精确的字眼把事物的类别分得清清楚楚。香港哲学家李天命说："没看清楚就不要签名，这是常识。不知道是什么意思就无从相信，这是颠扑不破的常理。"

我购买过著名学者时寒冰的著作《时寒冰说：经济大棋局，我们怎么办？》，他在文章《从中西烹饪看股市、看思维》中说，中国人喜欢说德国人死板、教条，譬如，他们的烹饪指南。做多少菜，放多少盐，多少酱油之类的，所有数据都严格标明。这一点，跟我们的烹饪书籍中有关做饭做菜的指导，是有很大区别的。我们的烹饪书中，经常可以看到"盐少许""酱油适量""味精适量"之类的表述，对于生手来说，是非常难以把握的。起码要摸索很多天后，饱尝很多挫折与失败之后，才能慢慢理解"少许"与"适量"的确切含义。当然，在做不同菜的时候，"少许"与"适量"又要跟着变化……总而言之，这是一些不断变化含义的词汇。表述不确切的后果，是人们面对模棱两可的表述，无所适从。问题在于，模糊的表述为什么能经久不衰呢？我以为，从教学的角度来看，模糊的表述，让表述者变得深不可测，在这种神秘色彩笼罩之下，更容易建立起权威的形象。更关键的一点是，这种表述由于不确切，不容易留下把柄，对于权威者而言，可谓进退自如。当然，含糊其词地表述，也会让教师有更大的发挥空间，教学经验丰富且能发挥好的语文教师，往往更为优秀，更为出类拔萃；而在标准的统一的教学模式约束之下，教师们讲出来的课都区别不大，就很难区分，也很难让某个人脱颖而出，成为优秀的人。

我们在做题的时候，经常见到题干问的是"用了什么表现手法"，参考答案却是比喻、拟人等修辞方法。实际上我们语文教学的不少概念模糊而且混乱。按理性的逻辑思维来讲，论证一个问题，譬如你听说某权威有个论断：月亮是方的。你首先需要问一个"为什么？"其次，要求对方证实自己的说法；或者自己抬头看看天上的月亮究竟是方的还是圆的。"比较是一切理解和思维的基础"，有比较才可以鉴别。我在20世纪90年代初曾购买过香港哲学家李天命的《李天命的思考艺术》，李天命创立了"思方学"，即思考方法学。他认为思考方法有两种：一是批判思考，一是创意思考。他提出了"思考三基式"，为了方便记忆，归纳为三个问句："这是什么意思？""这有什么根据？""关于这，还有什么值得考虑的可能性？"李天命的"思考三基式"对我启发最大，茅塞顿开。读书多了，发现任何学科复杂玄深的理论最本质的东西归根结底无非是几招基本原理，但活学活用，千变万化，可以推演出数不尽的理论来。

我初当语文教师的20世纪80年代，苦于没有任何语文教法的书籍可以学习，没有任何语文阅读的经验可供借鉴。然而，二十几年来，有关教法学法、阅读技巧的书籍多如牛毛，对应试技巧的研究愈来愈精细，清规戒律愈来愈繁多，令人眼花缭乱，教师学了之后，反而缚手缚脚，不知如何教学了。

窃以为，所谓教学方法，不过就是对教材内容的具体处理，离开了具体的教材内容，方法就没有实际意义了。一个学生能不能学习好，一是看学生，二是看教师。这是学生和教师两个人的事情，与那些放弃传统讲台围坐圆形的惊人模式，那些教师限讲翻转课堂的神奇教法真没有什么关系！

2009年4月，我应省教科院邀请，去河曲中学参加"同课异构"的公开教学活动，讲的是说明文《动物游戏之谜》。按常规，我作为专家应该是压轴讲课的，但到学校临上课之前才知我是第一个先讲。我的公开课没有使用计算机、PPT，开课我先提了一个简单问题：作者这篇文章是写给谁看的？这个问题实际问的是：作品的读者是什么人？有个歪毛淘气的学生顺口就说："写给人看的。"下面可是坐着四五十个听课的老师和领导的。这么"破坏"和谐氛围的回答，老师如果处理不当，很容易造成师生剑拔弩张的尴尬。突然于公开课上听到这样的回答，我是心中大喜，这回总算逮住一个傻小子。一般情况老师们举行公开教学，总希望挑一个"好班"，然后按部就班规规矩矩上下来，就算大功告成，生怕出现意外情况。可"意外"就是机会，"意外"让平淡无奇的课堂有了冲突，有了波澜，有了曲折，也就有了意思。讲过多少堂公开课，老也碰不上这样的机会，今天端的是机不可失，正好给了我显示"功力"的平台，发挥"思想"的机会。

我立刻揪住这个问题说："这个同学回答得非常正确。这篇文章肯定是写给人看的。因为德国有一个叫卡西尔的哲学家写过一本有名的哲学著作《人论》，他给人下了一个定义，说人是能够制造符号并且使用符号的动物。所谓符号就是人类所使用的文字。只有人才能认识字，狗不认识字；曹操写一个"梅"字，口渴的士兵就流口水，再渴的狗看见也不会流口水。但你刚才的回答可以说是一句无比正确的废话，属于吃饭张嘴、走路抬腿之类的常识。这个世界上不论什么样的书，它总是对着一部分读者的，就像贾宝玉爱读《西厢记》，薛蟠肯定读不进去。刚才可能是我的问题表述得不够明晰，还得你来回答这个问题：这篇文章是写给什么样的读者读的？"这下把学生们都镇住了，都认真思考这个问题了。有个学生说："是写给学生看的。"我追问："你从什么地方看出来是写给学生看的？"学生说："选在教材上就是让学生看的嘛。"我说："不能说选在教材上就是给学生看的，《我有一个梦想》也选在教材上了，是不是马丁·路德·金这个演讲是写给学生看的？"这下又把学生问住了。我顺势引导："科普文章都是内行写给外行看的。你们读了文章，能从什么地方看出来吗？"学生沉默。我说："我们普通读者宁可看小说，读散文，也不愿读说明文，因为一怕术语，二怕枯燥。你看这篇文章既没有术语，也不枯燥。文笔比较生动活泼，显然是定位于普通读者的。"

然后我再顺势提问，刚才对这位同学的回答我说是"常识"，谁来说说"常识"和"科学"有什么区别？这问题暗含的前提就是"常识"和"科学"这两个概念的内涵是什么？能够说清楚二者之间的区别，那就是为什么？偌大的礼堂里鸦雀无声。师生都被这貌似简单的问题震到了，沉默……我继续讲解：通俗地说，常识就是我们经验中的正常的事情，如水往低处流，火向高处窜，太阳东升西落等，正常的事情不需要解释，所以常识不需要证明。当然常识中有错的也有对的，一旦知道其错就不是常识了。而"科学"就是借助科学仪器发现经验世界之外的事实。所以要验证科学理论就要靠仪器，靠实验。最早成熟的科学理论就是天文学，因为第一个科学仪器就是天文望远镜，这样科学家才发现了地球不是宇宙中心，地球不但自己转，还绕着太阳从西向东转。这篇文章说，关于动物游戏是一个"谜"，要解开这个"谜"当然也需要科学理论，那么，这篇文章作者提到的这些科学家们提出科学理论了没有？显然没有，科学家们各有各的说法。这些说法叫什么呢？叫作"假说"。那大家思考："理论"和"假说"有什么区别？这问题直接问"理论"和"假说"这两个概念的内涵是什么？然后，礼堂里又是沉默。我继续讲解：大致可以说，没有获得证实的理论是假说，已经获得证实的假说是理论。我继续提问：文章提出了哪些"假说"，这些"假说"都有什么根据？这样很自然也很顺利地进入到文本。最后留下的拓展思考题是：哥白尼的日心说和达尔文的进化论是假说呢，还是科学理论？有什么根据？我在课堂上，来来回回问的讲课方法无非追问"这是什么意思？""这有什么根据？"如是问看似简单，但不简单的是回答这些问题需要语文教师相当的"功力"。对满载着"符号"的各式文本的解读能力，几乎就等于认识世界的能力。

第二堂课是河曲中学的名师L老师讲的，那听课的学生一看就是重点班，服装统一，规规矩矩。我上课的班，服装五颜六色，学生吵吵闹闹，一看就知道是普通班。讲完课后，几十个语文老师、领导在一起评课。老师们都不说话，僵持了二三分钟，我说：既然没有老师发言，那我就唱独角戏吧。我先讲了一下语文是一门什么性质的课，语文课要教什么，一篇说明文要教什么，我这节课教学目标是什么，乃至于在课堂上是如何实现我的教学目标的等。然后，我说：以我的这节课为标准，我再评论一下L老师的课。L老师的课一看就比我准备得认真、充分，课件做得丰富细致，又是文字，又是图片，又是下载的"动物世界"的电视片段等，招式挺多。整个课堂教学依次提问：文章开头举了哪些动物游戏，科学家认为这些动物游戏有几种类型，科学家对动物游戏的研究取得了哪些成果，文章最后对动物游戏下结论了没有；然后讲说明文的结构形式：总分总。说明顺序是"提出问题—分析问题—解决问题"的逻辑顺序。最后还不忘"拓展视野"。讲得是严丝合缝、滴水不漏。我最后给L老师这节课下了一个评语：很正常但很平常，有温度却没深度。"很正常"是说所有的老师都是这样讲的，正正常常，行云流水；"很平常"是说参考书就是这样说的，几乎所有的老师都是这样复述教学参考书，这堂课也如此。"有温度"是课堂很热闹，动辄四人小组合作讨论探究，但有合作讨论的形式却没有探究的实质内容，讨论的问题没有价值；"没深度"是解读文本没有自己的思想，没有自己的智力参与。所以一堂课正正常常也平平常常，轰轰烈烈却空空洞洞。老师讲的都是学生知道的，学生不知道的老师也不知道。

评完课后老师们很激动，说听我的课和讲评是给他们"洗脑"了。围着我提了很多问题，省教科院的数学教研员薛红霞老师后来吃饭时说，看那么多老师围着郗老师，崇拜得不得了！带队的领导们催了好几次才脱身吃饭，而且老师们还给教育局领导、校长建议：留下语文教师再给讲一天吧！吃饭时，省教科院领导逐一介绍老师时，校长特意给我敬酒，说你就是讲语文的老师啊，老师们都说语文教师讲得太好了。谁说说明文没意思！那是因为讲的人没意思，"意思"是老师加进去的啊！作家王小波说："小说家最该做的事情是用作品来证明有趣是存在的。"我说："语文教师最该做的事情也应该是用自己的课来证明有趣是存在的。"但这堂课我得首先感谢回答问题的那个傻小子，触发了我的灵感，给我创造了发挥的机会。另外，我在课堂上所讲的这些道理、观点，都源自读书。

总拣自己过五关斩六将的英雄史来说，或许有老师问：难道你讲公开课就没有败走麦城的事儿？说实话，我讲过各种类型的公开课几十次了，还真没有一堂课讲得不获好评。当然，小瑕疵偶尔也发生。譬如我在平定二中讲公开课就有一囧事：是日也，天朗气清，风和日丽。兴冲冲前去，讲杜甫的《旅夜书怀》。站在讲台上，面对几十号语文教师还有县教育局的领导，胸有成竹，胜券在握。黑板上大书四个字"旅夜抒怀"，正要开讲，一学生举手，有点纳闷，问之，则曰：老师，题目写错一个字。我看看题目，脑子还没反应过来，错了哪个字了？几个学生嚷嚷："抒"字，不是"抒情"的"抒"，应当是"书写"的"书"！让我心里"咯噔"一下，这真是一个不应该犯的常识性错误。我说："真不好意思，题目是文章的眼睛，俗话说，人美在目，文美在题。老杜这首诗的眼睛本来是丹凤眼，老师一不留神弄成了白内障。"故而，乘势提问：为何是"书"而不能是"抒"？然后明确："书"是书写的意思。繁体"書"字是个会意字：上部为人手持笔之形的"聿"，下部是一个口，表示用笔记录语言。"抒"是表达、倾吐的意思，未必要用笔记录。"怀"是怀念、思念的意思。陶渊明的《归去来兮辞》有"怀良辰以孤往"的句子。范仲淹的《岳阳楼记》中也有"去国怀乡"。所以，题目"书怀"字面意思就是书写怀念之情。然后提问：我们读过这首诗了，说说杜甫"怀念"什么？明确：杜甫是个特别想在政治上有所作为的人，但此时却告病辞官，因而他怀念的是自己曾经在位的美好时光。提问：他的这种怀念之情在诗中是怎么表现的呢？由此进入了对文本的细读鉴赏。师生反响都很热烈。可见，一个语文老师，只有读书多了，功力深了，就可能化错为美，左右逢源。事实上，学校里教师高水平的优质授课，是学生成长最重要的基本条件。老师自己就只有"半桶水"，凭什么能让学生装满"一桶水"？

　　课后，老师们一直要求我再讲一堂课，讲一讲西方荒诞戏剧《等待戈多》，说这个戏剧太难处理了。我开玩笑说，你们要是管饭我就再讲一堂。老师们说，管饭没问题。学校教研室主任耿济田老师也说，好不容易来了，再讲一堂吧！盛情难却，第四堂课又讲了贝克特的荒诞戏剧《等待戈多》。这篇文章我以这个戏剧开头背景说明的十个字"乡间一条路，一棵树。黄昏"为核心来解读。我们都知道，小说戏剧的开头是作者最用力的地方。开头的第一句话就是全文的根，其余的东西都是从这个根上慢慢生长出来的。学生阅读最容易忽略场景，常跳过场景，直接进入故事。作者贝克特刻意把这个开头的场景写得如此简洁，正体现了他对人类生存状况的感悟和理解。这就是人类生存于斯的大背景，也象征着人之永恒的孤独感。试想，如果贝克特开头不是写"一棵树"，而是写一片森林，孤独的形象就会大大受损。"一棵树"就是孤独的树，"一条路"就是孤独的路，寂寞产生的大背景就是人与人之间特别疏远的空间距离。这个场景是荒凉的、空荡的、凄清的，人处于这样的场景中内心一定非常苦闷、非常无聊。场景是被动的、沉默的，无法跳出来大声疾呼，但聪明的小说家却懂得利用它来说一个荒诞的故事。这一堂课，讲得风云变幻，讲得淋漓尽致，学生们都"听兴"大发，气氛活跃，也很受老师们好评。

　　公开课就是这样的特点：别人知道的你就不能再讲了，你讲的就必须是别人不知道的。这个"别人"主要指的是听课老师，不是学生。因为学生是外行，老师才是内行，所有的内行都说你好，你才是真正的好。我举这几个例子是说明讲课体现的都是教师个人读书的功底，这两篇文章所涉及的内容主要是文化学和西方哲学，而这些书正是我最喜欢阅读的。平时不烧香，急来就是抱住佛的脑袋也没有用。而且我讲课，包括各种公开课，从来没有在课堂上搞过什么诸如课本剧之类的活动，也从未用过PPT以及各种课件，连录音机几乎都没有使用过。我的课堂教学属于很朴素、很本真的语文教学。记得我参加省"三优工程·优质课"竞赛时，在省实验中学礼堂里，我上课前，准备教具的老师问我，需要准备什么教具，PPT、实物投影……我说都不需要，只需要半截粉笔。曾听太原某重点中学老师讲一事儿：太原市教研室主任刘英听语文课，很不凑巧的是多媒体坏了，讲课老师就没招了，不会讲了，然后就一堂课让学生读啊读啊读，读了45分钟。下了课让刘主任狠批了一通：什么老师！离了自家的骨碌棒就不会擀面了。

　　我听过几百堂公开课，不管你是采用传统的教法还是多媒体教法，其实都是换汤不换药，本质上都是认知语言的教学，你采用了多媒体，使用了PPT，出示了几张图片，飞出了几行板书，讲课就深刻了？肯定不是。不用说搞一个多媒体幻灯片，就是电视剧、电影也没有办法在人的深层次的心理上做深刻的哲理的文章。如今，在自动化技术进一步发展的情况下，使用技术的门槛越来越低，会用个PPT实在就是小儿科了，语文教师的关键技能不是什么具体的计算机等专业知识，而是"批判性思维"的能力。

2. 读一辈子书不过是为了找到命里那寥寥几本

◎ 一个语文教师想成为真正的名师，功夫也在课堂外的大量有深度有质量的阅读。唯有杂学旁收融会贯通，在学问上打通了任督二脉，解读文本的眼光与深度才能高人一筹。

2007年，我第一次购买了李海林的《言语教学论》《李海林讲语文》，王荣生的《听王荣生教授评课》《语文教学内容重构》，王荣生与李海林的《语文课程与教学理论新探之学理基础》，王尚文的《语感论》，李维鼎的《语文言意论》，刘焕辉的《言与意之谜——探索话语的语义迷宫》等论述言语的理论书籍，大有相见恨晚之感，一下子将我初出茅庐写的《语文教学难的奥秘》中的感受点破了，给我一种理论上淋漓尽致的透彻感。几十年来读了那么多书，蓦然回首，发现你命里要读的书也不过是那么寥寥几本，却在灯火阑珊处。当然，如果没有之前几十年的努力读书，也不会找到命里属于自己的那几本书。这几个作者，是我心目中真正的大家，他们的书既有理论高度，也很有实践借鉴意义，初读之有一种石破天惊、正本清源的感觉，在教学、教研中一些困惑从这些书中找到答案，大悟了困惑多年的语文究竟是什么、教什么的问题。

我很钟情陈嘉映教授的著作，购买过他的《语言哲学》《从感觉开始》等。陈教授说："语言的哲学分析得出的道理是世界的道理。哲学家从理解语言走向理解世界。"卡西尔也说："人从自身的存在中编织出语言，又将自己置于语言的陷阱之中。"我后来还购买过陈教授的《价值的理由》《空谈：关于人生的七件事》《旅行人信札》等书。赵汀阳也是我很钟情的哲学家，最早购买过他的《论可能生活》（1994年版），后来陆续购买过《一个或所有问题》《脑袋，书本及其他》《赵汀阳自选集》《直观》《观念图志》《坏世界研究：作为第一哲学的政治哲学》《每个人的政治》《思维迷宫》等。每一本书读后都很有启发，当然，阅读这样有些艰涩的书，必须做好耗费脑力数倍于目力的准备。我一如既往地喜欢阅读文学理论方面的著作，陆续购买有邓晓芒的《在张力中思索》，赵炎秋主编的《文学批评实践教程》，汪正龙等主编的《文学理论研究导引》，美国乔治·J. E. 格雷吉亚的《文本性理论：逻辑与认知论》等。

譬如，语言和言语是索绪尔的语言学的重要概念。索绪尔认为："语言和言语是互相依存的；语言既是言语的工具，又是言语的产物。但这一切并不妨碍它们是两种绝对不同的东西。"譬如，德国著名语言学家洪堡德的名言："语言是有限手段的无限使用。""有限手段"指的就是语言，"无限使用"指的就是言语。"词义为语境束缚，而语境无边无际。"所以，词义有限，语境无限，故而，意义无限。譬如，英国著名应用语言学家皮特·科德的名言："一个人可能对一种语言掌握了大量的知识，但却一点也不会运用这种语言。"我们学习语文最大的理论误区是：将掌握语言符号系统的规则和具体使用语言的能力混为一谈，用前者代替了后者。我们没有意识到言语能力的提高只能通过文本的言语形式来实现。其实，这些观点、道理语文老师或多或少都会知道一些，可只有理解的足够深才算是语文能力。

语文课就是"言语课"，"言语"的本性是言与意的转换，所以要在语文教学中相对地重"过程"而轻"结论"，让学生在言语交际的过程中有效地转换言与意。但"言意互转"的过程和方式是难以穷尽也难以概括的，是不可重复的，这从根本上拒绝了"模式"或模式化的操作。实际教学中那些被称为"模式"的教学程序和方法体系只是建立模式的教师"习以为常"的做法，特殊性和局限性较为突出，"照着做"往往画虎类犬，难以移植。语言的规则是有限的，但语言的运用是无限的，所以，语文永远是具体问题具体分析。在一定的语言环境中才能产生出具体的词义。语文学习的核心就是把握语境。词独立具有意义，是说词是自由的造句单位，不必非得黏附在某一个特定的表达里。词的意义在于它能作为一个成分构成句子，而句子的意义在于它能编织在生活场景之中。离开具体的句子无法判断词义，离开具体的场景也无法判断句意。如何在阅读中与作者达成共识，弄清楚文章中重要单字的含义，是理解文章的关键所在。

阐释学有几句名言，"作者带来文字，读者带来意义"。"一切诠释都是错误的诠释。""作品一诞生，作者就死了。"李海林讲过：所谓阅读，就是与文本一起创造的过程，那么，所谓"阅读素养"，就是利用自己的文化素养和阅读经验，与文本一起创造新意义的素养。而提高"文化素养"的关键又在于平时的广泛阅读，这是背景也是前提，没有这个背景和前提，课堂上的"阅读素养"也不会提高。还是问问自己：你有过"与文本一起创造的过程"吗？你能够"与文本一起创造新意义"吗？如果有过，如果能够，那你才可能出好试题，也才能真正指导学生解题；否则都是空话。

我认为，细读文本是语文教师最重要的基本功，不要总是在这样的模式那样的教法上乱费功夫。一个文本就如一只麻雀，麻雀虽小，五脏俱全，故而，文本细读就是一个具体解剖麻雀的活儿，语文教师的能力还是体现在具体的文本解读上。可惜不少语文教师不善于捕捉文本的微弱信息，缺少在细嚼慢咽中咂摸文字的能力，喜欢营造课堂热闹的氛围而忽略细节的讲授，细微之处总是浮光掠影；既写不了范文，也解读不了文本。

理论或方法的东西就如融化在水里的盐一样，语文老师只是在具体解读文本的过程中体现出自己的某种理论倾向，而非在讲课中搬弄具体的理论术语。再者，方法的训练需要辅助以大量的具体知识，没有丰厚的知识背景，所谓方法就是干巴巴的几条筋，运用在具体实践中不会有多大效果。而这些具体知识的掌握并不是朝夕之间就能够完成的事儿。

方法是人创造的，不是上帝创造的。任何一个优秀的教师都有自己的教学方式和教学风格，这些东西是和他的全部教学经验联系在一起的，原则上是不可学的，也是学不来的。别人的教学方法一试而不灵验，问题不在于方法，而在于使用方法的人。借鉴别人的任何教学方法都要以自己的经验和自己的能力为基础，否则就会是两张皮。经验是方法的根基，方法是支撑在经验之上的。但个人的经验毕竟是有限的，可是如果在丰富的知识的牵引下，个人的经验可能就会变成无限，就会终生受用。所以，学习别人的方法，永远不能丢失个人的教学经验，永远不能放弃个人的大量阅读。教学没有什么普遍适用的方法，更没有一用就灵的秘诀。

3. 知识游牧时代的牧民

◎ 语文教师要努力成为知识游牧时代的牧民，要尽可能地扩大阅读面，尽可能要去窥探自己原来不懂的东西，尽可能将不同的知识融会贯通，而且窥探得偶有心得，要尝试去表达。

财新网的总编于2016年说过一句话："知识的农耕时代正在结束，知识的游牧时代正在开始。"什么叫游牧民族？就是哪里水草丰美去哪里。我购买过郝明义一本关于阅读的书《越读者》，书的核心就是讲"没有越界，不成阅读"。语文教师过去被称为"杂家"，也就是说教语文不能只有语文知识，只有语文知识的语文老师肯定讲不好语文课。林语堂说过："学校专读教科书，而教科书并不是真正的书。"鲁迅也批判过这类只读教科书的读书。光读教科书容易把人都读傻。郝明义认为，书海如同密林，若要有所建树，应先择定一域，披荆斩棘爬上一定高度，再放眼四处，博学贯通，否则极易迷失，所学也欠缺眼界高度。博大精深，先要精深，再谈博大。诚哉斯言！梁启超先生也说过："书宜遍览，业宜精钻。"讲明了越界阅读与业务钻研的关系。不精钻就不会居高临下，洞幽烛微；不遍览就不会触类旁通，举一反三。语文教师经常有越教越不会教的感慨，别的学科的教师好像没这种感觉。为什么呢？因为讲课要消耗，教一轮下来，中文系四年读书积蓄的东西就消耗得差不多了，如果不读书，那就会有越教越不会教的感觉。

郝明义提出阅读者应走的四步："向前一步，往旁一步，随便走几步，在网络与书籍之间跨步。"我读书也不断地"往旁一步"，譬如，在这个经济社会如果一点儿经济常识都不懂，就有点儿欠缺。故而我也阅读经济学方面的一些通俗作品，像张五常的《新卖橘者言》，谢作诗的《人人都是资本家》，陈志武的《24堂财富课》，马克·安尼尔斯基的《幸福经济学》等。还譬如法国学者阿兰·佩雷菲特的《停滞的帝国—两个世界的冲突》，汤因比的《汤因比论汤因比》，黄仁宇的《资本主义与二十一世纪》，赵鑫珊的《人类文明的功与过》，柯云路的《嫉妒之研究》《童话人格》，美国克里斯蒂安著、赫忠慧译《像哲学家一样思考》（上下），张其成的《大道之门》，吕友仁的《礼记讲读》，葛兆光的《古代中国文化讲义》，廖彬宇的《干支哲学》，余世存的《大时间：重新发现易经》《时间之书：余世存说二十四节气》，赵家三郎的《庙堂往事》，高华的《革命年代》，宋怀常的《中国人的思维危机》，张晓芒的《逻辑是把斧子：日常说理的工具》《身边的逻辑》，余式厚的《困惑你的逻辑谬误》，爱德华·戴默的《好好讲道理》，林赶秋的《诗经里的那些动物》，乐嘉的《色眼识人》等。宗萨蒋扬钦哲仁波切的《正见：佛陀的证悟》，唐云的《走进中医》，刘弘章的《刘太医谈养生》《病是自家生》《是药三分毒》，曲黎敏的《从头到脚说健康》，半夏的《虫儿们》，方刚的《动物哲学》，符中士的《吃的自由》等。

"随便走几步"的书籍，古代的有刘义庆的《世说新语》，侯白的《启颜录》，喻血轮、眉睫的《绮情楼杂记》，纪晓岚的《阅微草堂笔记》，释普济的《五灯会元》，洪迈的《容斋随笔》等。现代的有钱穆的《人生十论》，胡文辉的《洛城论学集》《拟管锥编》《书边恩仇录》《人物百一录》《现代学林点将录》，严晓星的《金庸识小录》，陆灏的《听水读钞》等。多为抄史料、谈掌故，闲言碎语中常有些意想不到的趣味儿。此类闲书有吴迪的《中西风马牛》、张远山的《吊驴子文》、张远山、周泽雄的《齐人物论》、冯骥才的《俗世奇人》、余世存的《非常道》、王怜花的《江湖外史》、三七的《玻璃屋顶》、胡赳赳的《北京的腔调》（Ⅰ、Ⅱ）、杨葵的《坐久落花多》、张立宪的《闪开，让我们歌唱八十年代》、老树画画的《花乱开》、张嘉佳的《从你的全世界路过》、王小妮的《上课记》、朵渔的《说多了就是传奇》、刀尔登的《亦摇亦点头》、方文山的《中国风——歌词里的文字游戏》等，还有美国哈里·G.法兰克福的《论扯淡》、美国安布罗斯·比尔斯《魔鬼辞典》、日本三浦展的《阶层是会遗传的吗?》等。书以类聚，甚合余趣味，闲来无事，则欹枕翻阅。"在网络与书籍之间跨步"，如万维刚的《万万没想到》《智识分子》、许子东的《越界言论》《重读文革》等。

五岳散人说过："人这辈子的基础是专业书决定的，但能达到的高度往往是闲书决定的。"我个人经验，至少语文教师是如此的。我就喜欢读历史书，也喜欢读人物传记。

他山之石，可以攻玉。譬如，我讲《胡同文化》一文，该文是汪曾祺写的一篇序言，2000年入选中学教材。我如是设问："作者写'胡同文化'就是写北京文化的特点，作者写北京文化的特点却不写北京标志性建筑，如故宫、天坛、天安门等，为何要写胡同呢?"——因为北京文化的特点就体现在北京市民身上，而不是体现在达官贵人身上。北京市民都居住在胡同里，北京的人多，所以北京的胡同也多。设问：易中天说"北京人不具有市民性质，而具有农民性质"，你从什么地方可以看出来? 在易中天还没成为名人之前，1997年我就买了他一套书《读城记》《品人录》《闲话中国人》。《读城记》定价19.50元。第二章讲的就是"北京城"，其中一节讲的是"平民与市民"，讲到北京城的"乡土性质"。我讲《胡同文化》是受易中天这本书的启发，其实易中天也是受社会学家费孝通写的《乡土中国》的启发。——从给胡同的命名看出；从走街串巷的买卖人看出；从饮食平民化看出。设问：这种具有乡土遗迹的北京文化最鲜明的特点是什么? ——首先是封闭性，即四合院，门一关就是家天下；其次是排外性，中国讲人情，讲的是圈子里的人情，关系网里的人情，圈子外最不讲人情。这也是中国人办事特喜欢找熟人的原因；再次是知足性，知足常乐不仅表现在日常生活里，也表现在政治上，从未要求政治体制变革；最后是稳定性，北京城像一块大豆腐，四方四正，求稳怕乱。上述文化心态归为一个字：忍。和为贵，忍为高。从《胡同文化》这篇小文章里归纳出这些深刻的道理，是因为读了很多批判或赞美传统文化的书。

譬如，我教《烛之武退秦师》，也是读了一些经济学方面的理论书籍，故而才如是解读文本。烛之武能凭三寸不烂之舌说退秦师，这里面有个大前提。这个大前提是：人是理性的经济人。中国有句老话："无利不早起。"很形象地说明什么叫"理性经济人"。要是没有利，秦穆公干吗跑老远兴师动众，陪着晋文公攻打郑国呢？难道是吃饱了撑的，没事要遛一遛减肥吗？否！所以，人对打仗这事儿是要做理性判断的，觉得有好处才打，得不偿失的仗打它干吗？晋侯、秦伯和郑伯都是典型的"理性经济人"，晋侯、秦伯觉得有好处所以才"秦晋围郑"，郑伯也很理性，知道打不过人家，与其损失100%，不如拿出50%的好处给秦伯。郑伯是个乐观主义者，虽然损失了50%，可是他看到自己毕竟还有50%存在嘛，相比打起来的损失那就轻了许多。秦伯更理性，不费一兵一卒就得到郑国一半好处，真要打的话，必然损兵折将，恐怕还没有这么多好处，更多的好处很可能都让晋侯得到了。所以他就及时变卦，和郑伯站在了一起。真是只有永恒的利益，没有永恒的朋友啊！晋侯更理性，一看秦国站到了郑国一边，如果听信手下人头脑一热打起来，自己毫无胜算，说不定还会有更大的损失。权衡利弊，还是撤军为妙。最终晋军"去之"。如果领导人都这么理性的话，战争确实打不起来。这三个"理性的经济人"成全了烛之武一个好名声。当然，烛之武的三寸不烂之舌也居功至伟。烛之武也是一个"理性经济人"，他很懂得退秦师、抗晋军、保郑国的三国地缘政治关系。他运用了"地缘政治"的理论打动了秦伯，使秦伯意识到秦晋两大国要保持军事力量上的平衡，就不能让晋国独吞郑国这块肥肉，"邻之厚"必然会造成"君之薄"的结果。这种利弊得失让秦伯惊出一头冷汗，秦伯终于背弃秦晋联盟，将郑国置于自己的保护圈之内。

从教40年，书是我购买频度最高的商品，基本上看见喜欢的书就买，或者临时急用的书也买，甚至碰到近期不会读的书，觉得不错也会买。其实，读书对教师个人素养乃至专业成长都大有裨益，这个道理人人都明白，但谁也不能总按照道理活着。毕竟，投资读书既是"钱"的问题，更是"时间"的问题。书价越来越高，确是不争的事实。舆论总是说国民阅读率低，人均买书不到一本。可是一本书的价格常常抵得上一袋白面的价格了，很多人掂量一下，还是先买白面吧。

而且，现在外面的世界太精彩，诱惑太多，魔鬼的诱惑永远比上帝的召唤更有力，形而下的消遣永远比形而上的消遣更有乐趣。最直观的现象是下班、放学回家的人们更多的是坐在电视机前看电视，而不是坐在书桌前看书。看电视是一种纯粹的消遣，获得的是一种感官的乐趣；读书是一种智力消耗，是要付出心血的，成年人的世界没有永远的乐园。正如有人说的，职业球员享受不到业余运动的愉快，当阅读完完全全成为职业，这阅读几乎是一种智力考验。即使有乐趣，它获得的也是一种思维的乐趣。其实，买书不难，难在读书。即使你花钱把书买了下来，它也并不是你的，如果不读，它的价值就是零。坚持读书的方法就是自律，管理好自己的情绪与时间，每一个平凡琐碎的读书日子，都是在为自己塑造未来做准备。尼采在《我为什么这么聪明》中，结论就一句话："我之所以这么聪明，是因为我从来不在不必要的事情上浪费精力。"

4. 我的讲课是"反洗脑"的

◎ 多读书，多读各种不同观点的书，对问题进行反复多次的发问，来打破固有的预设，找到背后真正的根源。真理永远不在某一个地点，真理是在路上。时间长了，你就会慢慢发现，你走得比别人更远，看到的事物也更深入。

过了"知天命"之年，我慢慢体会到自己作为一名语文教师的长处究竟是什么了。我以为"优秀"不是一种官职，不是一种职称，而是一种素质。大凡优秀教师都具有两个明显优点：一是意志力强，二是思维深刻。先说说意志力。意志力其实就是自我控制能力。绝大部分人，包括我在内，都有意志薄弱的时刻，能总是做到自我控制是很难的。黎鸣曾讲过，人有三原恶：懒惰、任性、嫉妒。三原恶中懒惰最可怕，万恶懒为首。什么事儿也做不成，多是因为懒惰。懒惰就是自控能力差，因为读书是一件投入多，见效慢的事儿，而且读书所获得的知识只是一种潜在的生产力，知识要转化为能力是需要一个比较长的过程的，但时间长了人们就会不自觉地松懈下来。故而，读书最需要类似老和尚面壁打坐那般持久的定力，才能由静而定，由定而慧。定力即专注力，专注，就是把所有光线集中到一点的凸透镜，是学习力中最具有凝聚效力、整合效力的品质。专注力本身就是一种意志力资源，它是很容易被消耗的。在专注的状态中把一件事情做到极致，胜过我们把一万件事做得平庸。所以我常常说：读书与其有个好脑筋，不如有个好屁股。脑筋太聪明的人不适合当教师，因为他屁股坐不住，总想走捷径，不愿意下读书的笨功夫。我是那种屁股能坐得住的人，意志力比较强，肯下笨功夫。因为优秀教师的产生不是核爆炸，而是水滴石穿。靠一两次竞赛的优胜只能产生一闪而过的教师，真正的优秀教师必须在很长时间内持续不断地工作、持续不断地发射魅力。

再说说思维深刻。思维就是人用头脑进行逻辑推导的属性、能力和过程。而思维深刻就是对事物感受程度很深，分析深入透彻，即具有较强的抽象思维能力。我们有个错误的认识就是：理科比文科更有利于培养学生的抽象逻辑思维。这种认识很普遍，很多人认为文科多用形象思维，理科才用抽象逻辑思维。洪洞一中的蔡晓萍老师与我在高考阅卷中负责文言阅读部分。有次她对我说："第一次在太原听你做高三复习的专题报告，印象最深的就是你说的，'语文99%是理性思维，特别讲究思辨性，只有1%是所谓文学思维。你突然对课文有了一点奇异的想法，不知这想法从何而来，但你要把这点与众不同的想法写成一篇文章，是需要理性思维，需要反复思考的'。"理性思维就是逻辑思维，逻辑非常抽象，但也很准确。读书，尤其文科的书，最主要的是理解，最核心的是要有较强的逻辑思维能力。我们掌握的各种知识必须能够在大脑中自如运行，形成一套完整的思维体系。这个体系包括观察、分析、预判、行动、矫正、结果与反馈等；而知识体系是靠了逻辑推导而形成的。培根说："数学使人严密。"我说，语文也使人严密。数学题当然能够锻炼人的思维，但数理方面的逻辑与我们社会生活中的逻辑有巨大的差异，甚至是两回事。当年，国学大师钱锺书报考清华大学，数学只考了15分；历史学家吴晗报考清华大学，数学是零分，但他们的逻辑思维能力很强，写文著书都极具思辨色彩。一个善于推演数学题的人未必会对生活问题与社会问题有正确的看法。窃以为自己比较长于思辨、分析，这还是源自读书。大量阅读能使人接触到各种各样的观点，会使人的思维更全面，更深刻。只读教学参考书会形成一种单一思维，只会从一个角度解释世界，哪怕这个角度很特别。

渐渐地在山西省同行嘴里，我被称为语文教学的"专家""权威""名师"。

能得到这些称号，是同仁对我能力的认可与尊重，毕竟尊重从来不出于强迫，而是他人对你无声的赞美。各地邀请做专题报告的机会也比较多了，不过，我不喜欢做读书的报告会，读书重要的是自己坚持去读，而不是听别人讲读书的故事。这类故事差不多就是励志的鸡汤，教学能力是读书读出来的，不是励志励出来的。我喜欢讲的是语文教学方面的专题报告。教师职业是一个随着工作年限增加而不断进步、不断提高自身素质的特殊的脑力劳动，体现这种劳动熟练程度的不是心灵手巧，而是教育理论的武装。教育理论武装的进步程度，有两个检验方法：一是撰写教学论文，一是撰写专题报告。我在省内外做专题报告几十场，我的报告内容基本不重复。在不断地撰写专题报告时我深刻体会到，撰写专题报告是一种很好地集中整理自己教学经验、阅读体会的过程，也是使自己教学思想更深化、更清晰化的过程。如果不是因为要做报告，我自己有时也懒得整理散碎的材料。有次在太原做报告，与人教社中语室主任顾之川先生交谈，他说，中学老师不太喜欢我们的专题报告。顾之川先生肯定是学养深厚的专家，但他们做高考的专题报告确有不尽如人意之处：一是他们不是一线教师，缺乏来自自己肉体的真切体验，故而，报告显得有骨无肉；二是他们本人就是高考命题专家，故而，做报告有所顾忌，难免顾左右而言他。其实，越是专家越不容易拿出具体的创造性地解决问题的方案来。所以，要想得到具体的非常高招，还需要找富有教学经验的一线教师。

我听过不少专家做语文专题报告，有些专家一上来就讲改革的重大意义，高考的文化背景，相关的理论依据，然后就大写一二三四、小写1234、大写ABCD、小写abcd……罗列了许多金玉良言，可就是没有拿一个具体的文本来说事。学者熊逸说过：算卦什么最难？算具体的事最难。好比你是一个大学生，我给你算一卦，说你在中学时代肯定暗恋过班上的某个同学。这种说法无论用在谁身上，准确率几乎是百分之百。可我如果毫不犹豫地告诉你，你暗恋的同学叫韦小宝，准确地算出了姓名，这才叫难啊！讲点阅读教学写作指导的大道理不难，难就难在具体解读文本，即准确地算出了姓名。我做专题报告很受老师们欢迎，因为我既有来自教学的体验，也有相应的理论知识背景，而且我比较注重方法的可操作性。窃以为，任何课堂教学，都是教学经验和教学思想的统一体，是教学细节和教学模式的统一体，这两者缺一不可。故而，我做专题报告，从来不作空头说教，一定是拿自己具体的例子来证明。讲阅读教学，必然结合自己对某些文本的具体解读来阐述；讲作文教学，一定列举自己在写作中的具体范文来评论，对症下药，有的放矢。

举两个例子。2012年我作为评委去平遥中学参加了"第九届'金钥匙'语文课堂大赛"的活动。从10月18日至10月22日，连续听了5天课，每天要听8堂课，中午几乎没有休息时间，对体力和精力都是考验。刚听了1天课，晚饭后，张春莲老师说平遥中学校长邀请我做个专题报告。我说，讲什么呢？也没有任何准备。张老师说，内容你自己确定，时间明晚。10月19日一天听了8堂课，课间还与几个参评老师做交流，仅在晚饭后，脑子里大致梳理了一下要讲的思路，然后我去了学校礼堂，已经有50余位语文教师到场，主席台上给我安放着座位、话筒、屏幕、移动黑板等。偌大的礼堂里坐着几十个人，显得空荡冷清，缺少一些氛围。我坐在主席台上与下面坐着的老师们拉开了一大段距离，感觉很隔。我告诉赵立新校长，把那块移动黑板放在下面的座位前面，我就站着和老师们面对面交流就行了。报告大致讲了两个多小时，内容就是以刚听的两天课的内容，阐述语文是门什么样的课，课堂教学应当如何设计等。听报告的老师们这两天也都天天听课，故而我这种就地取材的方式更容易引起老师们的共鸣。讲完之后，赵校长很激动地说，你真的给我们洗脑了！第二天见到学校书记，还对我说，很遗憾昨晚没听你的报告，老师们说，你的报告是最具有震撼力的，讲得最精彩的。因为是即兴的报告，所以，我仅有一个百字左右的提纲。后来偶尔发现平遥中学有一老师在博客上写有一篇《听郗晓波老师的讲座笔记整理》的文章，因为写这本书，所以我就下载于此。但老师书面记录的速度绝对追不上我说话的速度，笔记自然难免有些疏漏之处，容易引起误解，故而，我保持该老师原来记录的框架，对内容略微做了一点修订补充，使之通畅；尤其补充完整了所有的板书结构。

【我的报告】

听郗晓波老师的讲座笔记整理

一、为什么语文教师千人一面讲课雷同？

因为教师对文本的研究远远不够，丧失了独立思考的能力，将教学参考书的课文内容说明当作具体的教学内容，不明白教材内容不同于教学内容。语文有确定的教材内容，但没有确定的教学内容。一篇文章，没有人告诉你它应该教什么或不应该教什么，教学内容有极大的自由度，给教师留下了极大的处理空间，不同的语文教师对同一篇文章完全可能处理得截然不同，甚至完全相反。打个比方，一个文本就像一个葱头，是多层包膜包着的东西，你能认识到什么程度，才能剥到什么层面。你的思想认识水平决定了你解读文本的角度乃至解读文本的深度。以《赤壁赋》为例，几乎所有老师都采取这样的方式——读：扫清字词障碍。析：诗人的心情变化乐—喜—悲。指导建议：这是一篇文言文，是一篇文章，也是一种文化的载体和表现形式。作为教师的解读，不能仅仅停留在文字障碍的解决上。板书是非常重要的，它就是解读文本的导游图。即使只讲一段，也要有完整的思路，也应该注意板书的设计。好的板书，体现的是一个教师的思想，思维要有弹性，不僵化。教师必须要先有独立思考能力和创新能力。下面以《赤壁赋》第一段为例说明。

设计一：从"景物"的角度切入，讲情景交融。

$$
\text{泛舟长江}\begin{cases}\text{清风徐来，水波不兴}\\\text{白露横江，水光接天}\end{cases}\text{遗世独立}
$$

设计二：从"时间"的角度切入。

$$
\begin{cases}\text{月出前：清风徐来，水波不兴}\\\text{月出后：白露横江，水光接天}\end{cases}\text{良辰美景 赏心乐事}
$$

设计三：从"划船"的角度切入。

$$\text{泛小舟于赤壁之下：景、酒、客、歌} \brace \text{纵一苇在万顷之上：浩浩乎，飘飘乎} \Big\} \text{超脱自由}$$

设计四：从"苏轼"的角度切入。

$$\text{苏轼} \begin{cases} \text{泛舟长江，酒逢知己} \\ \text{吟诵诗歌，欣赏月景} \end{cases} \text{愉悦超脱}$$

设计五：从"意象"的角度切入。

$$\begin{cases} \text{清风：爽快} \\ \text{美酒：愉悦} \\ \text{明月：朦胧} \end{cases} \text{凭虚御风，遗世独立}$$

以上例子都是叙述结构，结构是叙述的骨架，是使一篇文章能够站起来、能够走起来的东西。任何一篇文章的结构都有两个层面：第一个结构层面是形式结构，是表层的叙述结构，它是外显的，是可以通过起承转合的结构线直接观察到的。

设计六：从"游"的角度切入。"游"作为意义切入点，既写身游更写神游。

$$\text{游} \begin{cases} \text{身游：赤壁长江，清风明月} \\ \text{神游：遗世独立，羽化登仙} \end{cases} \text{超凡脱俗，豁达乐观}$$

设计七：从"徘徊"的角度切入。

$$\text{徘徊} \begin{cases} \text{常态：泛舟长江，饮酒吟诗} \\ \text{醉态：驾风遨游，飘飘欲仙} \end{cases} \text{遗世独立}$$

第二个结构层面是意义结构。表层结构已经在叙述意义了，但那是字面的意义，字面的意义不是文章要传达的真正的意义，真正的意义存在于语词、意象或事件的组合关系中。

语文课堂教学的任务不仅仅是理清文本的结构和思路，更要设计自己教学的结构和思路。课堂的结构和思路要根据文本的结构和思路进行重构，既不可能机械刻板地按照文本的结构和思路进行教学，也不可能完全脱离文本的结构和思路而另起炉灶。两者整合适度，不仅能凸显文本的主体，也能使课堂变得疏密有致。真正的解读是意义结构的解读，涉及字面下的意义。所有的文本中最重要的永远是第一段，解读文本最重要的是先找到一个角度，要深刻独到，要发现其意义结构。

二、语文课到底教什么？

很多老师解读文本最根本的问题是有点偏离语文教学。语文教学是要透过语言形式理解语言内容，凭借语言内容进而品味语言形式。任何文本都是由言语形式和言语内容构成的，即怎么说和说什么，没有离了形式的内容，也没有离了内容的形式。但被我们所感觉的只有言语形式。在一切言语文本中，比之言语内容，言语形式是更为本质更为重要的教学内容。许多老师混淆了言语内容与言语形式的关系。语文要侧重对言语形式的探究，掌握其运用规律。其他许多学科是穿过语言，直捣内容，唯独语文要停留在言语的形式上，解读文本不能离开语言。

例如，《前方》这篇文章，许多老师板书都是三个词：离家、路、前方。找到三句话："人有克制不住的离家的欲望。""人生是一场苦旅。""人的悲剧性实质……"随即引入课外内容进行拓展。

指导建议——例如这句："人有克制不住的离家的欲望。"我们要分析它言语本身的层次：第一层"人有欲望"，欲望是无法满足的，且是无止境的。当你达到某个目标的时候就是消解了这个欲望，新的欲望就会产生，于是导致了后文说的"人的悲剧性"。第二层："离家的欲望"，所以人永远在路上。第三层"克制不住"，人是动物嘛。作者其实在文中蕴含了西方的哲学思想。

又如："人生是一场苦旅。"我们的阐述不能脱离文本，否则就会泡沫化。抓住"苦"。或者，做个句式仿作："人生就是……"，比如说，人生就是一支粉笔，越磨越短。这个"磨"字的运用，同样体现一种对人生的解读。

三、教师思想观念的转变。

"理解语言"和"理解世界"是联系在一起的。语文教学也是既培养学生语文能力，也培养学生人文精神的过程。有些语文老师的问题就在于把解读文本单纯地当作"理解语言"的过程。我们现在的语文老师把语文教学变成一种技巧性的工作，而不是学识性的工作。越是程度低，言语知识方面的条件越重要，随着程度的提高，"生活"这一条件的重要性就逐渐上升，从根本上讲，它乃是阅读理解关键性的条件。

还是用《赤壁赋》为例，老师喜欢给学生留一个探究题：当你遇到困难时，你该怎么办？学生势必顺杆爬，要豁达、超脱。其实很不现实，老师自己真能超脱起来么，讲的一套，做的另一套，而且，苏轼并未看破红尘，真要看破了，就该如贾宝玉一样出家了，苏轼受了几多跌宕起伏的折磨，也没辞职归田啊。苏轼当时也不是真正的超脱，只算是一种在随遇而安中依旧怀有某种希望。又如《定风波》中"回首向来萧瑟处，也无风雨也无晴"一句，好多人分析苏轼豁达。其实，可以从"回首"入手，回首人生，曾经的风雨都看淡了，这是一种人生的境界。老师们阅读文章的感受不充分，"结论先行"是很重要的原因。

四、语文教师要有理性思维。

文章就是用语言表达思维的活动，故而，学习语文有两个重点：一是文字，二是思维。关键是语文教师要有辩证思维，而辩证思维的核心是批判性思维，是对某些观念、理论的质疑和否定。批判性思维就是指"审慎地运用推理去断定一个断言是否为真"，是指"对我们面临的断言进行评估"，即是依靠个人的理性对所接收的信息和自己的断言进行再考查和再思考。其前提是要有一种对凡事质疑的态度和对事实真相的追求，也就是说，质疑和否定是批判思维最活跃的特质。因为没有质疑否定，就没有认识的拓展和提高。

辩证思维的基础是要具备一种进行逻辑推理的基本能力，关键是要养成一种凡事质疑和对个人进行反思的习惯。不少语文老师是在应试教育僵硬模式中培养起来的，比较缺乏思辨能力，不擅长批判性思维，最容易受教学参考书左右，而且看问题总是简单化、绝对化，思维缺少弹性，不能转换角度看问题。比如《江南的冬景》大家都千篇一律，就是那几幅图。为什么不换一换思路，换一种板书？比如，从时间的角度——清晨白霜、午后晴天、傍晚白雨、暮夜风雪、冬昼晴和。或者从空间的角度——门前曝背、郊野散步、寒村饮酒、雪夜归家、旱冬闲步。然后接下来你想想，郁达夫是不是真的喜欢江南冬景，喜欢它的什么？比如从空间角度设计的几个老师都是说郁达夫的活动。而时间的角度则侧重写景，而且全选冷色调的景，清冷萧瑟，这与《故都的秋》很相似，也是郁达夫的作品风格。

2011年7月9、10、11日，我应盂县教育局副局长兼盂县进修校校长李彦清老师邀请，去盂县为全县初中语文教师做了三天的培训，共做了6个专题讲座，依次为：《语文是一门什么样的课？》《怎样解读一个文本？》《怎样解读一首古诗？》《怎样设计一堂课语文课？》《怎样进行系统的作文教学？》《语文应当做什么样的语言练习？》。所举的例子都是初中语文的具体课文，譬如，解读《纸船》《金色花》《三峡》《记承天寺夜游》等，莫怀戚《散步》教学设计的五种视角，蒲松龄《狼》教学设计的六种视角，老师们反响很热烈。李副局长之后与我说，讲得很精彩，老师们都说被洗脑了，听了你的讲座，后面一个做讲座的老师都打退堂鼓了。不过，做讲座，一个理论到底能不能被讲清楚，这虽然也取决于讲述者，但更加取决于听众。某日，三伏午起，热汗淋漓，在谷歌上搜寻旧文，突然发现有个听课的老师写了一篇听后感的文章，题目是"狂人郜晓波"。惊得我魂飞魄散，第一反应是我"被狂人"啦！自我感觉一直活得"谦虚谨慎、戒骄戒躁"，但看那几句"狂语"，没想到吹牛都这么意气风发，斗志昂扬，又居然获得一种滥竽充数的成就感。群众的眼睛是贼亮的，肯定不会制造冤案，想来是做报告前多喝了几杯酒的缘故。转而一想，活在单位，不去拍马，还不能吹牛？吹牛又不上税。盂县在阳泉人的眼里，一直属于比较"土"的那种；盂县的师资也一直"被质量差"，但读了这篇文章，感觉"她"的文笔幽默大气。女生作文，总是走"优美"的路子，很难得有走"幽默"路子的，想不到在盂县的学校里，居然也潜藏着这般生猛海鲜的人物。后来我在博客转发这篇文章，不是因为夸了我，而是因为幽默的文笔。

文中一段如是评价我的专题报告——

郗老师的讲座内容完全围绕语文教学。开讲之前，郗老师说："好的语文老师，首先是要说话有意思。"的确如此，郗老师说话真的很有意思。他的有意思，不是指会说流行段子，不是指会讲有色笑话，是他通透渊博的知识，是他智慧幽默的语言。更重要的是，他对文字成熟惊艳的驾驭能力，他对文本多元新颖的理解能力，他独辟蹊径的新式教学理念，让我不得不惊讶、不得不叹服。

在他做讲座的过程中，他的妙语连珠，引得掌声不断响起。在如今讲自己是专家就被人攻击的年代，我倒真是觉得，郗老师被称为专家，还真不是浪得虚名。这样的专家，无论如何孤傲，都不为过。于是，我很为自己的不屑感到汗颜。我在想，一个人，博览群书不算难，侃侃而谈亦不难，难的是有思想、肯创新，能将知识学以致用。这样的语文老师，怎么可能不像个语文老师呢？

偶然想到，初见老师，肤色黝黑，不苟言笑，面挂秋霜；三日之后，再观老师，玉树临风，儒雅俊朗，傲然如兰。不禁莞尔。只是可惜郗老师没有扭转中国教育乾坤的能力，如果不能改变中国现有的教育制度的弊端，郗老师的精彩理论大多只能精彩在理论的梦幻里，不能演绎为精彩的现实。我们的学生依然会为分数奋斗到头破血流。即使如此，我仍是要为郗老师喝彩。至少，他的人品，他的文品，他的教育理念，都是值得我翘首仰视的。

"洗脑"这个词我已经听得烂熟了，不但为老师们做讲座时经常听到，就是为学生上课时也常会听到。尤其我在"山大附中小班"讲课，常有家长对我说，孩子回去说老师给他们洗脑了，把以前的东西全都掀翻了……后来我想，不对啊，不是我为老师、学生们洗了脑，而是他们早就被传统的一套洗脑了，我的讲课其实是"反洗脑"的。王栋生老师在他的博文《被训练了的老虎》里曾说："每日一练，每课一练，一课三练，音乐，鞭子，口哨，号令，小红花，奖状，红包，奖金，职称，头衔，级别，待遇，荣誉称号……洗脑，就是这么简单。我在看老虎们表演时，脑子里一直在想着这些。训练，能让老虎丧失记忆。"心理学上，用一个有趣的概念来描述这种现象，叫作"知识的诅咒"。它指的是：当我们熟知一个信息之后，就很难跳出这个信息的框架去思考问题了。尤其这个信息不断地向你重复、强化，直到让你产生固化的"联结"。商业品牌最典型，譬如，去头屑用什么？海飞丝。美白牙齿？黑人。过节送爸妈？脑白金……我们语文老师们每天给学生重复的东西，到底是在人云亦云呢，还是在冷静思考？如果我们也失去了独立思考的能力，亦步亦趋地跟在人群后面，却从来不问"为什么"，那么我们跟王栋生老师文章中讲的老虎有什么不同呢？

如何才能避免被洗脑，那一定是很多老师不习惯这样做，对问题总是一种下意识、直觉性的反应，大约觉得这些东西是不言自明的，是"常识"，无须操心的。但语文经常是许多表面看似简单的事情背后，其实都有着复杂的原因。所以需要不断地质疑、追问，重点不在于找到答案，而在于发问和怀疑的过程；这就是深度思考。作为一个语文老师，解读文本，需要明白的是：文章的意义，有时候不是作者写出来的，而是读者看出来的。人们喜欢说，语文没深浅。我的回答，深者自深，浅者自浅，意义的深浅，取决于读者的文化层次。譬如，有一初中语文老师曾向我请教，说自己在讲张岱的《湖心亭看雪》，将"舟中人两三粒"解释成为比喻与夸张，即"舟中人如两三粒米"，是不是可以。我说，自然可以，修辞本来就常有兼格。但你这样教语文，仍停留在识记语言知识上，语文重要的在"语用"上。譬如，就这句话，问学生"为何不说'舟中人两三个'，而要说'舟中人两三粒'"？"粒"给人"小"的暗示，而"个"则给人"大"的感觉，"粒"不但小，且在天地浩渺的大雪中，给人渺小之感觉，给人如"太仓之一粒米"的孤独感、脆弱感，细细品味，还可读出其背后隐含的一种苍凉感，一种虚无感等。

5. 出版了《咏人物——语文有情怀》

◎ 这些律诗本来就是自己写着玩的，并没有打算追寻一千多年前的杜工部；但又不能免俗，希望能把它出成书，所以又拾笔，为每位诗人写一袖珍评传，算作助读而已。

2012年，我在新浪网注册了一个"郗晓波的博客"，开始写博文。作为个人，博客是建立自己影响力的工具，如果有足够的创意，博客就是展示自己的舞台。我的博文都是原创，我不转发别人的文章。当然，写博文毕竟不同于写札记，因为札记是写给自己看的，行笔随意，文字不太讲究。而博文是写给别人看的，自然会进行必要的文字修饰，会写成思维严密、语言讲究的文章；读我的博文，首先可以感受到我的语言风格，其次是我个人的思想。而且，有一点可以肯定，就是我的博文内容或故事都是真实的，大多是有关语文教学方面的，自然面向的读者也是中学语文教师。我的博文也有一些娱乐性文字。写博文最缺乏的是耐心和坚持，如果一个教师从从教之日起，能每周写一篇博客，那会有多少篇原创文字啊！这些文字不会给我们带来财富，但用文字记录自己的成长和想法，真的是一件非常非常酷的事情。我写博文是从2012年2月开始的，基本每周一篇，至今5年，累积有400余篇了。

2012年某日，我去市图书馆借书，顺便去毛馆长办公室闲聊。毛馆长说他们最近正搞一个"征文活动"，邀请我写点东西。我以《史海咏魂》为题写了几首旧体诗"咏王维""咏李白""咏杜甫"等，获二等奖。我少年时喜欢读李白的诗，人过中年很喜欢读王维的诗，王维自称"晚年唯好静，万事不关心"，但他关心大自然，是大自然亲切的画家。他的名句"明月松间照，清泉石上流""行到水穷处，坐看云起时""山中一夜雨，树杪百重泉""大漠孤烟直，长河落日圆"等，给人一种平和淡雅的美感。中国古人推崇平淡，宋代梅尧臣有句："作诗无古今，唯造平淡难。"诗的平淡风格最明显的特点就是写的皆是生活中的平常事物，不去谈论所谓的"怪、力、乱、神"之类。王维让我们想起"世界上不缺少美，缺少的是发现美的眼睛"的名言。我写的《咏王维》："自从一读摩诘经，洒扫心斋供净瓶。空山踽步寻梵师，幽篁寂坐抚弦琴。拈花始悟明镜尘，坐禅方觉菩提近。行水穷处看云起，满天花雨不染尘。"后来我还写了一篇评论王维的博文《人间最不油腻最不猥琐的中年男》。由此萌生写旧体诗的兴趣，在教学之余为语文教材中的主要作者和人物写了几首七律，真切体会到格律诗确是一字一字"推敲"出来的。写诗是个技术活，要押韵、对偶等，从根本上说属于所谓"人工"，但"人工"的东西又要让读者觉得浑然天成，真的是不写不知道，一写皆明了。写诗未必需要多少学问，但绝对需要悟性、灵气。

我原先设想为中学语文课本中的历史人物"拟"100首七律，但常意兴阑珊，故总用《世说新语》中雪夜访戴的典故安慰自己，既然兴尽，何必百首呢？这样断断续续作了三四年，总算凑了个整数。结集这百首诗歌，自己在复印店打印出来送人，但同事、学生读毕，多云不易懂。其实，按照钱锺书先生的说法："学问者，荒江野老，二三素心人商量培养之事。"几经周折，终于在《新作文》杂志主编张水鱼老师的努力下，这本书于2017年由山西教育出版社出版了。编辑觉得"史海咏魂"的题目有些沉重，故而改名为《咏人物——语文有情怀》，与李国锋老师的《加点料——语文有故事》，张水鱼老师的《巧解读——语文有意思》，组合成"语文拓展课"丛书。我为这本书写了一篇推荐文章《卖桃的不说自家的桃酸》，也就是唯恐别人不知道所以广而告之："我老郗又出了一本书啦！"这则"广而告之"，至今有将近5000人阅读，收获了大伙儿许多赞美之词，包括一些十多年都不知音讯的老学生，都出人意料地聚集在微信留言里。张水鱼老师读了我的"广而告之"后，觉得写得很好，要我为这套丛书也写一篇推荐语。我将写好的推荐语发给张水鱼老师后，她很快发一回信："郗老师啊，你太伟大了，非常崇拜你，不愧是山西高中语文第一牛人。"张水鱼老师以"三人行，向您推荐'语文拓展课'丛书"为题发在她的微信群，转载多多，点赞多多。有"扬州包广琴"评曰："这是广告，它将'语文拓展课'丛书的特色广而告之；这也不是广告，它是一个语文人对语文精粹的解读。文字之美，令人叫绝！"

6. 操千曲而后晓声，观千剑而后识器

◎ 深刻的鉴赏力不仅来自大量"观千剑"式的阅读，更来自"操千曲"式的实际写作经验中。

2012年全省高考阅卷前，在张春莲老师与众多资深老师的推荐下，我与几位同仁被聘为山西省高考阅卷的专家，参与了高考的阅卷工作。这一年我与王永明老师负责作文的评阅工作。1984年我作为阅卷老师第一次参加了高考阅卷，2012年我作为专家第一次参加了高考阅卷，间隔有28年。这次是山西省第一次采用计算机网络阅卷，计算机网络阅卷不但速度快，而且相对科学公正。作为阅卷专家，我可以从宏观到具体地了解老师们的评阅状况，对语文教师的实际现状有了更清楚的认识。2012年高考是新材料作文，给一"修船工补漏洞"的故事。当年的作文，考生偏题的很多，老师理解不到位的亦不少。

阅读下面的材料，根据要求写一篇不少于800字的文章。

船主请一位修船工给自己的小船刷油漆。修船工刷漆的时候，发现船底有个小洞，就顺手给补了。

过了些日子，船主来到他家里道谢，送上一个大红包。

修船工感到奇怪，说："您已经给过工钱了。"

船主说："对，那是刷油漆的钱，这是补洞的报酬。"

修船工说："哦，那只是顺手做的一件小事……"

船主感激地说："当得知孩子们划船去海上之后，我才想起船底有洞这事儿，绝望极了，觉得他们肯定回不来了。等到他们平安归来，我才明白是您救了他们。"

要求选好角度，确定立意，明确文体，自拟标题；不要脱离材料内容及含意的范围作文，不要套作，不得抄袭。

我觉得材料容易理解，思辨空间较大，有利于考生表达。第一天试评，专家组确定一类立意为修船工的职业素养、职业操守和细心、责任心。宣布了评分细则后，关于一类立意阅卷老师也有一些争论，其中一个女老师很激动地和我理论，说一类立意应当是"要防患于未然"。我问"为什么?"她说，我们那儿的老师都这么认为。我说，你们那儿的老师都这么认为，这不是个理由。我们的语文老师如此表达观点，阐述理由，说明我们确实还欠缺逻辑思维能力，还不会讲道理。估摸学生问问题时，老师也习惯如是回答，事实上，在学校类似的回答经常听到。这是把占据话语权制高点的老师手里的权力当成道理了。我在课外辅导他校学生，就经常听学生说，我们老师就是这么说的。而老师则曰，我们老师都这么认为。给出的作文材料多是一些社会问题，而社会问题的特点是每个人都以为自己有权发表看法，但实际上大多数人只是表态和抒情。有太多的老师不是立足材料合理分析问题，而是乱发感慨，要不就是不假思索胡乱站队。你可以表达自己与众不同的看法，但你一定要说出为什么"它是这样"的道理来，一定要把这个道理讲透彻；否则就是"抬杠"。我们都知道，对人类智力成果的评定，并不是评定的人越多越好。如果用投票来表决的话，爱因斯坦的相对论早就死去了。因为在相对论创立之初，法国著名物理学家郎之万说，全世界只有12个人能懂相对论。甚至德国还成立了"反爱因斯坦同盟"，十几年后还出了一本书《反对相对论百人集》。人数的多少，从来就不能决定智力成果的优劣或正误。该老师可能受"卒章显志"的影响，感觉这个故事落脚在船主最后感激修船工补住漏洞救了自己的孩子上，目的是提醒人们要"防患于未然"。

因一些老师的不同看法，第二天我被迫又给老师们做了一次说明。我说，老师们议论很正常，碰撞才会产生思想火花；我昨天只是宣读了评分细则，没有详细解释我是怎样从材料里提炼出来这些立意的。这其实反映了我和老师们在思维方式和认知体验方面的一些差别。高考所给的作文材料永远是多姿多彩的，也许一句话就完整地表达出意思来了，也许写了许多话才能完整表达一个意思，但完整不完整又是相对于某种形状或某种情形而言的。我们会说一颗不完整的牙齿，但不会说一个不完整的水坑，所以，分析材料一定要具体材料具体分析。我是这样思考的：这个编造的小故事一共6段，前2段是叙述，是故事的主干，后4段是对话描写，是故事的补充。从表达方式的角度看，叙述的故事主干才是材料的重点。而叙述的两段中的重点是第一段，第一段只有两句话，重点是第2句话，第2句话讲的是修船工，这是考生最多的立意角度。第2句话有两个着意点："发现小洞"和"顺手补了"，这就体现了修船工的细心和责任心。但第1句话也不是可有可无的，如果"可无"那就不会出现了。第1句话有一关键词语，就是"修船工"，表明其职业身份，他是修船工，他懂得船底小洞的危险，他也有能力顺手补上，这体现了他作为一个修船工的职业操守和职业素养。所以最佳立意就是从职业素养、职业操守和细心、责任心的角度切入。"二类立意"的标准就宽了许多，只要立意与材料的"含意范围"挂钩沾边的，就算立意正确。诸如美德、成功、细节、习惯、奉献等，都是正确的立意。第二段主要讲船主事后送修船工一个大红包。从船主的角度立意，一类立意就是感恩、知恩图报等，二类立意即安全、防患于未然等。从一二段之间引出我们的第三个角度，就是从修船工与船主的角度立意，即二类立意：最美的合作关系。另外有考生从漏洞的角度立意，所以补充了第四个角度，算作二类立意。

陈嘉映教授说过，"理解"是语言交流的本质特点。我们的阅读，目的就是理解。尤其考场上阅读一则材料或一篇文章，考生任何说明和参考资料都没有，只凭着自己知识的积淀，内心的力量，玩味着眼前的字句，把含义模糊的文字一直弄到清清楚楚地理解为止。这种阅读就是让一篇文章向考生既有的理解力做有力的挑战。尤其高考逐步增加考核了思维能力特别是逻辑思维能力在命题中的权重，逻辑思维能力特别重要。不能不遗憾地说，我们的学生阅读能力很有退化趋势，你给他一篇文章或一段材料看，如果没有提示的话，很多学生看过之后弄不清楚这篇文章或这则材料说的是什么意思。最典型的就是高考作文的审题立意，一则作文材料，如果材料没有在立意上有所明示（仅有暗示不行），很多学生就难以从材料里提炼出"符合题意"的观点来，偏题跑题者居多。这实际上和语文老师有最为直接的关系。有些语文老师不擅长逻辑思维，分析材料总是想当然地做结论，或不假思索地人云亦云。这让我体悟到：有一碗水就可以参加高考，有一桶水才能够教好语文。

但尤其是评阅中，常有老师不辨良莠。评阅前一天，我在网络上浏览作文，挑选标准样卷，样卷难在选出50分以上的一类作文。千篇一律的作文令我昏昏然，蓦然眼前一亮，顿觉柳暗花明，发现一篇题为《伟大的微小者》的作文，连读三遍，立即拍案惊奇，立即给了55分，立即推荐给旁边的题长王永明老师；王老师读完也赞不绝口。当然，这篇作文在开头的语言上略有瑕疵，但瑕不掩瑜，故而被列为一类作文，列为标准样卷。翌日上午，评卷老师们试阅，结果这篇作文和我这个"专家"给出的分数距离颇大，老师们基本都给了40分左右，将其打入二类卷子中，只有一个老师给了51分。一看"专家"给出的分数，大家议论纷纷，争长论短；专家专家，专蒙大家。下午培训时大屏幕上展示出这篇作文，我给评卷老师们阐述我给55分的理由，详细分析了这篇作文的四大亮点。报告做完后还正沉浸在自己一双识才的慧眼时，有一老师悄悄告我，好像见过这篇作文。"抄袭！"这是我的第一反应。我当时的感受正如鲁迅所说的：但愿不如所料。以为未必竟如所料的事却每每恰如所料起来。一篇抄袭之文被列为标准卷，成了满分作文，慧眼有变成白内障的危险，传扬出去是个笑话。赶紧告诉王永明老师回家上网查查。王老师第二天一早就拿来复印的《伟大的微小者》，2010年四川高考满分作文，果然是一篇"套作"。开头瑕疵之处恰恰是考生自己改头换面的，呜呼哀哉！55分剩了零头。此考生的悲剧不在于他一个人输了，而在于他差一点赢了。作文其实不在乎给个什么材料，写个什么题目，关键取决于考生的思维质量。而评阅作文是同样道理，也是取决于阅卷老师的思维质量。

　　10天的评阅过程中，也经常与老师们发生类似分歧，为什么有些具有思维质量的好作文，常常不被阅卷老师看好呢？后来，我写了篇博文分析其中原因。我认为，评阅作文有两个角度：一是阅读者角度，一是写作者角度。俗话说，不会看的看热闹，会看的看门道。因为很多语文老师自己从不撰写论文，也不写任何文章，批阅作文总是从直觉印象出发，喜欢华辞丽句，看个红火热闹，浮光掠影一瞥，凭感觉给个分数。写作者角度却是从文章里面来观察文章，总是下意识地把自己放了进去，放在作者的位置上，重新体会写作过程。因为写作者自己是"内行"，他是根据自己的写作经验和感悟来看作文，就会看出门道来。我因为常写文章，尤其几十年的作文教学中，一直坚持着"下水"示范，所以我总下意识地从写作者角度评阅作文，而不少老师总是从阅读者角度评阅作文，这才造成大家同看一篇作文时产生比较大的分歧，不同的着眼点自然会带来不同的东西。事实上，一些在阅读者角度中常常容易被忽略的东西，在写作者角度却非常重要，甚至同一个词语，从写作者角度去理解，其意义、分量和内涵就可能与从阅读者角度去理解大不一样。刘勰在《文心雕龙》中说："操千曲而后晓声，观千剑而后识器。"这就是说，"子非鱼，安知鱼之乐？"你不写作，怎能体会到写作的甘苦？怎么可能从写作者角度去鉴赏评价作文呢？阅卷归来，我在博客里写了10篇《高考归来话阅卷》的博文，很受广大老师们喜爱，在网络上被反复转载，网友柳栖士评论："实话实说，实例实评，格外真实。有理有例，娓娓道来，给人启迪。言己及人，评卷导考，不愧专家！好文好文，不读不快，不评不快！"

　　再举一典型例子。2014年高考作文仍是新材料作文，给一"学生过独木桥的故事"。阅卷的倒数第二天，下午将要收工之时，我和唐莉老师、孙虎莲老师等几个小组长正在电脑前讨论我们文言诗歌组的阅卷进度，作文大组长山西师大的武院长急匆匆走进来，说"郗老师，你看看这篇作文怎么样。"武院长在计算机的阅卷系统里输入保密号，一篇题为《怎样面对零和博弈》的作文跳出来。武院长说："你不要看上面的评判分数，你觉得应该打多少分？"我一扫作文的卷面，字迹有些潦草，心里以为这位考生可能在作文里说了什么不合时宜的话罢，下意识地有了一个负面定位。当我很快地把作文读了一遍，颇有柳暗花明的惊喜甚至可以说是震撼！武院长急切地问："怎么样？"我说："这绝对是一篇顶级作文，给满分也不为过。"我再看看上面几个评卷老师给出的分数：一评给了45分，二评给了23分，三评给了37分，仲裁给了37分。武院长说："这是今天下午教育部来的专家检查作文阅卷，发现了这篇作文。专家说，这是她看到的山西省今年最好的作文，怎么才给了37分。"然后武院长就匆匆去作文阅卷组了。武院长前脚走，孙虎莲老师就问我："郗老师，刚才那篇作文真就那么好，比前面咱们看的那篇优秀作文还好吗？"我说："两篇作文不在一个档次上，前面那篇的美是化妆后的美，如果卸了妆也就一平常容颜；后面这篇文章的美是具有理性且充满书卷气质的美，没有刻意去化妆，内外一致的气质美。"孙老师说："下学期我带高三，那我赶快抄下来，回去给我的学生们学习学习。"我说："已经关了阅卷系统了，我没有保密号。"孙老师说："我记住保密号了。"我说，"你真有心啊！"随后输入保密号，找到那篇作文，孙老师即刻抄录下来。这事随后也就忘记了。

　　第二天下午四点多钟，高考阅卷结束。老师们领完劳务费走后，各题组的大小组长们开始领劳务费。这时候站在我身后的武院长问作文组的副组长王永明老师："昨天那篇作文你们最终给了多少分？"王老师口将言而嗫嚅，迟疑一会儿说："48分。"武院长立刻生气了，嗓门也提高了好几度，批评王老师。武院长是个性情温和的人，我还从未见过他发如此大的脾气。王老师解释说，这个分数是几个大组长以及8个小组长一起研究的。我在旁边听得心里"咯噔、咯噔……"一直大跳，也有些心虚。莫不是我看走了眼，误导了武院长。孙虎莲老师领了劳务费刚走不多时，我即刻追上，取了她抄写的那篇作文，即刻在商务学院大门外的复印店打印一份。回到客房，将《怎样面对零和博弈》细读了一遍，再次肯定我最初的看法：这确实是一篇顶级的作文。晚饭后，我写了一篇分析《怎样面对零和博弈》的千字文章，将这篇作文的特点做了比较细致的阐述。在文章结尾特意加了一段话，目的是要给武院长看："考生这篇作文没有学生腔，也没有多少调侃（3段略有调侃味儿，目的是用归谬法从自己看球赛的心理而推论出历史虚无主义，反证"零和博弈"并不是无意义），相反有一种学术的味儿，其论述的深度已经超越了阅卷老师的水平，所以，才会出现37分的结局。"

一个人要能够正确地思维，第一步就是要弄清脑子里的各种概念。因为逻辑思维是理性思维的基本形式，概念清晰是逻辑推理的基本要素，概念模糊就不可能产生抽象的逻辑思维。而我们不少语文老师思维最致命的弱点就是概念模糊、混乱，喜欢想当然地去做判断。这位考生是从博弈论的角度来看待材料中那两个"相抱转身而过独木桥"的学生的，题目的"零和博弈"就是明证；而与"零和"概念对应的概念即为"双赢"。问题的要害在于，阅卷的老师以及参与讨论的老师们，有没有问问自己：我清楚不清楚什么叫"零和博弈"？我有没有博弈论的背景知识？这位考生虽然思维清晰，思想锐利，但毕竟考场写作的经验不足，其吃亏也在经验不足上。毛爷爷曾教导我们说："射箭要看靶子，弹琴要看听众，写文章做演说倒可以不看读者不看听众吗？"这位考生写作文实际是高估了阅读对象，下意识地以为阅卷老师也很了解博弈论的知识，有经济学的背景知识，有点曲高和寡了。很多语文老师习惯一辈子在自己那一亩三分地上来回折腾，不会在别的知识土地上去耕耘一番。写完之后，我给武院长打了一个电话，准备就这篇作文再阐述一下我的看法与理由。正好武院长与王永明老师在隔壁做阅卷总结的报告之类，即刻过来，我把这篇分析文章给武院长和王老师看了，我们又做了一些探讨交流，大家很赞同我的分析。王老师拿U盘拷了我写的分析文章，说回去后再仔细拜读。

2015年某日上网，突然发现一篇文章《从写作要求和评分标准看高考作文的症结》，发表在《课程·教材·教法》，2015年第3期，作者是国家考试命题中心赵静宇，这正是2014年去山西省阅卷现场调研并发现《怎样面对零和博弈》作文的那个专家。她在文章中特别分析了《怎样面对零和博弈》这篇作文，一共三段，与我的分析所见略同，但是比我的分析要略微简单一些。作者最后一段，单独成行，突显出来，意味深长，颇有春秋笔法之特点。

　　附文：考场上并不缺少有思想的好文章。有些作文内容丰富、例证新颖、逻辑清晰、语言平实、笔法老练，让人惊喜。同样是面对"山羊过独木桥"的材料，一名考生写下了题为《怎样面对零和博弈》的作文。

文章的开头提出经济学上有一个概念，叫"零和博弈"，指的是博弈中双方不是你死就是我亡，结果为零。接下来论证，虽然结果为零，但"零和博弈"不是没有意义的。举的例子是2014年的巴西世界杯：如果认为总会有输有赢，只能有一支球队捧起大力神杯，那比赛就没有意思，无意义了。回顾材料，将抱住转身握手言和的逻辑推演下去的话，世界就只剩下一个"零"。在山羊过独木桥的比赛中，选手锻炼了体魄，收获了快乐，增进了友谊，是立足过程与收获而无视结果与失败，而抱住转身握手言和是从零到零，意义还没有出生就已死亡。最后一段总结，竞争也是一种合作，它用胜负激励我们，压迫我们去改变自己，去成为更好的人。

这样有自己独到见解的文章，需要培养的土壤和发现的眼睛。

【我的论文】

语文老师很需要加强逻辑思维能力的锻炼

语文不仅仅是语言之学，更是一门思维之学。而正确的思维方法或工具就是逻辑，逻辑思维是理性思维的基本形式。在日常语言中，"逻辑"一词，含义并不确切，狭义而言，指的是"形式逻辑"；广义而言，是讲一种思维的规律与方法。高考语文考纲制定负责人温儒敏先生说："从感性认识到理性认识是一条最重要的认知规律，一个人思维的形成、思想的成长、语言文字能力的提高，都需要逻辑思维能力的提高作为支撑。语文课堂承担着教会学生理解世界、表达自我的使命，更是与逻辑密不可分。"也就是说，逻辑思维能力是骨架，而语言文字能力乃血肉，缺少骨架，血肉焉能立起来！一个语文老师的语文素养薄弱或有所欠缺，根本问题是逻辑思维能力比较薄弱。

在最近十几年的教学过程中，我曾听过各地语文老师的上百堂课，在对讲课老师的课堂教学以及自己教学的反思中，对逻辑思维的重要性认识得越来越清晰了。黑格尔说过，逻辑是一切思考的基础，语文教学背后最重要的是逻辑思维，而相当一部分语文老师的逻辑思维能力是比较薄弱的。最近我读到吉首大学的刘精盛教授于2017年6月写的一篇文章《语文教学中应注重逻辑思维能力的培养》，特别有共鸣。刘教授说："我们中文教育专业的学生，有相当一部分逻辑思维能力是比较低的，而这样的学生往往表达能力也不强，如果不加强学习，今后担当中学语文教师是会误人子弟的。这绝不是杞人忧天……语言和思维是密切相关的，逻辑思维能力不强必然会影响人们的表达能力，表达能力不强就无法胜任语文教学。""一个真正合格的语文教师至少擅长于对话语和文本的理解、分析、概括、推断，并且擅长于有条不紊、深入浅出地表达出来。"所以，语文教师应该掌握比较系统的逻辑知识，才能够有效地对学生进行逻辑思维训练。

2007年进入新课改后，我忝列"山西省新课改学科指导组"，在省内各种研讨会上为语文老师做过多场专题报告，报告内容经常不同，但相同的一点是，我一直呼吁重视逻辑思维。

2009年10月，我在省新课程研讨会的专题报告，题目为《关于新课改与逻辑思维能力的思考》。我如是说："新课程改革有没有成效，最终还得看教师的课堂教学质量；而课堂教学的质量，则取决于教师的逻辑思维质量。如果教师的逻辑思维质量没有什么变化，无论是怎样的改革，用鲁迅先生的话来形容，就是'我总觉得意义很寥寥'。"

2010年4月，我在省高三研讨会的专题报告，题目为《关于高三复习与逻辑思维之间关系的一些想法》。我认为："我们语文教学严重地缺乏逻辑思维能力的培养，实质上也就是严重地缺乏思维能力。因为人类思维最本质的部分，也就是最关键的步骤，几乎都集中在抽象的过程中。它既是分析思维最重要的基础，也是综合思维最重要的创新技巧和手段。偏偏我们现实的语文教学中最缺乏这个。"

2010年6月，我在临汾做教学专题报告，题目为《让每一根有思想的苇草都摆动起来》。帕斯卡尔说："人只不过是一根苇草，是自然界最脆弱的东西；但他是一根能思想的苇草。"帕斯卡尔强调"人的全部尊严就在于思想"，人虽然因思想而伟大，但人的伟大性却与悲剧性共存，其悲剧性就在于"苇草"会经常因懒得思考而渐渐停止摆动。因此，我呼吁"苇草们"积极"摆动起来"。

2012年2月，我在省高三研讨会的专题报告，题目为《现代文阅读常见的八大逻辑问题》。

……　……

刘精盛教授说："笔者近几年常常给成教学生上课，其中大半为中小学语文老师，因此对一些语文教师的底细是清楚的。我可以毫不夸张地说，不少教师离开了教学参考书，恐怕教不下去。我认为，现在的语文教学参考用书固然为老师提供了方便，但也妨碍了教师对教材的钻研，许多教者有了此法宝，于是段落大意、中心思想、写作特点以至于习题答案等全按参考书那一套讲下去，于是有了千篇一律的教法。"我听过很多语文课，确实感觉我们不少语文老师有些逻辑思维能力不足，激情有余。殊不知教学0中如果没有严谨的思维、深刻的理性，没有逻辑思维能力，越有激情反而越有破坏力。听老师的公开课可知，老师们大多喜欢讲《荷塘月色》《故都的秋》一类抒情散文，不太喜欢讲《拿来主义》《在马克思墓前的讲话》《就任北京大学校长之演说》一类议论文章。譬如第九届"金钥匙"赛，讲《赤壁赋》者，板书多为"乐——悲——喜"；讲《江南的冬天》者，板书多为"曝背谈天图——江南山野图——微雨寒村图——江南雪景图——旱冬闲步图"……几乎就是一个模子刻出来的。几个或十几个老师解读同样的文本，驾轻就熟的提问方式、问题以及板书都如出一辙，那就是缺乏逻辑思维能力的具体表现。窃以为，检验自己逻辑思维能力比较简单的方法，就是试着把别人问过的问题搁置起来，看看除此之外，自己还能提出哪些有思考价值的问题来。

翻翻历年来全国各地各种各样的模拟卷或高考卷的作文材料，亦可看到逻辑思维的欠缺。譬如，作文材料特别喜欢给一个编造的鸡汤故事，多是一个完整且有点离奇的小故事，寄寓一些言外之意。基本结构模式为：感人的小故事＋个人感悟。通常，讲故事不是目的，用故事来引出感悟才是目的。

譬如下面这个《紫砂壶的故事》。

古镇老街上有一老铁匠，由于没人再需要定制铁器，他在铺里改卖铁锅、斧头和拴小狗的链子，每天的收入刚够他吃饭和喝茶。他总是听着收音机，拿一把紫砂壶喝茶。某日，一文物商人偶见那把紫砂壶，仔细鉴玩，认定乃清代名家亲手所作，欲以10万元价格买下。老铁匠一惊，却拒绝了，因为这把壶是他爷爷留下的。壶虽没卖，但老铁匠有生以来第一次失眠了。镇上的人们知道老铁匠有一把昂贵的古董茶壶后，纷纷上门索问，或向他借钱，甚至夜入"寻宝"，老铁匠的生活被打乱了。后来，文物商人带着20万元现金第二次登门求购时，老铁匠招来一众邻居，拿起铁锤，当着众人的面把那把紫砂壶砸了个粉碎。从此，老铁匠日子又恢复了平静，据说他现在已经活过100岁了。

这个故事最惊心动魄之处，莫过于老铁匠举起铁锤的那一砸。随后洒落一地的，不只是一堆碎片，也不只是一沓钞票，而是无尽的欲望、贪婪和痴迷。所谓知足者常乐，某些时候，能守住平静，方能守住快乐。

这类故事通常读来很精彩，感人至深，催人泪下，但这种故事本身其实缺乏必要的证据和理由，也没有严谨的理性思考，更缺少比较充分的逻辑分析推论，靠的是一种充满激情的感情渲染。事实上，真实的生活因为细节太浓厚、太复杂而掩盖了各种各样的秘密，而经过剪辑处理的故事中，隐藏着作者的观念和假设。

鸡汤故事特别喜欢灌输这样的观点：人最大的敌人就是自己，如果谁能战胜自己，那么这个人就能够战胜一切。战胜自己的什么呢？欲望。史铁生曾经说过："人真正的名字叫欲望。"然而，鸡汤故事似乎是受佛家影响，总把欲望看作负面的东西，甚至罪恶之源，于是故事中的老铁匠就必须要灭绝自己的欲望。这种恬淡无欲的行为或许是高贵人性的一种表现，但现实生活中很少有人采取这种极端的选择。这种选择，看似简单，其实艰难。因为这种高贵行为的一个基本性质就是彻底牺牲个人利益。问题在于老铁匠这种损己行为并没有利他的效果，且此行为既不普遍，也难仿效。试想，如果将紫砂壶捐献给博物馆，抑或将紫砂壶换取20万现金捐献给希望工程……以上任一选择都比将其砸碎的结果要有益得多。窃以为，平即没有失衡之意；静乃安静之意，没有失衡，方能安静。现实生活中，脑袋一热而砸碎自己珍贵的祖传紫砂壶的做法，恐怕才更容易心理失衡吧！

"知足者常乐，能守住平静方能守住快乐。"或许就道理本身而言，这句话说得没错，但道理如果失去与生活的相关性，就失去了根据，至多只是一种语言游戏。实际生活的选择往往并不听从语言的选择，因为人们对利益的理性考虑往往强过道理。眼前的现实是，人们相信道理但未必按照道理行事。孔子早就提前感叹过："吾未见好德如好色者也。"鸡汤故事讲的道理只是生活的替身，如果替身表演得惟妙惟肖，那故事的真正对象必然是生活问题；如果替身有太多的过于夸张的表演，那人们的思想就会被误导。

事实上，一个人在遇到问题时，首先需要的是冷静地直面问题，其次要理性地解决问题。老铁匠因为有亲朋索借，有盗贼行窃，就毅然决然地将家中贵重之物彻底毁掉，可能吗？此举是为了自己心灵获得平静呢，还是为了杜绝他人的觊觎呢？是砸掉了自己的欲望呢，还是砸掉了别人的贪婪呢？窃以为，"铁锤"在这儿很有某种象征意味。生活的困惑是很难彻底解决的，所以，这种一锤子砸下去就痛痛快快地解决了所有困惑的终极想象，似乎就具有了不可抗拒的诱惑力。人们明知这种想象是幼稚的、不现实的，但仍然忍不住希望能有这样一个简单快捷且一劳永逸的终极方法。因此，编写鸡汤故事的目的不在于解决问题，而是让人们换一个角度来看待问题，从而使人的负能量转换为正能量。这正是鸡汤故事的荒谬所在。

人们经常错误地认识生活，对于日常生活的困惑，那些貌似智慧的格言足以糊弄人。鸡汤故事中类似老铁匠这种无欲无求的高远境界，这种一箪食一瓢饮、诗意栖居陋巷的生活，寓意虽深，但因偏离实际的生存问题而缺乏思想的重量。我们真正为之所困惑的是生活的悖论状态：即使生活之道是显而易见且人人都同意的真理，但人们并不一定知而为之，甚至有时故意选择错误的做法，譬如人人都知道自私自利不好，口头上都会否定，但具体行事中大多数人很难选择无私，更有人喜欢用学术语言把自私说成是理性的经济人，或个人利益最大化等。生活的困惑意味着明白道理并不必然导致按道理行事。

我在20世纪90年代初，读到过康德的一句名言："我不是教学生学哲学，而是教他们哲学地思考。"我特别喜欢这句话，并努力尝试教学生"哲学地思考"。所谓"哲学地思考"，即运用逻辑思辨来分析问题，哲学中逻辑分析是贯穿始终的。温儒敏先生在2018年做过专题报告《"三新"与语文教学改革——新课标、新教材与新高考》，其中讲到，今后高考一个变化就是加强逻辑思辨能力的考查。"这也是我们传统语文所缺少的，新课标也会注入。未来，高中语文也专门有逻辑思维这块内容。20世纪50年代是要学逻辑的，但后来没有了，现在重新重视起来，是因为当今社会太不讲逻辑了，网上掐架的人打了半天都不知道对象是谁，完全没有逻辑。"如今，语文界已基本形成共识，即语文不能缺失逻辑思维。逻辑思维能力的提高与个人语文素养的形成密不可分；当今语文教育中逻辑培养缺失，应加强对学生逻辑思维能力的训练……

逻辑分析能力终究是一种隐性能力，就如英国著名应用语言学家皮特·科德所言的情况："一个人可能掌握了大量的针对一种语言的知识，但却一点儿也不会运用这种语言。"所以，并不是知道黑格尔、笛卡尔说了些什么就能够进行哲学的思考，也不是读几本逻辑学著作就有了逻辑分析能力。掌握具体的哲学知识、逻辑知识，和具体的逻辑思维能力、哲学地思考的能力不是一回事。实际上，哲学地思考并不是传播一种由他人总结出来的哲学知识，而是传授一种看待问题和论证问题的思考方式，这或许就是"教学生哲学地思考"吧。而这种逻辑思辨能力是平日一点一滴操练而积累起来的。因此，语文老师很需要加强逻辑思维能力的锻炼。

7. 手中无刀，心中有刀；招无定数，见招拆招

◎ 要想让自己在某一方面有底气，必然需要大把的时间花在这个领域，需要精耕细作和坚持不懈。时间花在哪里，底气就在哪里，时间长了，就会看得见。

林语堂在《论读书》中说过："学校专读教科书，而教科书并不是真正的书。"鲁迅也批判过这类只读教科书的读书。光读教科书容易把人都读傻。如果一个语文教师没有广泛的越界阅读，缺少一定的人生经验，解读文本时则会拘泥于文章的表层含意，必然表现出自己的浅薄和无知。余秋雨说："从根本上说，文学首先不是一种职业，而是一种素质。"提高语文教师的语文素养除了读书别无他途。我一直认为语文是一个人综合素质的体现，它是一个人素质全面提高之后才能有所提高的学科。

杨东俊老师曾说，我有一句话讲得很好，"淡出江湖"。自从张春莲老师2013年退休之后，我也基本上不参与省教科院的各种教学教研活动了，从淡出江湖到逐渐退出江湖。我觉得，历史就像割韭菜似的，去了一茬才能生出一茬。50后的一代应该主动金盆洗手了。我在职期间，没有私自去私立学校代过课，也曾有阳泉宏昌中学的Z校长邀我代课，并许诺代课费高于别的老师，我即刻拒绝了，理由是在职期间我不去私立学校代课。退休之后，我的学生J推荐我去太

原课外辅导机构"某培训机构"再发挥几天余热。我在"某培训机构"教了整整三年，完全实现了我的"语文学习以作文为重"的观念。S.皮特·科德早在《应用语言学导论》中就明确说过："我们要培养的是使用语言的人而不是语言学家，是能'用这种语言讲话'的人而不是'谈论这种语言'的人。"北大教授曹文轩也是著名作家，他有篇文章如是讲："语文教学最大任务是什么？是培养孩子的写作能力，往大里说是与人的培养相连的，一个完整的人、完美的人、完善的人应该具有写作能力。"他甚至强调："一个人能够写一手好文章，这是一个人的美德。"我每周六、周日上课，主要是作文教学，兼及诗歌阅读、文学类文本与实用类文本阅读。在这儿教这些学霸牛娃，才真正体会到了什么是"得天下英才而教之"的快乐。

"某培训机构"一级又一级的学生，全是山西省的学霸牛娃，目标皆是北大、清华之类名校，学习能力超强。教这样的学霸，深刻体会到，当今的孩子知识面宽广，学校仅仅是为学生提供了一个学习场所，他们来这儿未必是要接受老师教授的知识来的，譬如好多课都有光盘，他可以买来光盘自己看，且都是名师讲的。我就知道几个以前学生的孩子，初中就学习完了《新概念英语》1~3册。就算数理化这些通常被认为很难学的课，很多学生的学习已经远超出教材的内容了。所以，如今老师的权威性已经大打折扣，不像我们50后的小时候，很多学生家里没有半本书，老师就是书籍的化身，就是知识的权威，家长如果对什么知识有质疑，孩子就会说，这是我们老师说的！无限信赖老师，无限崇敬老师。如今不用说普通中学的老师，就是重点中学的老师，也可能很难享受到过去老师的感受了。曾读过一篇文章，说在北上广深等大城市，有的孩子读初中的时候，已经走过半个地球了。老师在教室里面讲加拿大，学生说："我在加拿大住过很长时间，老师你去过没有？"不少学霸的知识不敢说学富五车，估摸也有三四车了；而语文老师若是不读书或很少读书或读的书质量不高，还死守着大学中文系的那点儿东西，充其量也就装个半车一车的。你讲的学生都知道，甚至你没讲的学生也知道；而学生不知道的你也不知道，这个书还怎么教？老师的权威还能立得住吗？省实验中学的高云老师为我的新书《咏人物——语文有情怀》作序时说："他的电子邮箱地址是'阳泉三中郗晓波'的首字母，他曾经质疑我学生的习作是不是抄袭的，直到退休后辅导了省城几所重点高中的学生，才告诉我，'学生里真有人才'。"

譬如，有次作文课，有个男生写一作文《错误是真理之母》，是一篇很哲学的文章，讲了16世纪主观唯心主义哲学家贝克莱的哲学观念，"物是观念的集合""存在就是被感知"。这是我们曾经痛批的唯心主义观点，但这种观点并非胡言乱语，其有着深刻的道理，它揭示了我们所谓的"客观世界"的主观性质。外部世界的存在，我们诚然是可以承认的，但是其性质却并不独立于我们的判断之外。譬如，事物本身不具有美丑的属性，美丑是判断者的感受。一块石头与一块金子，如果没有人去看它，怎么会有贵与贱的分别呢？其实，阅读德国哲学家叔本华的《作为意志和表象的世界》，就知道他的观点与贝克莱大同小异。"作为意志和表象的世界"，听起来玄乎，说白了也不过是常识。世界是"表象"，是说世界上一切东西的存在，都以人的感知为条件。如果离开人的感知去谈"实在"，是无意义的。唯物主义者说的"物质第一性"也许没错，但你是如何知道有"物质"的呢？那是因为你"感知"到了"物质"。可见，人的感知和世界是同时到来的，既不"唯物"，也不"唯心"，说"唯"就有些绝对化了。实际上像唯物主义、唯心主义这样的名词，如今已逐渐淡化了，因为这样的说法不太合适，从科学认识论来看，更适合的说法应该是唯物论或是二元论。所谓二元论，是说意识和物质都是本质，两者可以相互交流，但本质上却是相互独立的。

一个高中生在作文里大谈哲学，而且谈得还是人们比较陌生的唯心主义哲学，该不会是抄袭的吧？我在课堂讲评作文时，与该学生略做交谈，确定这位学霸确实喜欢读这类无用之书。纪实作家乔治·安德斯新出一书叫《你能做任何工作："无用的"自由技艺的惊人力量》，哲学就是被人认为无用的东西，但恰如庄子所言，"无用之用有大用"。我又联想起那篇名为《怎样面对"零和博弈"》的作文，劝解该学生高考考场作文可以从某个理论角度来立论，但一定要将理论通俗化，千万不能写得这么"哲学"，你的论述如果超出阅卷老师的水平了，没准儿给你个30分！

如今高中学校女教师是绝对主力，一开语文研讨会，姹紫嫣红一大片。令我不解的是有些女老师很反感幽默。有次我们操练的作文题是2014年深圳模考的一个材料作文，谈"校服涂画"事件。"山大附中小班"一男生作文题目是《校服？笑服!》，开头三段如是说——

"元芳，你怎么看？"

"校服涂鸦"之所以引起记者的关注，说明此类现象已较为普遍了，未来的"毕加索"们都在自己的校服上展现画技，或抽象画，或机器猫，让校服化身他们各自的"铭牌"，阔步大街，拉风作秀，颇让校服成了"笑服"，让人好笑之服。故而，记者做了采访，做了报道，就是向全社会询问："涂鸦校服"，你怎么看？

"大人，我以为此事有三方面原因。"

其一，学生的玩乐心态。……（具体内容略去）

其二，学生的炫耀心理。……（具体内容略去）

其三，学生的轻视心思。……（具体内容略去）

我大大赞赏了这篇作文，最大亮点即语言运用活泼，新鲜，颇有幽默感，如"元芳，你怎么看"等；而且主体部分的三点看法，在用词上的变化，颇动了一番脑筋。结果一周后该学生又请教我："郗老师，上次你叫好的那篇作文，我在学校月考的时候用上了，结果被我们老师狠狠地砍了分，只给了30分。老师说要给我一个教训。"我挺惊讶："为什么？老师有没有讲理由？"学生："老师说了，阅卷老师最不喜欢调侃的文章。"我问，你们语文老师是男的还是女的？学生："女的。"这真让我无语。事实上，高考考场阅读考生作文，滥情文章俯拾即是，而幽默文章难得一见。我们都知道，幽默文字不是老老实实的文字，它运用智慧、聪明，与种种招笑的技巧，使人读了惊异，发笑。言语幽默是言语作品中最值得玩味、最令人流连忘返的部分。透过它，可以看到作者对语言运用的娴熟程度，尤其能看到他们对语言的辩证的剖析与运用；或者说，言语幽默是人们对自己语言的辩证思维的结果。如果从这个角度而言，幽默的文章最符合高考作文的指向：重视考生的辩证思维。现实状况是学生稍稍幽默一点儿，常会被一些严肃的老师棒杀，认为这是调侃，调侃又等于不正经，不正经又等于油腔滑调，油腔滑调又等于不道德……某些老师们潜意识里经常运用着"滑坡谬误"来推断考生的作文，凭自己好恶给分。因此，我在博客里写了一篇博文《幽她一默大有妨!》

　　幽默代表的是一种良好品质，没有良好阅读习惯的人，是幽默不起来的。这更加锻炼一个人的意志力，读书的意志力。有的人，是一种假幽默，你看着长相幽默，但其实稍一接触，即发现他一点儿不幽默，因为没有能量供养他。说女老师不喜欢幽默调侃，似有棒打一大片之嫌疑。因为近几年读书，我特别喜欢几个女作家，如刘瑜、蒋方舟、胡紫薇、端木赐香等，思想都很睿智犀利，文字很具幽默感，很有可读性。不知为何，学校的女老师幽不了默，或许是性格使然，或许是师道尊严使然，但自己不幽默不要紧，关键是要能欣赏学生的幽默，故而，幽默不光需要学生的"创造"，而且还需要老师的"欣赏"，制造幽默的人和欣赏幽默的人的共同"创作"，才会形成幽默的效果。幽默确实需要老师有一份平和心和宽容心，才可能将愉悦传递给学生，否则老师很难由内而外地释放幽默感。培养学生的幽默感，比老师想象的重要得多! 有人说："一场最伟大的教育，莫过于让孩子浑身都是幽默细胞。"张爱玲说过："长的是磨难，短的是人生。"在磨难里如何生存，只有保持足够的乐观精神。我告诉学生："你可以不高，可以不富，可以不帅，但你不能不幽默。"

　　记得我第一次去"某培训机构"上课，负责排课的毕老师第一次通电话问我："你的课一学期安排讲几次?"我问，安排讲几次是什么意思? 她说，就是问问你准备的内容可以讲几次，我就给你安排几次。我说："语文学习是个无穷无尽的东西，永远没有讲完的时候。"毕老师说，那我就清楚了。讲课当晚，办公室坐着五六个学生家长。一个家长问我："郗老师，不知您的课的具体安排是什么?"我明白，家长的意思是我要讲多少课时，每课时具体讲些什么内容。我说，我没有什么具体安排。家长们很吃惊："那您要怎么讲? 讲些什么呢?"我说，武侠小说里经常用两句话形容武林高手，一句是"手中无刀，心中有刀"；一句是"招无定数，见招拆招"。我就是语文江湖里的高手。你们孩子手里有的东西就是我要讲的东西，你们孩子学习中的问题就是我的教学目标。语文是个很复杂的东西，三言两语和你们说不清楚。让你们孩子试听一堂课，看看他们是什么反应。在旁人看来，我这样夸赞自己实在有些自信爆棚得自负啦！孟子说："人之患在好为人师。"我倒是觉得教师本人之"患"恰在于不"好为人师"，老师就是为学生"传道、授业、解惑"的人，自己如果对自己的学识、能力没有自信，如何能教好学生呢？如何能让听课的学生信服呢？

当然，我的底气来自读书。底气这东西，不是平白无故出现的，它是长年累月的积累。常年利用业余时间读书，时间久了就会有书香气；常年利用下班时间刷手机，时间久了就会懂得各种八卦；常年工作时偷工减料，时间久了自己也觉得没啥长进。不过，这也确实是我讲写作课的特点，因为我们国家没有系统的高中作文教材可用。既然自诩武林高手，我的招法精髓就在于"新"和"变"，不为招式所限，不为定式所规。高考试题年年有新变化，老师也要以创新求变应对各种难题和挑战。事实上，我在辅导机构上课，没有预先准备的要讲多少堂课的具体内容，全是针对学生在上堂课写作中出现的问题，再来准备下堂课讲什么；我的课是为解决学生的问题而存在的。问题是什么，这很重要。去分析问题，去探索问题，去寻找论据。答案和蕴意，反而并不太重要。美国的哲学家、语言学家诺姆·乔姆斯基从麻省理工退休后被记者问道："什么才算是真正地受过教育？"他说，得学会提出问题并解决问题，这才是教育的真义。

8. 第十一次感悟：写作是一种活的技术

◎ 讲课也好，写作文也罢，就像街头打架一样，最忌套路，最忌迂腐；怎样有效怎样来。习得百般武艺，只为一朝忘却。

我虽然于多年前就意识到写作是一种技术，但临近退休时才真正感悟到，技术可分为两种，一种是活的技术，一种是死的技术。死的技术比较容易掌握，譬如炒菜，譬如武术套路表演。但掌握活的技术就比较难。譬如街头打架，就是活的技术，因为别人不会像个沙袋似的立在那里等你来打，这也是经常见有网络视频中太极大师被搏击选手揍得鼻青脸肿，武术冠军常常被街头混混打得落花流水。孔子曾说："吾何执？执御乎？执射乎？吾执御矣。"孔子对学生说，我要专长于哪个方面呢？驾车呢？还是射箭呢？我还是驾车吧。孔子认为，射箭和驾车，这两门技术，相对来说，射箭是死的技术，驾车是活的技术，因此驾车比射箭更不容易掌握也更重要。换句话说，写考场作文，首先是一门可学习的技术，能掌握的技术，有一定的套路可循，譬如什么开头八大技法，结尾五个妙招等，都是死的技术。其实，写到一定程度就会发现，在死的技术层面人与人的差距不是特别的大，绝大多数学生只要加以指点，就能在考场写一篇合格的作文。但写作文又是一门活的技术，因为学生本来就是活蹦乱跳个性迥异的人，而且作文的题目千变万化，可写的东西无穷无尽，词句组合的方式波谲云诡……考场上写一篇作文不是把所有的零件都摆在眼前，然后按照设计的图纸进行组装的死的流程，故而，要想得高分也不是一件容易的事。活的技术使用娴熟那就成了艺术了。

我在出道之初写的《教学艺术散论》就说过："什么是教学方法？就是你想的办法能解决了学生的实际问题，就是最好的教学方法。"西安市某重点高中博客名为"秦岭布衣"的老师曾向我讨教给学生讲课、写作有何高明的方法。我说："这方法那模式，就像武术套路表演，看起来漂亮，结果街头打架被人揍得鼻青脸肿；至于学生要阅读的文章，要写的作文题目，也多是他们在学校刚做过的，甚至有些课就是临上课时，学生拿一张卷说，老师，这是我们刚模拟的试卷，能不能给我们分析一下作文题目，或诗歌阅读等。然后这堂课我首先讲解学生的新问题。譬如，有一学生在模拟考试中觉得所给作文分不够理想，临上课四五分钟前，拿她的作文让我指点一二。一篇看罢，我说："你作文的立意为'勿忘初心'，有点偏题。"她说："没有偏题。"我问："你有什么根据或理由？"她说："我问过好几个老师，我们学校老师都认为材料的论点就是勿忘初心。"我说："人多未必就有理，你们老师是这样认为的，不是一个理由。"我追问："你们老师的理由与根据是什么？"她说："老师没说理由。"我说："塞拉斯说议论文就是'给出和要求理由的游戏'。任何观点都应当有相应的理据，写议论文就是讲道理，所谓讲道理就是言说理由、根据。你说这则材料的观点是勿忘初心，如果你说不清其中的道理，你的观点就是无根之木，没有相应的理由，我怎么能相信你的观点。好吧，这堂课我们先一起分析一下这则材料的立意究竟应当是什么。"

阅读下面的材料，按要求写作文。

Spring kook是澳大利亚一个草原的名字，那里的草都长得特别好，所以那里生长着的羊群规模越来越大。随着羊群的不断发展，就出现了一个非常奇怪的现象：走在前面的羊群总能够吃到草，而走在后面的羊群总是只能吃剩下的，于是后面的羊群在前面羊群吃草的时候就会跑到队伍前面，就这样，羊群为了争夺食物，都不愿意落在后面。

羊群开始不断地往前奔跑。刚开始的时候，跑在前面的羊群还会知道停下来吃草，但到最后，所有的羊都知道：只要想吃到草就要拼命跑在最前面。这样在Spring kook草原上就形成了一个非常壮观的场面，羊群都朝一个方向不停地奔跑。Spring kook草原尽头是一个悬崖，羊群跑到悬崖边缘也全然不理会，于是整群的羊就往悬崖下跳。

要求：（1）自选角度，自定立意，自拟标题，自选文体。（2）不要脱离材料的含意，不得套作，不要抄袭。（3）用规范汉字书写。（4）不少于800字。

上课时，先让该同学说说自己如何分析的。该学生又看了一会儿材料说："材料上就是这么说的，你看材料。"同学指着材料中一句话对我说；"刚开始的时候，跑在前面的羊群还会知道停下来吃草，但到最后，所有的羊都知道：只要想吃到草就要拼命跑在最前面。"我说，你单从这句话得出"勿忘初心"的观点，是只见树木不见森林，犯了"草率结论"的逻辑错误，即看到一点证据，不经周详思虑，立刻就下结论。我问他，"勿忘初心"是什么意思，不就是不要忘记最初的想法吗？羊群最初的想法是什么？无非是想吃到最肥美的草，因为材料中也说明"羊群为了争夺食物，都不愿意落在后面"。由于Spring kook草原的草都长得特别好，所以那里的羊群规模越来越大；草就被吃得越来越少，争夺就越来越激烈了，争夺激烈的目的无非还是"为了争夺食物"，哪里改变了初心了？羊的想法从始至终都是"争夺食物"，只不过原先的资源丰富，竞争不激烈罢了。不过，如果按照"新材料作文"的立意要求，在材料的中心立意与非中心立意，都是对的，"勿忘初心"也算对吧，但不是最好的立意。同学说，你认为这则材料什么立意最好呢？我说，最好的立意应当能承载材料的核心内容，能体现出材料的思辨色彩。我说，我是这样分析的——

这则材料讲的核心内容：羊群为夺食物，拼命竞争，导致为争而争，全部灭亡。寓意为：人类为争夺利益，拼命竞争，常常为争而争，结局可能是毁灭性的。采用类比推理可清楚承载材料核心内容的含意。为什么竞争如此惨烈呢？因为所有的竞争都是与稀缺性资源相伴而生的。资源有限，谁先抢占谁就会利益得到最大化。如舆论常讲"不要输在起跑线上"，孩子从小参加各种辅导班，目的就是抢先占领最前面的位置，即最有利的位置，就是这类拼命抢先竞争的写照。

其实，经济学家讲了，人类的每一种行为都是竞争，只是竞争方式不同罢了；每一个结果都是竞争之果，只不过由不同的竞争方式所致罢了。譬如，发明创造、降低成本是竞争；偷鸡摸狗、坑蒙拐骗也是竞争；努力学习是竞争；考场作弊也是竞争，不过是不同的竞争方式罢了。但竞争到极端，就会产生"丛林法则"，就会导致人类的战争和毁灭，这就是人们批评社会达尔文主义的缘由。黑格尔讲："存在即是合理。""合理"是什么意思？是说每一件事都有其存在的理由和根据。用经济学的术语来讲，就是每一件事都有它赖以产生的约束条件。羊群竞争乃无序竞争，类比社会，之所以无序竞争，是因为缺乏制度的制约。人都是自私的，欲壑难填，所以需要规则制约，规则是要让人们在约束范围内追求利益的最大化。无序竞争缺乏规则的制约，这就需要进行制度和激励机制建设，在制度和激励机制下，你叫他那样做，他也不愿意。所以，我认为这则材料讲的核心是"竞争与制约"的关系。立意：竞争需要制约，无序导致毁灭。

诺贝尔物理学奖获得者玻尔有一句名言："解答是死的，问题却是活的，否则，哲学就不会有这么持久的生命力了。"我说，文章是死的，题目是死的，但问题却是活的。老师的作用不是教授死的知识，而是解决活的问题。因为我的课都是针对学生的问题、短板设计的，有的放矢，自然效果明显。这些听课的学生皆是山大附中学霸类人物，绝大部分学生从高一一直跟随我学习到高三。学生都很聪明，他们觉得有用，能有效提升成绩，才乐意掏钱堂堂不误地听课。记得有一次一个男性家长陪孩子报名，"听说这儿有个作文辅导班？"毕老师就给家长介绍我，刚开口讲了一句，就被家长直接噎回去了，家长根本不屑一顾旁边的老师，说"你不用介绍，我儿子就是考清华的材料，他自己判断很准确，以前儿子也报过几个班，听一堂课就不去啦！我能不能先报一堂课？"毕老师说，可以。我就坐在旁边，感觉有个牛儿子的家长真牛啊！怪不得特别牛逼的曹操还特别希望生一个像孙权那样特别牛的学霸呢！第二堂课前，家长又来，"儿子回去说，这才是真正的语文老师呢！我交了这学期的听课费……"直至我生病之后不代课了。还有太原的家长经常打电话，有家长"梁子"在张水鱼老师微信留言："郗老师是山西语文界泰斗，深入浅出，上得了讲台，写得了文章，我家小梁今年高考要是能得郄老师指点一二，就好了，可惜郄老师身体欠佳，我不敢打扰。"

我在"某培训机构"为高一、高二乃至高三第一学期的学生上课，重在写作能力的培养，注重语言训练，注重思辨训练，以及比较熟练地掌握各种文体的写作特点。窃以为，写作就是思考。思就是想，考就是研究，思考就是运用联想来研究、整合各种信息。思考是需要功夫的，否则，只能是乱想。这思考的功夫就是写作。实际上，我们只要清醒着，脑子里就会一直浮想联翩，但这些想法、念头都是零碎的、不严密的、不完整的，想得再好，待真要动笔作文时，各种问题、各种矛盾、各种漏洞，可能就都出现了。只有动笔写作，才能更深入地思考，更严密地推论，才可能将脑袋里那些模糊的意象、零碎的想法进行确定化、具体化和系统化。所以说，语文学习最重要的就是"动手"。肯定会有人质疑，"动脑"才是最重要的呢！这当然没有疑问，无论学习什么，都需要开动脑筋；但人们看不见脑筋如何动，只有通过"动手"去做题，去写作，从你做与写的结果中才能看到你是否"动脑"了。很多学生学习语文以及很多教师教语文，最大的问题即不爱动手，看书就只用眼睛看，看过之后一片茫然。只有动手做了，才能检验看过的东西懂了没有；只有动手写了，才能真正消化、融会看过的东西。指望学生不动手光靠老师的三寸不烂之舌就能使其在考场上纵横驰骋、稳操胜券，恐怕是痴人说梦。新课标的基本理念之一，就是实践性。"语文是实践性很强的课程，应当着重培养学生的语文实践能力，而培养这种能力的主要途径也应当是语文实践，不宜刻意追求语文知识的系统和完整。"阅读教学是一种实践性非常强的活动，写作更是个人体验很强的实践活动，就类似游泳、体操、骑自行车等运动一样，它肯定有科学的方法，但绝不是一种老师喋喋不休讲述就能使学生增长能力的课，能力就像肌肉一样，只有不断地练才能持续增长。"动手"虽然最重要，但前提是老师要能够设计出可以让学生"动手"操作的技术流程。写作如同建造一座楼房一样，从挖地基，到找材料，再到做设计……一层又一层的加高，最后成为一座巍然矗立的高楼。在这一系列的过程中，每一步都是有方法可找的，每一个方法都是能通过学习和训练获得的。

譬如，2015年高考新课标Ⅰ卷作文。

阅读下面的材料，根据要求写一篇不少于800字的文章。（60分）

因父亲总是在高速路上开车时接电话，家人屡劝不改，女大学生小陈迫于无奈，更出于对生命安全的考虑，通过微博私信向警方举报了自己的父亲；警方查实后，依法对老陈进行了教育和处罚，并将这起举报发在官方微博上。此事赢得众多网友点赞，也引发一些质疑，经媒体报道后，激起了更大范围、更多角度的讨论。

对于以上事件，你怎么看？请给小陈、老陈或其他相关方写一封信，表明你的态度，阐述你的看法。

要求综合材料内容及含意，选好角度，确定立意，完成写作任务。明确收信人，统一以"明华"为写信人，不得泄露个人信息

从作文形式而言，高考作文要求之一就是"明确文体"。所谓"明确文体"有两层含义：一层含义是自己选择文体，愿意写记叙文便写记叙文，愿意写抒情文便写抒情文，愿意写议论文便写议论文，请君自便；另一层含义是不要文体混杂不清，写记叙文便要像记叙文，写抒情文便要像抒情文，写议论文便要像议论文。状龙像龙，状虎像虎。一名高中毕业生应该熟练掌握记叙、抒情、议论等常见文体的写作。所以，我用同一个作文材料写了四种不同文体的文章，按照证明文、阐明文、抒情文、记叙文这四类文体进行操练，目的只有一个：明确文体，培养运用语言的能力。高考作文在文体上一再强调要"明确"，前提显然就是考场作文文体的混乱与失控，最典型的表现便是议论文和抒情文的混杂。

证明文是最常见的文体，其写法较为固定。一般是通过分析材料，审题立意，明确论点，然后讲道理，摆事实加以论证，最后得出结论，类似逻辑上的演绎法。我的范文是《女儿是看着父亲背影长大的》。

阐明文是我以前训练学生的叫法，类似于后来专家所言的任务驱动型作文。证明型议论文其实是论理的文章，以证明为主，证明你的立意能放之四海而皆准，所以列举古今中外的事例来证明论点的真理性。任务驱动型作文是论事的文章，以阐述为主，阐发陈述自己的看法与理由。证明型议论文是证实道理，以解

决"不信"的问题；任务驱动型作文是揭示道理，以解决"不知"的问题。这两种类型的议论文如何区别呢？最简单的区别方式我概括为16个字，方便记忆：证明型议论文是"离事说理，举例证理"；论点只有一个，事例可以若干。任务驱动型作文是"因事说理，就事论事"；事例只有一个，观点可以若干。我的范文是《理性举报其实不理性》。

抒情文即议论性散文。议论性散文，是议论文和抒情文的混搭。写议论文要突出说理，思维要严密。分析要细致，自然降低了语言的精彩度，但我们阅卷老师的一大偏好就是喜欢精彩的语言而非深刻的道理。所以，这类文章写好了可能得满分，因为将议论文的深刻说理与抒情文的精彩语言融合在了一起。但这类文章很容易写不好，成了脱离具体内容的辞藻堆砌，没有实质内容的陈词滥调。我的范文是《想说爱你很不容易》。

记叙文其实已经有了小小说的雏形。这个世界上发生的事都是由事情和道理组成的。所谓事，就是我们生活中发生的大大小小的事情；所谓理，就是蕴藏在事情背后的一些道理、规律。事情可以显示，道理只能揭示。写记叙文就是看谁能把事情说得生动而形象，写议论文则是看谁把道理揭示得透彻而醒目。议论文的难点在于见解的独到，思维的严密；记叙文的难点在于叙事的智慧，语言的功力。

操练这些文体，就是要让学生明白，语言就像一团面，你可以任意揉捏，全在作者的心灵手巧。通过动手写作去感觉那种对语言的超越以及语言的变形。文学本来就不是知识，也不是对事物的研究，而是在表现运用语言的能力，所以说它是语言的艺术。文学语言不但具有认知意义，更重要的是还要有情感意义、审美意义。套用胡适先生的话，一点都不夸张地说，从认知论的角度看，无数的文学作品都是连篇的胡说与废话。当然这里不是说写散文与小说没有一个认知问题，可以不讲现实语言的逻辑。因为在语言中一直存在一种悖反现象。一方面是科学家哲学家强调语言的明晰、准确、没有歧义，很难想象一份科学实验报告如果用含混的语言写会导致怎样的状况。相反，作家和诗人更加强调运用隐喻、象征、多义、悖反等新的修辞手法，使语言充满复杂的内在联系，非逻辑性，以表现现代人深层的心理意识。这两种语言主要区别在于功能不同。前者是科学语言，是"真陈述"，用于指物，传达客观，科学语言要求读者认识理解，载负的是理性信息；而文学语言是"假陈述"，旨在唤起读者的审美联想和升华，载负的是情感信息。如科学家说，由于地球的自转和公转，冬天过去是春天。这话除了传达真理性的内容之外，语言本身没有价值。读者汲取了其中认知性的内容外，语言形式本身就像榨干的柠檬被弃置了。但雪莱的诗句"如果冬天已经来到，春天还会遥远吗？"意思与前句相仿，但主要不是认知性的，句中文字组合构成的意韵使其具有独立的价值，能被人反复吟诵而流传。让学生们懂得语言的这个特点，各种文体的练习最终是一种情感训练、思维训练，也是训练对语言的一种感觉。

【我的范文】

老陈的故事

黄昏，老陈在一条半边正施工的路上开车，他的嗅觉和思维变得异常灵敏，钻入他鼻腔的，是扬起的尘土气息。行车打喷嚏无疑是危险的动作，但那喷嚏如同一只躁动的小兽，老陈能感觉到它在鼻腔深处跃跃欲试。他不得不以食指和拇指捏住鼻孔，憋了口长气，总算把那个喷嚏暂时压制在洞穴的远端。

手机突然响起《套马杆》的曲子，谁的电话？老陈左手打方向，右手摸出手机，显示屏上是一个陌生号码。老陈还是接了。"谁啊？"传来一个陌生的低沉的男性的声音，"我是交警大队的老高，有人举报你高速路上屡屡开车接打电话，已经威胁到旁人的生命安全。请你马上到交警大队一趟。谢谢！"

老陈顿时一头雾水，感觉大脑缺氧了，觉得眼前有点发黑，零散的金星在他眼前蹦来蹦去。胸腔也有些发闷，就像是两个肺叶里被塞进了棉花团，那种滋味难以形容。谁举报我了？高速路上接打电话？这是违章吗？逼仄的驾驶室更觉空气稀薄，车速放慢了，拐向交警大队；而心口跳动却加速了。

交警老高，个子不高，那沉重的低音，一字一字吐出，每个字都像来自地壳，裹挟在岩浆里灌进老陈的耳朵。"你的女儿小陈通过微博私信，向我们交警大队举报了你，说你总是在高速路开车时接电话，家人屡劝不改。你自己有没有这样的事？你是怎样认识这件事的危险性的？"

惊讶，沉默，办公室一片静寂。那个喷嚏似乎伏在鼻孔的某个角落，探头探脑，欲出未出，老陈用劲儿耸了耸鼻子，又压回去。他是多么喜欢女儿，那种爱就像一块完美的玉石，找不到一点点瑕疵。然而，女儿却背后悄悄举报了他，罚款事小，丢人事大。他此时真希望女儿在场，他要大声质问，为什么？为什么你要举报自己的父亲？最好是再砸掉一个玻璃杯子，弄出巨大的声响，发泄一下自己胸中的闷气与愤愤之气。

眼前只有一个有形体的交警存在。交警老高继续说：按照交通法规的要求，开车过程中是不能接打手机的。有统计资料证实，目前酒后驾驶已不再成为车祸造成人员伤亡的第一"杀手"，注意力不集中才是导致交通事故的最大原因，而开车打电话又是造成注意力不集中的主要原因。也许你是一位老司机，但驾车时接打电话，注意力会分散，处理突发事件的应变能力就会大打折扣。

老陈不停地点头，不停地应着。他知道这件事情的危险性，也见过不少交通事故，虽然女儿多次劝他不要行车时接打电话，危险，危险！但危险没有降临到自己的头上，他始终没有觉得接打电话是多么危险的事儿。但老陈还是诚恳地接受了教育，交了200元的罚款。

走出交警大队，夜色如水。老陈坐进驾驶室，像一块石头似的坐着，思维处在跳闸状态，许久，老陈也不知道过了多久，思维才开始缓慢游走，但就像走在黏稠的糊状物里，很慢，很慢。

也许女儿做的是对的。老陈想，回去以后要对女儿说一声对不起。眼前，女儿此时焦急的脸庞与幼时天真的笑脸反复叠印着……

一踩油门，"阿嚏！"那个喷嚏终于被打出来了。

语文老师总觉得写议论文要比写记叙文要难，这样的观点或感觉肯定有道理。因为我们知道小学生写作文都是从记叙文开始，而不是下笔就写议论文；而大学生毕业时要写的是论文，而不是写一篇大学校园生活纪实。如果亲自动手写写，就发现写记叙文要难于写议论文。我们上小学时就明白，记叙文有两种主要写法：直叙和倒叙。但倒叙只是直叙的变化、调剂，很少有整体都是倒叙的记叙文。倒叙毕竟是不自然的东西。直叙是最最基本的写法，按照事情发生的先后顺序来叙述。不幸却又是最难写好的一种写法，因为叙述总是保持一种作者讲故事的格调。把一件平淡的事儿叙述得有悬念、有节奏、有起伏、有情趣，是一种运用语言的功夫。汪曾祺说："语言就是内容，写小说就是写语言。"写记叙文其实也就是写语言。要想叙述得好，就要在叙述中插上想象的翅膀。我在20世纪90年代就主张学生叙写要细腻，细腻，再细腻，唯有细腻，才是文章；写不细腻，根子就在于语言的功力不够。高中生议论文写不好，问题还在小学的叙述功底没有打好。

结构主义叙事理论认为，一个叙述的文本就是一个陈述句的展开。记叙文就是叙述的文本，有点像小说，只是小说是虚构的故事，而记叙文要求写真人真事。假如你想写记叙文的话，第一敌人就是叙事，第二敌人就是语言。叙事的思路只有三条：或者从故事出发，或者从人物出发，或者从心灵出发。我写的这篇记叙文，采用"从心灵出发"的结构方式，以思绪为重点，常常无所谓故事的开端—发展—高潮—结局之类曲折，乃现代派叙事的手法，重在写老陈的思绪。叙述老陈接到举报后比较复杂的心情。这篇记叙文就是在每一段的叙述后都适当加入了对老陈心理活动的想象，综合运用各种修辞手法，使叙述更有情趣，节奏更有变化。"喷嚏"是我设计的一个有意味的细节，从打不出来到最后打出喷嚏，隐喻着老陈由想不通女儿举报到终于想通的意思，且可串联起整个故事。叙述人人都会，妙法各有不同。

我们老师最常见也是最形象的说法是"授之以鱼不如授之以渔"。老师的用意肯定很好，教给学生具体的知识不如教给学生方法，有了方法他可以自己学习、深造。但仔细想想觉得很扯。我要问的是：学生抓鱼的方法怎么学到的，老师可以凭空传授这种方法吗？你告诉学生如何抓鱼他就会抓鱼了？不管学生还是老师，一定是抓了几百条乃至几千条鱼才学会抓鱼的方法，哪里有你不动手抓鱼单看看课本听听讲座就学会抓鱼的？韩寒有一句话说得好："这个世界没有毫无道理的横空出世。"你自己不去读书，你怎么领悟读书方法？你自己不去写作，你怎么掌握写作方法？

其实，大多数老师自己也不见得都有"打渔"的本领和具体方法，从网络上"荡"下来的方法常是大而无当的屠龙术。譬如说"读万卷书不如行万里路"，在没有充分的知识作为前提的情况下，即使行了万里路也不过是出了一趟差而已。我在阳泉三中教书20余年，凡教过的学生估计都应该记得我经常对他们强调的"学习方法"，即：学习最基本的方法就是重复，最高级的方法就是心静。静下心来翻来覆去地看，就是最好的方法。《曾国藩家书》有言："唯天下之至拙，能胜天下之至巧。破天下至巧以拙，驭天下至纷以静。"彻底的学习就是彻底的背诵，这是"至拙"的方法，最能达到"至巧"的境界。背不会是因为重复得不够多！人最可贵就是思想，而思想的寓所就是安静的内心，只有让心静下来，才可能反复去阅读。"重为轻根，静为躁君。"安静的内心外部呈现的形式就是专注的学习习惯，"蚓无爪牙之利，筋骨之强，上食埃土，下饮黄泉，用心一也"。没有专注，一事无成，有了专注，想象和创造就会与你结伴而行。

9. 我教高三学生"套作"

◎ 明智的学习，不单单为了求知，更是为了能把新学的东西迁移到新的情境中去，能迁移才是能力。

在高三最后一学期，我重点讲的是"应试"作文，说白了，就是高考考场作文怎么"套作"才能得高分。我们都清楚，高考作文有个"三不"的要求："不要脱离材料内容及含意范围作文，不要套作，不得抄袭。""高考要求"明令禁止"套作"，暗含的前提就是高考作文套作泛滥。我作为高考评卷专家，严打"套作"，绝不手软；但我作为一线教师，帮助高三学生考场获得高分是义不容辞的责任与目标，故而要认真指导考生"套作"。说"套作"听来不雅，似乎在挑战高考的要求，其实"套作"可以换作"模仿"，我觉得用"迁移"这样的词更贴切。从心理学上讲叫"迁移"，通俗地说就是"举一反三"。人的学习归根到底就是为了各种各样的迁移，单纯为了求知而学习是片面的。对高中生来讲，理解老师所讲的东西不是问题，问题就在熟练地迁移上。理解了应试作文的写作道理，如果不常练笔，就像懂了游泳理论却不下水游一样，自然就谈不上迁移了。

窃以为，如今的高考作文真正考的是老师，考的是老师的"教学成果"。由于作文题目都是统一的，某种程度上也暗示了写作必然模式化，既然高考作文模式化，考生的作文总是大同小异，关键在"小异"上做文章，"小异"即语言表

333

达上，而非体裁之异。我们常说作文要有亮点，而亮点就是有文采的句子，所谓有文采的句子，就是把深刻的思想融化在形象生动的言语形式中。实际上，学生的论点说的都是常理，就看谁能把常理说得新鲜。你要说"放错了位置的人才就是垃圾"，用得俗滥了，出现一次增加一次不新鲜感。如果改为"锁在笼中的猛虎就是只病猫"，"卧错槽的千里马就是匹驽马"，就会令人眼睛一亮，因为说法新鲜了。

不管专家们如何批判考场作文套路化、模式化、文艺腔，但现实就是现实，它是十分顽强的，是很难轻易退出历史舞台的，不是谁能一夜之间就扭转的。我在博客曾写过若干篇分析此类现象的博文，如《高考议论文写作何妨八股一点儿》《高考作文有一"套"》《学生写作能去掉"套路"与"文艺腔"吗?》等。温儒敏先生曾在《羊城晚报》有篇文章，建议语文教师"写作教学尽量避免'两不'：不把'文笔'当作第一要义，不教或者少教'宿构作文'"。温先生分析当前作文教学的现状，说语文老师"为了准备中考和高考作文，往往就教学生如何把文字写得漂亮，去吸引阅卷教师的眼球。这做法影响到整个语文教学，从小学、初中到高中，作文课都往抒情、修辞、文学的方面走。于是那种缺少思想内涵与智性分析，动不动就用典、堆砌辞藻、宣泄人生感慨的写法，在中小学生作文中很是多见"。温先生谆谆告诫用意肯定是善良的、美好的，言语也是中肯的、得体的，其所言的问题也正是中学作文教学的症结。但温先生不是一线教师，肩头没有学生、家长乃至学校升学、评价、职称等巨大压力，写写文章、做做讲座都容易，难的是一线教师即便明白道理，也不能不与现实妥协。所以，学生写作能去掉套路化与文艺腔吗? 我的回答是：不能。

为什么不能呢? 我的答案是：因为语文老师整个就是"套路化""文艺腔"的化身。如今的语文老师，他们在读中学时，所读的课文都是诸如《滕王阁序》《阿房宫赋》《赤壁赋》《归去来兮辞》《兰亭集序》《荷塘月色》《故都的秋》《我的空中楼阁》等以意象生动、音韵铿锵见长的美文，以及《登高》《雨霖铃》《雨巷》等大量古今诗词。教材里几乎没有几篇思想深刻言辞犀利的批判性文章与分析智性逻辑严密的论说文章，语文老师怎么可能不看重"文采"呢? 何况在实际评阅作文的过程中，诗化语言也容易看到，容易评判，而语言朴实、思维严密、论述犀利的文章，就如我前面所讲的高考作文《怎样面对零和博弈》，即便阅卷的若干资深老师集体讨论研究，但发自内心还是不认可这样的作文。

我们知道，写作向来都是从对阅读经验的模仿开始的，但我们的学生在课堂阅读中几乎没有什么模仿对象。尽管很多语文教师在"读写结合"上做了很多努力，可我们指导学生课堂所学的课文是写作模仿的对象吗？不是。作家的文章肯定不是"作文"，而高考满分作文也成不了作家笔下的"散文""随笔"，就像一块石头变不成一块木头一样，它们之间的差别是本质上的，而非程度上的。我们的语文教材提供了一大批经典作品，学生花大量时间阅读，但我们却没能为学生的写作找到合适仿写的模板，所以，我们的语文教学又凭空构建了一套与教材课文没有什么关系的作文模式，即议论文与记叙文。这种文体没有它的写作史，我们姑且称之为训练性文体，是为提高学生的写作能力而专门设立的练习模板，然而，即使是写议论文或记叙文，我们的语文教材也没能提供一套技术性的目标，让它变成一种客观的、指标清晰的写作能力测试的模板。但这种训练性文体也没有可供参考的评价标准，所以，换一个语文老师就很可能换一套批改的标准，常常造成全社会的人对作文评分的不信任感，每年高考结束，语文成绩不理想的考生，常要怀疑是不是自己的作文分给低了。

因为语文教材没有为学生提供能够在写作文时借鉴学习的模板，所以，高考满分作文就大行其道，就成了学生最佳的模仿对象。这样的作文之所以能得满分，能获高分，正说明评卷老师的审美标准。譬如这些年流行的"高考体"作文：开篇整齐的排比句华丽亮相；主体部分三个分论点整齐夺目，各举一事例；结尾名言警句一升华。这种模式流行是因为特别适合在眨眼之间把握全篇内容，颇得语文老师青睐。我们语文老师指导高考作文，总是偏重训练"文采"而不是训练"思想"，我们的作文教学总是重视"修辞"而轻视"思辨"。所以，"高考体"模式也特别适合不善议论缺乏思辨的考生使用，主体部分三个典型事例很容易各写200字，再贴两个标签，说三句空话，一篇作文就完成了，典型的"理不够，事来凑"。哪里有什么"思想"或"思辨"呢。

　　"巧妇难为无米之炊",所以,"迁移"成功的前提是有可"迁移"的范文。最好的"迁移"对象有二:一是自己写的比较成功的文章,二是老师写的范文。我教写作的具体方法是:第一堂课(一堂课2小时),我先针对学生作文的问题讲1小时,然后学生当堂用1小时写一篇800字的文章(不允许课外去写,那样容易作假,也浪费时间,还发现不了真问题)。我课外批阅作文,属于全批的那种,评语针对个人问题,一针见血,然后整理下堂课的讲评内容。第二堂课讲评作文,具体方法就是:把具体讲评的作文打印出来,一般是5篇,既照顾本次写作中有代表性的文章,也兼顾听课的每个学生,不会因为谁写得好,每次讲评谁的,一学期之内每一个同学至少有一两次被具体讲评的机会。这即因材施教,有的放矢罢。针对5名学生作文的问题,我再写出"修订版"来,意思是老师指出学生作文的症结所在,批评学生文章的不好之处。那么,好的文章是什么样的呢?我写的"修订版"就是好文章。这样,学生两篇文章相互对比,有比较才有鉴别,会感悟好文章的好究竟是什么样。每次作文我都要同时写一篇范文,这篇范文主要是体现我在这次作文课要讲的重点,空说无凭,学生也常常不明白老师说的如何写究竟应该如何写,老师亲自示范一下,学生就会彻底明白。这就等于说,一堂作文课我要写6～7篇不同类型的范文。

　　我在"某培训机构"周六、周日,加上寒假、暑假,一年大约讲80堂课,其中差不多有30堂写作文,30堂讲评作文,每次作文我要写6～7篇范文,一年后学生自己写了30篇作文,其中有几篇我为其修订的比较精彩的范文,而且学生手里还有我写的100余篇范文。某日我听负责小班的段老师与几个学生家长讲:"郗老师在咱们这儿教了三年多写作,有三届学生了,写过大概有100篇作文了,但从来没有写过一篇重复的作文。"我一想,还真是这样。我告诉学生,"迁移"是获得考场作文高分的重要手段,但前提是自己平时要多写作文,至少写出过几篇精彩的作文,这样,你就为考场作文的"迁移"打下了坚实的基础,一旦考场有了迁移机会,那么作文必然得高分。直接把别人的文章搬来照套,痕迹非常明显,那就是典型的套作,我们坚决反对套作,尤其坚决不套那种满分作文书的作文。太阳底下没有新鲜事,任何人写的东西,讲的道理都是前人已经谈论了无数遍的东西，你只不过是换一种说法而已。"迁移"的秘诀在于想象力，没有想象力就没有语文。材料是"迁移"来的，妙句是"迁移"来的，亮点是"迁移"来的；"迁移"得好的作者都善于脱化。你要大胆迁移自己或者老师的范文，但一定要脱胎换骨。这就如父母生下子女，子女与父母酷似，一看就知道谁家的孩子，但你无论如何也不能说这孩子就是他的父母，这是实实在在的两个人。

10. 你不教书，太可惜了

◎ 再漂亮的花也有凋落的时候，再精彩的戏也有谢幕的时候，无论多么优秀的教师，都有离开工作岗位的那一天。

2016年5月底，距离高考一周时间，我在太原一个学校为高三考生做完最后一次高考专题报告《2016年高考备考专题讲座》，就为我的教书生涯画上句号，正式告别站了40年的讲台。

半年后的一天，我接到山西省教科院数学教研员常磊老师一电话。他邀我去外地讲课。

常老师与我是老朋友。从2000年暑假，我与常老师在神池中学讲学5天开始认识，之后十几年中，我们去忻州、朔州，奔运城、河津，赴长治、孝义，到临汾、晋城……甚至远飞至陕西西安、内蒙古乌海，经常同居一室，言笑甚欢。记得在河曲中学讲课，我与省政治教研员被安排同住一室，常老师又调换客房，坚持与我同室。晚饭后我们即开始海阔天空胡侃瞎聊，之后常老师要将他的复习思路讲给我听。我说，我对数学一窍不通，给我讲数学无异于对牛弹琴。常老师坚持说，没事，你肯定能听明白我的复习思路……结果他讲了45分钟还拖堂了。我看着他的电脑屏幕上各种曲里拐弯的数学符号，就像在侠客岛看蝌蚪文，越看越头晕，越晕越糊涂。

常老师不知我生病，我于是将病况简单告知常老师。我以身体欠佳为由婉拒了常老师。电话那头的常老师沉默片刻，一声轻叹。出乎我的意料，常老师没有问询病情，没有安慰病人，只讲了8个字——

"你不教书，太可惜了！"